Mary Turner Thomson

Kaksiavioinen

Tositarina elämästä valheessa

Suomentanut Veli-Pekka Ketola

SAGA Egmont

Kaksiavioinen – Tositarina elämästä valheessa

Translated by Veli-Pekka Ketola

Original title: *The Bigamist*

Original language: English

This edition is made possible under a license arrangement originating with Amazon Publishing, www.apub.com.

Cover image: Shutterstock

ISBN: 9788727174341

1. POD edition

www.sagaegmont.com
Saga is a subsidiary of Egmont. Egmont is Denmark's largest media company and fully owned by the Egmont Foundation, which donates almost 13.4 million euros annually to children in difficult circumstances.

Ihmeelliselle äidilleni,

joka opetti totuutta, suoraselkäisyyttä ja kunnioitusta
joka antoi minulle voimaa ja rohkeutta
ja kehotti minua kirjoittamaan tämän

KIRJOITTAJAN HUOMAUTUS

Tämä on tositarina ja kertoo kokemastani niin aidosti kuin mahdollista. Jälkeenpäin voi nähdä, mikä oli todellista ja mikä ei – mutta tämä kirja on kirjoitettu siitä näkökulmasta, mitä tuolloin pidin totuutena ja miksi uskoin siihen.

Liian moni jää valheiden ja petoksen uhriksi. En ole vielä tavannut ketään, joka ei olisi jossain elämänsä vaiheessa tullut huijatuksi, petetyksi tai jolle ei olisi valehdeltu. Ihminen, joka huomaa kumppaninsa tehneen syrjähypyn, kokee häpeää ja vähättelyä, ikään kuin hänen olisi jotenkin pitänyt tietää ennalta – erityisesti, jos toiset hänen lähellään osasivat epäillä aikaisemmin. Hän tuntee itsensä hölmöksi, kun joku, jota hän on rakastanut ja johon hän on luottanut, on pettänyt, vaikka on täysin luonnollista luottaa toiseen ihmiseen, varsinkin rakastettuun. Meidät petetyksi tulleet saadaan tuntemaan itsemme tyhmiksi ja noloiksi, vaikka olemme luottaneet rakkautta vannovaan ihmiseen.

Suojatakseni henkilöitä, jotka eivät halua tulla tunnistetuiksi, olen muuttanut kaikki tässä kirjassa mainitut nimet lukuun ottamatta omaani ja Will Jordanin nimeä. Monet kysyivät minulta, kirjoittaisinko salanimellä, koska he arvelivat, etten haluaisi muiden tietävän kuka olen. Jo tuo kysymys sinänsä tuo ilmi yhteiskunnan asenteen, jonka haluan muuttaa. Miksi ihmisen pitäisi tuntea häpeää tai nöyryytystä jouduttuaan rikoksen uhriksi? En ole ylpeä tapahtuneesta, mutta en taatusti tunne tarvetta salata sitä. Juuri tuo asenne pitää monet hiljaisena ja estää heitä puhumasta hyväksikäytöstään. Jos tämä kirja auttaa muita, jotka ovat kokeneet jotain samankaltaista, niin hyvä.

Olin alun perin toivonut liittäväni kirjaan katkelmia Will Jordanilta saamistani ja säilyttämistäni alkuperäisistä sähköposteista ja viesteistä kertoakseni tarinan sekä saaliin että saalistajan sanoin. Valitettavasti ne on poistettu asianajajan neuvosta, mutta olen koettanut esittää Willin kirjeenvaihdon sävyn tarkasti ja liioittelematta.

Tämä kirja on omistettu kolmelle ihmeelliselle lapselleni – Robynille, Eilidhille ja Zachille. He ovat pelastukseni, sydämeni ja sieluni ja ansaitsivat paremmat kortit kuin heille jaettiin. Heidän täytyi varttua vailla isää ja ilman isällistä tukea tai taloudellista panostusta tulevaisuuteensa. He ovat sopeutuneet siihen, mitä meille kaikille tapahtui, ja tämä kirja auttoi heitä ymmärtämään sen ilman katkeruutta tai katumusta.

Kun tämä kirja julkaistiin ensimmäisen kerran vuonna 2007, lapseni olivat vasta 8-, 5- ja 2-vuotiaita, joten muutin heidän nimensä. Tätä kolmatta laitosta julkaistaessa heidän ikänsä ovat 21, 18 ja 15. He ovat nimenomaan pyytäneet käyttämään heidän oikeita nimiään, ja näin olen tehnyt.

Prologi

5. HUHTIKUUTA 2006

Oli keskiviikkoaamu – kostea, harmaa huhtikuun päivä – ja kolme pientä lastani alkoivat olla kiukkuisella tuulella. Heidän piti päästä ulos, joten päätin, että retkellä kirjastoon saisimme raitista ilmaa ja uusia kuvakirjoja heidän huvikseen. Yritin saada heidät valmiiksi, mutta yhtä kenkää ei löytynyt mistään, ja kulutin sen etsimiseen turhan paljon aikaa. Olin kuitenkin kiitollinen saadessani muuta ajateltavaa ja pysyin liikkeessä, koska sen ansiosta minun ei tarvinnut murehtia kaikkea muuta tapahtuvaa.

Puhelin soi, ja vastasin nopeasti ja hajamielisesti: ”Niin?”

”Oletteko te Mary Turner Thomson?” naisen ääni kysyi.

”Olen kyllä”, vastasin hiukan huolestuneena. Pelkäsin että mieheni naispuolinen asianajaja kertoisi puhelimessa, miten mieheni oikeusjuttu oli edennyt tuona aamuna. Jos toisesta päästä kuuluisi asianajajan ääni, mieheni olisi vankilassa todettuna syylliseksi tekaistuihin epäilyihin kaksinnaimisesta, petoksesta, tuliaseen hallussapidosta ja siitä, ettei ollut rekisteröinyt osoitettaan seksuaalirikosasetuksen mukaisesti.

Tiesin ettei mikään siitä pitänyt paikkaansa. Will oli selittänyt minulle kaiken. Olin tiennyt jo jonkin aikaa, että hän oli CIA:n agentti ja että ongelmat johtuivat hänen yrityksestään irtisanoutua palveluksesta. Hänet oli lavastettu. Vihkitodistus, jota poliisi käytti todisteena häntä vastaan, kuului peitetarinaan, jolla hänen työnantajansa olivat selittäneet hänen olonsa maassa; myös tuliasesyytteet ja seksuaalirikollisena rekisteröitymisen laiminlyöminen liittyivät hänen työhönsä; petossyytteet taas johtuivat väärinkäsityksestä. Will oli varoittanut minua, että vahvat voimat olivat häntä vastaan ja että hän odotti saavansa lyhyen vankilatuomion. Hän vakuutti kaiken olevan ohi, kunhan hän pääsisi vankilasta. Hän olisi vapaa, ja olisimme vihdoin yhtä perhettä.

Tuo puhelu palautti minut äkisti painajaiseen, mutta en olisi voinut kuvitella, mitä tulisi seuraavaksi.

”Oletteko te myös rouva Jordan?” ääni tiedusteli.

”Olen kyllä”, vastasin uudelleen tuntien puristavaa ahdistusta.

”Minä olen se toinen rouva Jordan”, nainen sanoi. Pitämättä taukoa ja antamatta minulle aikaa reagoida millään tavalla hän antoi toisen iskun. ”Onko teille sanottu, että minä olen agentti?”

Ällistyneenä ja pyörryksissä vastasin automaattisesti: ”On.”

”Minulle taas sanottiin, että *te* olette agentti.”

Veri virtasi kuumana valtimoideni läpi täyttäen koko kehoni lämmöllä. Veri syöksähti aivoihini, ja tunsin alkavani vapista. En ole koskaan kokenut sellaista reaktiota, se oli täysin fyysinen, ei emotionaalinen. En tuntenut tuolloin mitään, olin turta sanan aidoimmassa merkityksessä. Mikään koskaan tuntemani ei ollut todellista, mikään tietämäni ei ollut todellista; kaikki oli mennyttä.

Elämäni julkisivu sortui. Tiesin naisen puhuvan totta. Olin varmaan tiennyt jonkin aikaa mutta vain kieltänyt sen, kieltäytynyt luopumasta toivosta ja hyväksymästä erikoislaatuisen elämäni olevan huijausta. Nyt toivo oli mennyttä, mitään ei ollut jäljellä, ja syvällä sisimmässäni olin koko ajan tiennyt sen olevan tulossa.

Yli tunnin ajan kuuntelin Michelleä, kun hän hajotti elämäni kappaleiksi totuudellaan. Hän kertoi tyynesti, että hän ja mieheni Will Jordan, kahden nuoremman lapseni isä, olivat olleet naimisissa neljätoista vuotta ja että heillä oli viisi yhteistä lasta.

Willillä oli ollut lukuisia suhteita, ja hän oli tehnyt kaksi lasta Michellen lastenhoitajalle. Naisen puhuessa tajusin, että meillä kolmella, Michellellä, hänen lastenhoitajallaan ja minulla, oli kaikilla neljävuotias lapsi samalle isälle. Oli enemmän kuin luultavaa, että olimme olleet raskaana samaan aikaan; itse asiassa molemmat naiset olivat olleet raskaana Willin otettua ensimmäisen kerran yhteyttä minuun.

Michelle kuulosti siltä kuin olisi pakottautunut pysymään rauhallisena, mutta erotin suuttumuksen hänen äänessään. Hän sanoi uskoneensa, että Bill, kuten nainen kutsui miestä, oli puolustusministeriön tiedustelupalvelun agentti ja että minulle soittamiseen käytetty numero oli puolustusministeriön hätänumero, jota mies oli käskenyt olla käyttämättä. Nainen oli päätellyt jonkin olevan vialla ja soittanut silti; hän oli rikkonut ”koulutuksensa” sääntöjä, mitä minä en ollut koskaan tehnyt. Naisen äänessä oli epätoivoa – kuin hänen olisi saatava tietää mahdollisimman paljon ennen kuin hän jäisi kiinni.

Olin järkyttynyt, ja kun Michelle kysyi, voisiko hän käydä luonani, suostuin automaattisesti ja kerroin osoitteeni. Nyt ihmettelen, enkö ajatellut ollenkaan - mutta itse asiassa en kyennyt ajattelemaan. Olin irtautunut todellisuudesta; maailmaa, jossa olin elänyt, ei ollut ja olin jäänyt välitilaan tietämättömänä muusta kuin että kaikki oli mennyttä. Ajattelematta mahdollisia seurauksia vain hyväksyin kaiken ja annoin säyseästi maailman kaatua ympärilläni. Michelle kielsi kertomasta kenellekään - "Ei kenellekään", hän painotti - ja katkaisi puhelun ajaakseen Edinburghiin.

Jälleen joku käski minun olla hiljaa, mutta tällä kertaa en noudattaisi käskyä. Soitin ystävälle, hyvälle minua tukeneelle ystävälle ja pyysin apua ensimmäistä kertaa. Hän keskeytti heti tekemisensä ja tuli luokseni, ja minä kerroin hänelle kaiken. Kerroin koko tarinan ihan alusta asti...

OSA 1:

PELOISSANI

1

Ensimmäinen sähköposti

MARRASKUU 2000

Marraskuussa 2000 olin 35-vuotias yksinhuoltaja. Minulta oli mennyt yli vuosi tottua tuohon titteliin ja sen koko sisältöön. Minun täytyi muovata uudelleen käsitykseni sen merkityksestä, sillä en ollut koskaan kuvitellut joutuvani tähän tilanteeseen. Olin jäänyt viheliäiseen suhteeseen vuotta pitemmäksi ajaksi kuin varmaan olisi pitänyt, vain sen takia, etten halunnut saada tuota leimaa.

Kun tyttäreni Robyn oli yhdeksän kuukautta vanha, tajusin vihdoin, että pysymällä siinä missä olin, tuntemalla itseni onnettomaksi ja sietämällä tilannetta opettaisin hänet käyttäytymään tulevaisuudessa samalla tavoin. Äitinä opetin hänelle sääntöjä – ja näytin, että oli OK pysyä paikoillaan, vaikka oli onneton. Asenteeni muuttui: en ollut enää valmis uhrautumaan pitääkseni perheen koossa, vaan päätin näyttää esimerkkiä ihanalle tyttärelleni. Hän ansaitsi paljon enemmän kuin minä olin saanut, ja halusin epätoivoisesti varmistaa, että aikuiseksi kasvaessaan hän oppisi kunnioittamaan itseään enemmän. Tajusin, että ellen näyttäisi tietä, hän ei todennäköisesti löytäisi sitä. Jos halusin paremman elämän hänelle, minun oli löydettävä se itsellenikin.

Niin päätin lopettaa suhteen, ja elämä meni eteenpäin. Minulla oli hyvä työpaikka ja pärjäsin taloudellisesti tilanteen muututtuakin. Olin kokeillut nettitreffejä ja tavannut kolme miestä. Ensimmäinen kaveri oli kiva, ja hänestä tuli hyvä ystävä, mutta en tuntenut häneen fyysistä vetoa. Toinen vihasi entistä puolisoaan niin rajusti, että vaikutti pakkomielteiseltä kirvesmurhaajalta. Olin ainoan tapaamisemme jälkeen onnellinen, kun olin vielä elossa. Kolmatta tapailin monta kuukautta ennen kuin kävi selväksi, että hän oli sosiaaliloinen, joka vain etsi uutta elämää ja helppoa reittiä uuteen maailmaan. Siispä lopetin verkkotreffit ja olin onnellinen sinkku. Tavallaan olin onnellisempi kuin koskaan, ja tätä jatkui jonkin aikaa.

Olin tässä mielentilassa, kun kohtalo puuttui peliin. En tiennyt, että vaikka lopettaa jäsenyyden nettitreffipalvelussa, ilmoitus jää verkkoon jäsenyyden todisteeksi. Siksi profiilini oli yhä siellä:

Kuka olen? Outo kysymys vastattavaksi. Olen luova, älykäs ja hauska nainen, joka suhtautuu elämään intohimoisesti ja nauttii ihmisten kanssa keskustelemisesta, ajatusten jakamisesta ja hauskanpidosta. Uskon positiiviseen ajatteluun ja henkilökohtaiseen vastuuseen, toisin sanoen katson tulevaisuuteen ja otan kohtaloni omiin käsiini sen sijaan, että katsoisin menneeseen ja syyttäisin muita virheistä. Pidän ihmisistä ja sen huomaamisesta, mikä tekee heidät onnellisiksi, ja joka aamu herätessäni uskon jotain ihmeellistä tapahtuvan.

Tanssin mielelläni cerocia (jiven ja latinalaisamerikkalaisen tanssin yhdistelmä), joka on oikein sosiaalista, kivaa ja hyvää liikuntaa. Pidän myös hiihtämisestä, kalliokiipeilystä (tosin en ole kovin taitava), ratsastuksesta, uinnista, musiikista, elokuvista, teatterista, koti-illoista jne. – kutakuinkin kaikesta.

Mitä etsin? No jaa... en ole ihan varma. Minulla on tyttövauva, joka täyttää pian vuoden. Haluaisin pysyvän suhteen hellään, älykkääseen, leikkimieliseen mieheen, joka veisi minut ulos pitämään hauskaa, mutta joka myös ymmärtäisi, että minulla on lapsi, jota jumaloin varauksetta. Ihannetapauksessa haluaisin oppia tuntemaan hänet hyvin ennen suhteen rakentamista, ja siksi olen tällä hetkellä kiinnostuneempi ystävyydestä. Ihannemieheni olisi pitempi kuin minä (siis yli 178 senttiä), pitää tanssimisesta (tai on valmis oppimaan), keskustelee mielelllään elämän tarkoituksesta, on avoin toisten mielipiteille, pitää hauskaa ja osaa leikkiä. Ulkonäkö ei ole niin tärkeä, rakkaus elämään ja elämiseen on.

Huolimatta siitä, otatko yhteyttä (valokuvan kera jos mahdollista), toivon, että sinulle tapahtuu tänään jotain hienoa.

16. marraskuuta 2000 sain yllättäen pitkän, tuttavallisen sähköpostin Will Allen -nimiseltä mieheltä.

Hänen viestinsä oli sävyltään hyvin rento ja ystävällinen. Hän kehui ilmoitustani ja sanoi sen olleen ihan erilainen kuin muut hänen netissä lukemansa. Hän kertoi anteeksipyydellen olevansa amerikkalainen, mutta asui nyt Britanniassa ja vietti valtaosan ajastaan Edinburghissa. Hän selitti omistavansa IT-konsultointiyrityksen ja sanoi viettäneensä tähän asti suurimman osan elämästään ”jahtaamassa uraansa eri puolilla maailmaa”.

Willillä ei ollut profiilia nettitreffisivustolla, ja hän kertoi työkaverinsa kertoneen sivustosta sähköpostitse. Hän oli tappanut aikaa odotellessaan työpuhelua eikä ollut odottanut jonkun täysin oikealta tuntuvan tulevan vastaan. Niinpä hän ei voinut olla ottamatta minuun yhteyttä.

Hän kertoi olevansa täysin samaa mieltä kanssani henkilökohtaisesta vastuusta ja yritti siksi olla valittamatta ”jonkun erityisen” puuttumista. Viime aikoina ajatus elämän jakamisesta oli kuitenkin tullut hänelle yhä tärkeämmäksi. Kenties 34 vuoden iässä hänen biologinen kellonsa tikitti voimakkaammin kuin hän välittäisi myöntää, hän kirjoitti.

Sitten hän kuvaili itseään, sanoi olevansa 184-senttinen eli selvästi minua pitempi. Hänellä oli osin afrikkalaisia juuria, hänellä oli kiharat hiukset, ruskeat silmät ja urheilullinen ruumiinrakenne. Hän kirjoitti olevansa melko paljon kouluja käynyt ja kiinnostunut taiteesta, musiikista ja kirjallisuudesta. Hän oli jopa hulluna tanssimiseen, vaikka olikin epäonnistunut surkeasti yrittäessään opetella latinalaistansseja asuessaan pari vuotta Buenos Airesissa.

Will halusi tehdä heti alkuun selväksi etsivänsä pitkäaikaista suhdetta – hän ei kelpaisi nopealle ”hurvittelijalle”. ”Ikä näkyy”, hän oletti. Will halusi tehdä selväksi senkin, että fyysinen suhde oli hänelle tärkeä, koska koskettaminen oli hänelle keskeistä. Hän ymmärsi sen ehkä vaikuttavan joistakuista vastenmieliseltä.

Sitten hän jatkoi: ”Olisi epäreilua olla sanomatta heti alkuun, etten voi saada omia lapsia, koska sairastin pikkulapsena aika pahan sikotaudin. Jos perheen kasvattaminen luonnollista tietä on sinulle ykkösasia, en varmaan ole paras mahdollinen kumppani." Hän oli hyvin halukas saamaan lapsia ja tuli hyvin toimeen heidän kanssaan, mutta hänen oli ollut "sopeuduttava siihen, ettei hänellä voisi olla omaa biologista perhettä, mikä oli ollut joskus vaikeaa. Se ei ole taakka, vaan todellisuutta."

Hän kirjoitti vähän enemmän ja sitten lopetti sanoen, että hän haluaisi tavata joskus kahvin ja juttelemisen merkeissä. Jos en ollut kiinnostunut, hän ainakin toivottaisi minulle kaikkea hyvää.

Lähetimme toisillemme sähköpostia joka päivä kerran, kahdesti, kolmesti – flirttaillen, jutellen ja kertoen yhä enemmän itsestämme. Kaikki se oli ihanaa, jännittävää ja uutta. Pidin pääni kylmänä, sillä olinhan kokenut saman aiemmin. Olin vakaasti päättänyt olla uskomatta liikaa odotuksiin, sillä tapaaminen voisi osoittautua pettymykseksi. Mutta kaikki tuntui luonnolliselta, jopa helpolta, juuri oikealta. Melkein kaksi viikkoa oli kulunut, tiesimme paljon toisistamme ja olimme kertoneet intiimeistä yksityiskohdista. Silti pidimme toisistamme.

Sitten tuli väistämätön repliikki: ehkä meidän pitäisi puhua puhelimessa.

Ilman muuta. Annoin hänelle numeroni, ja hän lupasi soittaa puolen tunnin sisällä.

Minä odotin. Puhelua ei kuulunut.

Kysyin sähköpostitse, oliko hän kunnossa. Ei vastausta. Lähetin taas sähköpostia. Aloin huolestua. Mitä ihmettä oli voinut sattua? Hänen viestissään ei ollut merkkiäkään epäröinnistä tai epäilyksistä – hän oli kysynyt numeroani, oli pyytänyt sitä varauksettomasti ja kirjoittanut haluavansa koko sydämestään soittaa, mutta mitään ei kuulunut. Siinä ei ollut mitään järkeä.

Murehdin koko yön ja menin seuraavana aamuna levottomana töihin. Pohdin tapahtunutta koko ajan, kävin läpi hänen viestejään ja koetin arvata, mitä oli tapahtunut. Sitten luin omat viestini uudelleen nähdäkseni, olinko kirjoittanut jotain, jonka olisi voinut tulkita väärin. Ei mitään.

Lähetin taas sähköpostia ja utelin, oliko hän kunnossa. Näin mielessäni, miten hän oli kaatunut portaissa ja taittanut niskansa. Mikä saattoi saada hänet katoamaan puolessa tunnissa tuon viestin lähettämisestä?

Kaksi päivää myöhemmin hän otti yhteyttä.

"Anteeksi, täytyi lähteä liikematkalle Espanjaan."

Olin todella ärtynyt. Kirjoitin hänelle, että olin ollut huolissani eikä se mitenkään ollut hyväksyttävää. Käskin hänen painua suolle.

Will pyysi anteeksi ja sanoi ymmärtäneensä aikataulun väärin. Työpuhelu oli tullut väliin, sitten hänen oli kiireessä pakattava ja lähdettävä. Hän sanoi ajatelleensa minua koko ajan ja kaipaavansa minua. Hän antoi numeronsa ja aneli minua soittamaan syytellen tiukkaa aikataulua ja olosuhteita; hän tähdensi monta kertaa haluavansa puhua kanssani.

Alkuun en piitannut hänestä ja kieltäydyin sanomasta mitään, mutta hän vain pyyteli anteeksi ja kirjoitti sen olleen tahatonta. Lopulta päätin, että kun hän oli noin innokas, hän ehkä ansaitsisi toisen mahdollisuuden. Rauhoituin, ja sovimme, että hän soittaisi minulle tuona iltana. Siinä vaiheessa olin niin kiukkuinen, etten välittänyt, soittaisiko hän vai ei. Mutta hän soitti ja juttelimme ihan yhtä luonnollisesti kuin sähköposteissa. Annoin vastahakoisesti hänelle anteeksi huolen aiheuttamisen, mutta sanoin piruuttani, että hänen olisi parasta olla tekemättä samaa toiste. Hän vannoi, ettei enää koskaan tekisi niin, ja lupasi olla vastedes huomaavaisempi.

Tuo ensimmäinen puhelu kesti tunteja. Will suhtautui hyvin avoimesti hedelmättömyyteensä ja sen vaikutukseen elämäänsä. Perhe oli hänelle kaikki kaikessa. Hänen siskonsa oli hänelle hyvin tärkeä, ja hän kertoi ylpeänä äitinsä älykkyydestä ja isänsä uskollisuudesta ja rakastavuudesta. Hän sanoi surevansa, ettei hänellä voinut olla poikaa jatkamassa suvun nimeä. Hän olisi niin mielellään perustanut oman perheen, mutta kun hänelle oli selvinnyt, ettei hän voisi saada lapsia, hän oli keskittynyt uraansa ja muuttunut hiukan työholistiksi. Willillä oli ollut yksi pitkäaikainen suhde, ja se oli päättynyt siksi, että nainen halusi lapsia. Willillä oli taakkansa, mutta hän oli oppinut kantamaan sen.

Keskustelu soljui vaivattomasti, ja Will vaikutti todella kiinnostuneelta ja huomaavaiselta. Pidin hänen äänestään: se oli rauhallinen, tasainen ja selkeä. Hänen amerikkalainen korostuksensa oli hienoinen eikä läpitunkeva, ja se oli vähentynyt niiden kahdeksan vuoden aikana, jotka hän oli viettänyt Britanniassa. Hänellä oli oleskelulupa työnsä takia ja hän aikoikin jäädä, koska piti Britanniasta ja se oli hänelle hyvä tukikohta. Hän matkusteli koko ajan ympäri maata, useimmiten Manchesterin ja Edinburghin välillä, koska hänen toimistonsa ja henkilökuntansa olivat St Andrew Squarella Edinburghissa ja tärkein asiakas oli manchesterilainen yritys.

Will myönsi, että työ oli ollut hänen elämänsä päivin öin. 24/ 7-kulttuurin lyötyä läpi liike-elämässä tietoliikenteen ja IT:n täytyi toimia koko ajan, ja ihmiset olivat tottuneet siihen, että hän oli koko ajan tavoitettavissa ja käytettävissä ongelmien ratkaisemiseksi. Hän pyöritti IT-konsultointi- ja tietoliikenneyritystä, ja yksi hänen tarjoamistaan palveluista oli murtautua asiakkaiden IT-järjestelmiinsä kokeillakseen, kuinka turvallisia ne olivat. Se oli kiinnostavaa hommaa.

Yritin etsiä internetistä lisätietoja ja tein hakuja saamillani tiedoilla. Valitettavasti "Will Allen" tuotti lukuisia osumia. Hakusanojen "IT consultant" lisäämisestä ei ollut apua, koska haku oli edelleen liian yleisluontoinen.

Will lähetti minulle kuvan itsestään, ja minä lähetin kuvani hänelle. Hän kehui ylitsevuotavasti kuvaani, ja minä pelkäsin katsoa hänen kuvaansa. Lopulta kuitenkin avasin tiedoston ja näin siinä kivat kasvot. Hän ei ollut tyrmäävä mutta todellakin hyvännäköinen lämpimine hymyineen, tummine ihoineen ja silmineen sekä lyhyine afrohiuksineen. Silmälasit - Yhdysvaltojen ilmavoimien tyyliset metallisankaiset lasit, joissa oli hieman punertaviksi sävytetyt linssit - vaikuttivat minusta 1980-lukulaisilta. Valokuvassa Will ei näyttänyt Jumalan lahjalta naisille, mutta silti lempeältä ja puoleensavetävältä. Näytin kuvaa parille ystävälleni. He nauroivat Willin laseille mutta sanoivat hänen näyttävän muuten aika hyvältä.

Joulukuun 2000 ensimmäiseen viikkoon mennessä puhuimme puhelimessa ja lähettelimme sähköpostia monta kertaa päivässä, ja hyvin nopeasti aloin tuntea yhteenkuuluvuutta hänen kanssaan. Hän oli samaa mieltä maailmankuvastani, ja me keskustelimme pitkään yhteisistä ajatuksistamme, myös kirjoista, joita olimme lukeneet ja joista pidimme. Puhelinkeskustelumme olivat aina pitkiä, eikä jutuista ollut koskaan pulaa.

2

Ensimmäinen kohtaaminen

JOULUKUU 2000

Kun kerran pidimme säännöllisesti yhteyttä, tuntui luonnolliselta tavata, joten sovimme tapaamisesta lounaan merkeissä joulukuun 2000 alussa. Koska olin aina hieman varovainen, halusin tavata julkisella paikalla muiden ihmisten läsnä ollessa ja päiväsaikaan. En ollut hölmö enkä halunnut vaarantaa itseäni – olinhan jo tavannut mahdollisen hullun kirvesmurhaajan enkä halunnut kokea samaa uudelleen! Willillä oli minun kännykkänumeroni ja minulla hänen, mutta en ollut antanut hänelle osoitettani enkä tarkempia tietoja.

Käytin aikaa ensitreffeillemme valmistautumiseen. Ajattelin loputtomia mahdollisuuksia, joita tapaamisesta voisi koitua, ja myös loputonta pettymystä, jos tuo mies olisi aivan erilainen kuin miltä hän vaikutti netissä. Tunsin hänet läheiseksi, saaneeni todellisen yhteyden, enkä oikeastaan halunnut pilata sitä kohtaamalla hänet. Kuinka hän voisi vastata mielikuvaa, joka minulla oli hänestä? Olin onnellinen ja vakiintunut; elämäni tuntui tutulta ja turvalliselta. Retkahtaminen mieheen vaarantaisi tuon turvallisuuden, mutta toisaalta oli vastustamaton houkutus löytää onni ja tavata ihminen, joka saisi minut jälleen tuntemaan itseni naiseksi. Niinpä laittauduin valmiiksi, vaihdoin vaatteita ja sitten vaihdoin uudelleen – lopulta päädyin tietenkin asuun, jota olin ensimmäisenä kokeillut.

Saavuin ajallaan hänen hienoon toimistoonsa St Andrew Squarella. Vastaanotto oli toisessa kerroksessa, joten otin hissin. Ovi johti suureen, moderniin, avoimeen vastaanottotilaan, jossa oli katto korkealla ja kaarevat nahkanojatuolit. Näin kaksi tai kolme valtavaa CNN:lle viritettyä laajakuvatelevisiota sekä tyylikkäästi pukeutuneen tytön suuren vastaanottotiskin takana. Näky oli varsin vaikuttava.

Lähestyin tiskiä.

"Hei", sanoin niin itsevarmasti kuin pystyin, "olen tullut tapaamaan Will Allenia."

Tyttö näytti ilmeettömältä, katsoi kuvaruutuaan ja sanoi: "Täällä ei ole töissä Will Allen -nimistä henkilöä."

Paikka oli taatusti oikea, joten kuvailin häntä: "Minä olen kyllä varma, että olen oikeassa paikassa. Voisitteko tarkistaa? Hän on pitkä, tumma amerikkalainen kaveri."

"Ai, sen täytyy olla Will Jordan. Ilmoitan hänelle, että olette täällä."

Istuin odottamaan ja mietin eri nimeä. Mistä se johtui? Hänen sähköpostissaan luki takuulla Will Allen, mutta ehkä hän ei ollut halukas kertomaan oikeaa nimeään netissä. Se selittäisi miksi en ollut onnistunut löytämään internetistä mitään tietoja hänestä.

Hissin ovi avautui ja sulkeutui muutaman kerran, ja sydämeni hypähti joka kerta, mutta tulija ei ollut hän. Sitten ovi avautui taas, ja hän asteli ulos.

Hän harppoi minua kohti, väläytti valkoisen hammasrivin ja hymyili leveästi ja lämpimästi. Tunsin heti vetoa hänen hiljaisen itsevarmaan, rentoon käytökseensä, hänen tummaihoiseen, lihaksikkaaseen vartaloonsa ja hänen komeisiin piirteisiinsä. Hänen silmälasinsa olivat vanhanaikaiset mutta eivät vieneet huomiota hänen hyvännäköisyydestään. Siinä hän oli, lähestyi lopultakin minua fyysisessä muodossa. Vastasin hymyyn ja nousin seisomaan, hän puristi kättäni lujasti mutta ei liikaa. Sitten tervehdimme, ja hän suuteli minua hyvin hellästi poskelle.

”Mennäänkö?” hän sanoi, ja sitten lähdimme kohti hissiä. Olimme menossa läheiseen ravintolaan lounaalle.

”Miten kummassa sinun nimesi on Jordan eikä Allen?” kysäisin melkein heti.

”Allen on minun toinen etunimieni”, hän vastasi sujuvasti katsomatta minua.

Meillä oli miellyttävä kaksituntinen lounas. Yhdessä vaiheessa keskustelimme lukemistamme kirjoista, erityisesti *Yhdeksän oivalluksen tiestä*. Siinä kirjoittaja kertoo, miten ihmiset löytävät toisensa jakamalla fyysisen ja emotionaalisen energiansa. Hän sanoo, että tämän energian voi tuntea virtaavan lähellä toista, ja silloin syntyy side. Kysyin, kuinka tuon filosofian mukaista energiaa voi tuntea sähköpostissa. Olimme molemmat samaa mieltä, että niin oli tapahtunut, mutta järjellistä selitystä ei ollut. Will näytti kuin salaman iskemältä. Koko yhteisen elämämme ajan hän viittasi tuohon hetkenä, jolloin hän rakastui minuun – hetkenä, jolloin hän tajusi löytäneensä sielunkumppaninsa.

Will oli noin 185-senttinen ja urheilullinen, kuten oli kertonutkin. Hän kertoi taustastaan ja sanoi, että hänellä oli kaksi valkoista isoisää, Amerikan alkuperäiskansoihin kuuluva isoäiti ja afrokaribialainen isoäiti. Kumpikin isoisä oli ollut ajastaan edellä avioitumalla erivärisen naisen kanssa, mikä oli vastoin silloisia yhteiskunnallisia normeja. Hän vitsaili: "Perin alkuperäiskansojen puolelta vain sen, etten kestä alkoholia."

Willin kasvoissa oli hyvin vähän karvoitusta, mutta hän kertoi yrittäneensä äskettäin kasvattaa viikset, mistä hän oli hyvin ylpeä. Viikset olivat lähinnä untuvaa, mutta hän sanoi, ettei hänen tarvinnut ajaa koskaan partaansa, koska hänellä oli matala testosteronitaso lapsena sairastetun sikotaudin takia. (Kun suhteemme aikanaan muuttui seksuaaliseksi, näin, ettei hänellä ollut rintakarvojakaan.) Hän oli innoissaan ajatuksesta kasvattaa parta, mutta tuolloin hänen leuassaan ei ollut karvaakaan. Minusta hänen intonsa oli hellyttävää, ja olin hiukan pahoillani hänen puolestaan.

Keskustelu oli vilkasta ja eloisaa. Hän oli kiinnostunut siitä, mitä minulla oli sanottavana, ja meillä oli paljon yhteistä – mihin uskoimme, mitä olimme lukeneet. Hän oli menestynyt, puoleensavetävä, tavallinen, mielenkiintoinen mies, joka vaikutti kiinnostuneelta minusta. Silti olin varuillani. Kerroin, että minulla oli ihana elämä ja että jos hän haluaisi osallistua siihen, hänen täytyisi parantaa sitä, mikä olisi paljon vaadittu. Hän sanoi ymmärtävänsä ja naurahti sanoen, että hänen täytyisi pohtia, kuinka se onnistuisi.

Hän saattoi minut takaisin autolleni, käsivarteni hänen kainalossaan, ja kun pysähdyimme ennen eroamistamme, hän nojautui eteenpäin ja suuteli minua varovasti huulille. Huomasin, kuinka pehmeät hänen huulensa olivat, ja oli selvää, että jos olisin vastannut suudelmaan, se olisi syventynyt ja jatkunut. Säilytin kuitenkin malttini. Erosimme, lausuimme näkemiin ja ajoin pois.

Hän lähetti minulle sähköpostia vain pari tuntia lähdettyäni ja tunnusti, että hänen sydämensä oli vasta äsken lakannut jyskyttämästä ja että rehellisesti sanoen hänen oli vaikea pitää jalat maassa. Hän vaikutti häkeltyneeltä tunteidensa voimakkuudesta ja oli hermostunut siitä, etten ehkä tuntisi samoin. Hän palasi lounaalla esittämääni kommenttiin siitä, miten olimme tunteneet yhteyden jo sähköposteissa, ja toisti tienneensä jo ensimmäisten viestiemme jälkeen, että hän pitäisi minusta.

Hän jatkoi kertomalla, ettei mikään olisi voinut valmistella häntä hetkeen, jona hän oli astunut hissistä ja todennut itsekseen: "*Vielä kauniimpi kuin valokuvassa.*" Lopuksi hän kirjoitti, että hän kuvitteli lähtiäissuukkomme kihelmöivän yhä huulillaan ja halusi välttämättä tavata uudelleen. "Ennen kuin tapaamme taas, vietä hieno viikonloppu ja muista, että olet ajatuksissani ja unissani."

Sen jälkeen tilanne kehittyi nopeasti. Will lähetti joka päivä sähköpostia ja oli yhä haltioituneempi suhteestamme. Tunsin oloni rennoksi miehen seurassa, ja vaikka olin tavannut hänet vain kerran, tunsin aidon yhteyden välillämme. Hän ei selvästikään ollut uhkailevaa tyyppiä, vaan hiljainen, älykäs ja luotettava.

Muutamaa päivää myöhemmin, toisilla treffeillämme, kutsuin hänet lounaalle. Hän tuli vanhaan kauniiseen ensimmäisen kerroksen asuntooni, joka antoi merelle Portobellossa. Olen surkea kokki, ja hänelle keittämäni pasta oli hädin tuskin syötävää. Asiaa ei auttanut, että hän sai liikepuhelun juuri syödessämme. Hän meni viereiseen huoneeseen puhumaan ja oli puhelimessa neljäkymmentä minuuttia. Hän näytti anteeksipyytävältä, ja minä koetin olla ärtymättä – bisnes kun on bisnestä. Sitten juttelimme taas pari tuntia, ja näytin hänelle perhekuvia, esimerkiksi minusta ja tyttärestäni. Lopulta oli aika hakea silloin yksivuotias Robyn päiväkodista. Ennen asunnosta lähtemistämme hän suuteli minua.

Hän kietoi kätensä vyötäisilleni ja veti minut lähemmäksi itseään. Hän puristi huulensa huuliani vasten ja tunsin saman pehmeyden, mutta tällä kertaa hän oli päättäväisempi. Vajosin hänen käsivarsilleen ja tunsin tosiaan polvieni notkahtavan hänen suudelmansa voimasta. Sen jälkeen olin sekaisin ja hengästynyt, sillä se oli herättänyt tunteita, jotka olivat olleet kauan kätkössä.

Will ja minä tapasimme parin päivän välein, ja joka kerralla tunsimme yhä voimakkaammin kuuluvamme yhteen. Työpaikalleni tuotiin kymmenen upeaa punaista ruusua, mikä herätti kollegoissani vilkasta kiinnostusta – kun en kerran ollut maininnut uuden miehen astuneen elämääni. Will lähetti minulle romanttisilla teksteillä varustettuja kortteja ja keksi muitakin tapoja kertoa, kuinka hän oli rakastunut minuun.

Will oli huomaavainen ja osoitti kiintymystään lukuisin pienin tavoin. Muistan, että istuessamme kerran autossa joimme samasta vesipullosta, ja vaikka hän oli selvästi janoinen, hän jätti viimeiset pisarat minulle. Hän avasi auton oven minulle ja käveli sitten auton toiselle puolelle – äitini oli sanonut, että tuollaiset asiat olivat tärkeitä, joten selvästi Will hallitsi hyvät tavat. Minua kosketti tuollainen lempeä huomaavaisuus ja tapa, jolla hän osoitti joka päivä ajattelevansa minua. Tekstiviesteissä hän kirjoitti kaipaavansa minua, puhelimessa hän sanoi, mitä hänen työkaverinsa arvelivat hänen "mystisestä naisystävästään", ja sähköposteissa hän vitsaili ja kertoi kohtaamistaan asioista, jotka hän halusi jakaa kanssani.

Will oli erilainen kuin kukaan edellisistä treffikumppaneistani. Hän oli älykäs ja taitava, mutta ei kerskunut saavutuksillaan. Kun hän esimerkiksi huomasi pianoni olohuoneessa, hän sanoi hiljaa, että hän osasi soittaa. Minulla oli tutkinto musiikissa ja olin saanut opetusta klassisessa pianonsoitossa; olin soittanut Beethovenia konserteissa noin yhdentoista iästä saakka. Kun pyysin häntä soittamaan, huomasin hänen olevan huomattavasti parempi kuin minä. Hän soitti virheettömästi monella eri tyylillä, mutta arvosteli jatkuvasti itseään sanoen, että hän oli teknisesti hyvä mutta musiikillisesti huono. Itse asiassa hän oli loistava. Hän soitti hyvin myös kitaraa ja monia muita soittimia.

Will oli lahjakas muillakin tavoin. Hän osasi sujuvasti yhdeksää kieltä, muun muassa hepreaa, ja pystyi pikalukemaan kirjan hämmästyttävän lyhyessä ajassa. Hänen tietämyksensä tietokoneista ja tietoliikenteestä vaikuttivat poikkeuksellisilta. Hän oli tuolla alueella hyvin varma itsestään, puhui teknologian edistysaskeleista ja siitä, mihin kaikkeen IT kykenisi. Hän oli hyvin tekniikkasuuntautunut, tehosti tietokonejärjestelmäni toimintaa ja jopa suunnitteli ja latasi nettisivun Robynille ja minulle.

Minä olin esiintyjä, nopea nauramaan ja näkemään hauskat puolet, kun taas Will oli hiljainen, melkein ujo, mutta silti hyvin itsevarma, kokonaan vailla ylimielisyyttä. Hän oli tehnyt niin paljon, matkustellut ja tehnyt töitä kaikkialla maailmassa. Hän oli mies, jota katsotaan ylöspäin: hyvännäköinen, kovakuntoinen ja vahva, nopeaälyinen eikä kuitenkaan pröystäillyt, luova, aistillinen, romanttinen ja huomaavainen, mutta ei liian hempeilevä. Hän vaikutti poikkeukselta, aivan erilaiselta mieheltä.

Willin ainoa vika tuossa vaiheessa vaikutti olevan aikatauluttaminen, sillä hän oli yhtä mittaa myöhässä ja toisinaan jätti kokonaan tulematta. Joskus hän katosi moneksi päiväksi, ja minä olin huolissani hänestä. Minun oli vaikea sulattaa sitä. Will kertoi, että se oli hankalaa hänellekin, ja yritti pitää minut selvillä liikkeistään. Tästä tuli riita, mutta hän pyysi anteeksi ja selitti yrittävänsä kovasti.

Kerran, ei kauaakaan ensitapaamisestamme, veljeni kutsui Willin ja minut päivälliselle. Hän halusi tavata uuden kumppanini, ja sovimme ajasta. Viime hetkellä Will sai niin paljon töitä, että hänen oli jätettävä väliin. Olin hyvin nolo, mutta minun täytyi näyttää urheaa naamaa. Will pyysi tapansa mukaan vuolaasti anteeksi ja hyvitteli minua myöhemmin samana iltana. Hän sanoi tekevänsä kaikkensa tilanteen parantamiseksi ja lupasi, että asiat muuttuisivat, kun ihmiset tajuaisivat hänellä olevan nyt elämässä muutakin kuin työ.

Sama toistui pari kertaa, kun Willin oli ollut tarkoitus osallistua kanssani sosiaaliseen tilaisuuteen tai kun olimme sopineet tapaavamme ystäviäni. Minua alettiin kiusoitella poissa olevasta miehestä ja vitsailla miesystäväni olevan kuvitteellinen. Minulle tilanne oli erittäin turhauttava: olin löytänyt täydellisen miehen, mutta en voinut leuhkia hänellä. Joka ainoa kerta hän lupasi, ettei noin tapahtuisi toiste.

Hänet tavanneet ystävät olivat vaikuttuneita. He pitivät hänestä ja sanoivat olevan selvää, kuinka pihkassa hän oli minuun. Kun olin Willin seurassa, hän ei vilkaissutkaan muualle. Joistakin miehistä poiketen hän ei katsellut toisia naisia eikä tuntunut edes huomaavan heitä. Hän sai minut tuntemaan itseni erityiseksi.

Olin hyvin tietoinen vaikutuksesta, joka uudella miehellä voisi olla lapseeni, enkä siksi ollut tuonut kotiin ketään muuta tapaamaani miestä. Pian kävi ilmeiseksi, että suhde oli vakava, joskin alkuvaiheessa, joten esittelin tyttäreni Willille ja he näyttivät tulevan keskenään juttuun oikein hyvin. Will jumaloi Robynia ja päinvastoin. Koska Will oli hedelmätön, hänelle merkitsi paljon, että minulla oli jo lapsi. Hän puhui Robynista ja siitä, kuinka hän jumaloi meitä molempia. Hän oli huolehtivainen, haltioitunut ja kiinnostunut lapsestani – siis ihanteellinen miesystävä.

Toivoin vain, että voisimme viettää enemmän aikaa yhdessä. Sitten, juuri ennen joulua, asiat tuntuivat kääntyvän paremmalle tolalle. Will oli kutsuttu isoon tilaisuuteen Lontoossa: se oli hänen suurimman asiakkaansa frakkijuhla, joten meidän täytyisi pynttäytyä ja olla yötä viiden tähden hotellissa. Will pyysi minua seurakseen ja olin innoissani. Minulla oli harvoin, jos koskaan, ollut mahdollisuutta matkustaa, tälläytyä, tulla hemmotelluksi ja tuntea pari päivää olevani nainen eikä vain äiti. Päätin tarttua tilaisuuteen, järjestin vapaata töistä ja pyysin äitiäni ottamaan Robynin yöksi, jotta pääsisin lähtemään.

Tuona päivänä, 23. joulukuuta 2000, laukkuni olivat pakattu ja odottivat eteisessä jo reippaasti etukäteen. Tarkoituksemme oli mennä kello 16:n lennolla. Lähetin päivän mittaan sähköposteja Willille jakaakseni innostumiseni ja muistuttaakseni häntä olemaan ajoissa, ettemme myöhästyisi koneesta. Hänen piti lopettaa työt lounasaikaan mennessä, joten aikaa olisi runsaasti, mutta pelkäsin, että hän asettaisi taas työn etusijalle. Minä odotin ja sitten lähetin tekstiviestin, koska aika riensi.

Kyllä kyllä... kärsivällisyyttä, hän vastasi. *Nyt lopettelen, olen siellä puolessa tunnissa.* Hän saapuisi viime hetkellä... Hän saapuisi vihoviimeisellä hetkellä... Hän ei saapunut, mutta oli matkalla... Hän etsi toista lentoa. Sitten ei mitään.

Olin murtunut. Häntä ei näkynyt, eikä hänen kännykkäänsä saanut yhteyttä. Lopulta minun täytyi ottaa lasillinen – itse asiassa join pullollisen viiniä – ja menin nukkumaan pettyneenä ja ymmälläni. Oli liian myöhä noutaa tyttäreni, joten jätin sen aamuun.

Seuraava päivä oli jouluaatto, ja ennen kuin ehdin lähteä hakemaan Robynia, sain Williltä puhelun, jossa hän häpeillen kysyi, voisiko hän tulla käymään. Hän ilmoitti, että hänellä oli jotain sanottavaa, kun taas minä halusin tietää, mikä oli ollut tärkeämpää kuin minä ja kaikki matkan eteen näkemäni vaiva. Olin niin vihainen, että minun oli vaikea puhua, ja vaadin selitystä.

Will tuli ja pyysi anteeksi. Töissä oli tapahtunut jotain: asiakas oli hätääntynyt ja kaatanut koko liiketoimintajärjestelmän, ja hänellä oli mennyt koko yö kellarissa sotkun selvittämiseen. Kännykkä ei ollut saanut yhteyttä kenttään, ja hän oli ollut niin kiinni töissä, ettei ollut ajatellut muuta tapaa saada yhteys. Olin kaikkea muuta kuin tyytyväinen.

Sitten hän sanoi, että häntäkin risoi matkan menettäminen, koska hän oli aikonut tehdä matkalla erään jutun. Olin edelleen harmissani, kun kysyin, mistä jutusta oli kysymys. Hän vastasi antamalla minulle pehmonallen, jonka kaulaan sidotussa nauhassa oli timanttisormus. Hän kosi minua.

Olin äimänä. Seisoin keittiössäni liettä vasten nojaten, nilkat ja käsivarret ristissä. Minun täytyi irrottaa käsivarret toisistaan ottaakseni pehmonallen, ja samalla närkästykseni ja turhautumiseni haihtuivat ja keskustelu sai uuden suunnan. Minä epäröin, mutta hän jatkoi kertomalla, miksi hän halusi mennä naimisiin kanssani, ja aikovansa jatkaa tällä uudella reitillä.

Olimme olleet yhdessä vasta vähän aikaa, ja nyt jumaloimani mies oli lääpällään minuun. Tunne oli päihdyttävä, jännittävä ja äärettömän houkutteleva. Tiesin rakastavani häntä, mutta tiesin myös, ettei meillä ollut ollut tarpeeksi aikaa tutustua toisiimme. Sanoin haluavani miettiä asiaa, ja hän vastasi: "Sopiihan se, kunhan sormus on sormessasi, kun mietit." Niin minä tein, ja sen jälkeen kysymystä ei enää esitetty, kaikki oli selvää. Häät olivat tulossa.

Willin täytyi olla joulu töissä. Hän oli suunnitellut tulevansa suureen sukutapaamiseemme, mutta taas työ tuli väliin, eikä häntä näkynyt. Minusta oli kamalaa kuunnella naljailua hänen poissaolostaan ja puolustella hänen uppoutumistaan työhön, kun todellisuudessa olin yhtä harmissani kuin muutkin. Mutta Will oli hyvin varautunut, ja aavistelin hänen pysyvän poissa osittain hermojensa takia.

Minä kuitenkin panin sormuksen sormeeni, kuten Will oli pyytänyt. Kerroin sukulaisilleni, että hän oli kosinut, mutta pohtivani asiaa. He olivat mielissään puolestani ja vielä enemmän mielissään siitä, että olin kyllin järkevä lykätäkseni päätöstä. Esittelyt saivat luvan odottaa; tiesin niiden olevan joskus edessä.

Tammikuussa 2001 sain tietää, että tyttärelleni tulisi sisaruspuoli, koska hänen isänsä uusi naisystävä Linda odotti lasta.

Ilmoitin siitä Willille sähköpostitse.

Robyn saa pikkuveljen tai pikkusiskon.

Ja ennen kuin ryntäät tekemään outoja päätelmiä! Rossin naisystävä Linda on raskaana. On mielenkiintoista nähdä, mitä tapahtuu. Olen luvannut Lindalle, että autan niin paljon kuin voin, naisparalle koittaa kovat ajat, luulisin. On joka tapauksessa hyvä, että Robyn saa sisaruksen.

Willin vastaus oli sekä monisanainen että tunteisiin vetoava. Viestini oli ilmeisesti ollut hänelle suuri järkytys, ja hän sanoi olleensa noin minuutin onnessaan kuvitellen, että olin jonkin ihmeen kautta raskaana.

Hän oli reagoinut uutiseen äärimmäisen fyysisesti: tuntenut sydämen jyskyttävän rinnassaan ja veren kohisevan päässään kuin koski. Hänen seurassaan olevat luulivat hänen saaneen sydänkohtauksen ja komensivat häntä istuutumaan, mutta kun hänen näkökenttänsä oli seljennyt ja kaikki olivat lakanneet panikoimasta, hän jatkoi lukemista ja tajusi, mitä todellisuudessa oli tapahtunut.

Will oli selvästi toivonut voivansa antaa Robynille veljen tai siskon. Hän kertoi, että hänestä olisi ollut ”upea siunaus” rakastella ja sitten odottaa kuukauden loppua ostaakseen raskaustestin. Hän olisi antanut vaikka mitä saadakseen olla mukana hetkenä, jona hän sai tietää olleensa mukana luomassa uutta elämää. Hän oli kuvitellut, mitä hän tuntisi, jos odottaisin hänen lastaan.

Viesti oli osunut arkaan paikkaan, sillä hän kirjoitti: "Olen pahoillani, olen luvannut itselleni, etten olisi sekaisin tästä, mutta on niin vaikeaa olla olematta katkera..." Pitkässä ja intohimoisessa viestissään hän totesi, että olin nyt olennainen lanka hänen elämänsä kankaassa. Hän kirjoitti: "Toivon todella, ettet nyt etkä myöhemmin pahastu tai pidä minua vajavaisena miehenä, koska en kykene tähän. Tiedän, ettei sydämeni kestäisi tällaista tuomiota sinulta... älä arvostele minua sen yhden vian takia, jolle en voi mitään."

Samassa viestissä Will kertoi, millaisia tunteita oli myllertänyt hänessä, kun rakastelimme ensimmäisen kerran. Hän sanoi, että silloin hän oli kokenut kaksi äärimmäistä tunnetta: hän oli alkanut rakastaa minua syvästi ja halusi olla kanssani koko elämänsä sekä kokenut suuren turhautumisen ja surun huomatessaan löytäneensä kaiken vaimolta ja lastensa äidiltä odottamansa ja tajutessaan, ettei unelman toinen osa voisi koskaan toteutua. Hän tunsi viettäneensä koko elämänsä valmistautuen sitoumukseen, joka merkitsisi "hänen" elämänsä loppua ja erottamattomasti toisen kanssa vietettävän elämän alkua. Mutta oli hänellä mitä suunnitelmia tai unelmia tahansa, ne eivät muuttaisi tosiasiaa, ettei hän voisi tulla isäksi.

Will lopetti lausumalla, että rakkauteni häneen oli auttanut häntä kestämään tuskan. Hän toisti vielä kerran rakkautensa sanoilla, jotka sulattivat sydämeni. Hän kirjoitti, etteivät mitkään sanat pystyisi kuvaamaan hänen tunteidensa voimaa eikä yhdessä sähköpostissa ollut tarpeeksi tilaa: "Minua tosiaan pelottaa yrittää käsittää sinuun kohdistuvien tunteideni syvyyttä, koska en ole milloinkaan tiennyt, että voisin tuntea näin ketään kohtaan."

Willin sähköposteissa ilmaisemien tunteiden voimakkuus kosketti minua. Halusin niin kovasti antaa hänelle lapsen, lievittää syvälle tunkeutunutta kipua, mutta tiesin, etten voisi luonnolle mitään.

Tuolloin kävi selvästi ilmi, mitä mieltä Will oli uskottomuudesta ja miehisestä ajattelutavasta. Olimme keskustelleet pitkään edellisistä suhteistamme, enimmäkseen minun, koska hän oli ollut niin kiinni työssään. Hän oli moneen kertaan sanonut, ettei voinut ymmärtää, miten mies voisi hankkia naisen kanssa lapsia ja häipyä; hänen mielestään se oli ”julmaa ja pilkallista mitä suurimmassa määrin, tilannetta vielä pahentaa tuollaisen osoittama täydellinen kunnioituksen puute”. Siksi olin varma, että uskottomuus oli vastoin kaikkea Willin tärkeänä pitämää – se olisi hänelle vastenmielistä. Siinä oli mies, josta voisin olla varma, joka oli yksiavioinen, lojaali ja jolla oli periaatteita.

3

PELOISSANI

TAMMIKUU 2001

Vaikka olin vakuuttunut Willin osoittamista tunteista sekä hänen vannomastaan uskollisuudesta, olin edelleen vähemmän vaikuttunut hänen täsmällisyydestään ja luotettavuudestaan tapaamistemme suhteen. Yhä uudelleen suunnitelmia tehtiin, mutta hän oli myöhässä tai ei tullut ollenkaan. Hän oli rakastava ja omistautunut minua kohtaan ja jumaloi Robynia, mutta vaikutti kaiken aikaa niin keskittyneeltä työhönsä, ettei hän muistanut muita sitoumuksiaan. Arvelin tilanteen pahenevan siksi, ettei hänellä ollut vakinaista asuinpaikkaa. Hän sanoi vuokranneensa varaston tavaroilleen ja yöpyvänsä hotelleissa, joten ryhdyimme etsimään hänelle asuntoa, jotta säilytyskustannukset pienenisivät ja hänellä olisi tukikohta.

Mielessäni vilahteli kuitenkin tunne, että jokin oli vialla. Will oli vaihtanut kännykkää pari kertaa tapaamisemme jälkeen, koska hän sanoi, että yritys vaihtoi operaattoria ja että minun tulisi käyttää uutta numeroa. Hiljalleen epäluuloni heräsivät. Tässä kaikessa oli jotain hyvin kummallista, ja tammikuun lopulla olin päättänyt selvittää jutun pohjia myöten.

Hän oli luonut minulle oman sivuston, ja löysin sivustolta www.WHOis.net hänen yrityksensä kuvauksen ja osoitteen Lancashiressa. Avasin yrityksen Company House -tiedot ja havaitsin hänen olevan yrityksen sihteeri; johtajaksi oli merkitty nainen nimeltä Michelle Hayward. Naisen osoite oli Lancashiressa, mutta miehen osoite Edinburghin ulkopuolella olevassa kylässä. Tuskailin mitä tehdä, mutta koska minun oli saatava tietää, nousin autoon ja ajoin sinne.

Löysin talon helposti Gullanen hiljaiselta, vehmaalta syrjäkadulta, joka oli lähellä merta ja jonka ympärillä oli korkeamuurisia lähiötaloja. Ajoin talon ohi kolmesti ennen kuin pysäytin auton. Autossa istuessani tulin ajatelleeksi, että lähistön asukkaat luulisivat minun tarkkailevan katua. Olin tarkemmin sanoen hermona siitä, että joku soittaisi poliisin.

Lopulta nousin autosta ja kävelin korkeassa muurissa olevalle portille. Näin suuren, varsin komean omakotitalon, jota ympäröi puutarha. Willin piti olla Manchesterissa, mutta ajotielle oli pysäköity hänen musta, kaksipaikkainen Corvettensa. Eniten minua järkyttivät kuitenkin puutarhassa olevat lasten leikkivälineet – kiipeilyteline ja lelut.

Kaikenlaisia ajatuksia myllersi mielessäni yrittäessäni tajuta näkemääni. Olin ennen ollut ehdottoman varma, ettei Will olisi uskoton minulle. Hän suhtautui asiaan hyvin jyrkästi eikä tuntunut olevan ollenkaan sitä tyyppiä. Mutta näkemäni oli liikaa. Minun täytyi varmistua siitä, mitä oli tekeillä.

Kuljeskelin sinne tänne ja törmäsin ohikulkevaan seudun asukkaaseen. Sanoin, että olen kiinteistönvälittäjä ja että talo näytti ihanteelliselta asiakkaalleni; tiesikö hän, kuka sen omisti?

Hän vastasi: "Enpä tiedä, varmaan joku perhe, mutta tällä alueella jokainen pitää huolen omista asioistaan."

Talossa ei näkynyt liikettä, enkä tuntenut halua kolkuttaa ovelle. Palasin kotiin.

Soitin Willin kännykkään heti päästyäni sisään, ja hän vastasi.

"Meidän pitää puhua ihan heti", sanoin.

"Mitä on tapahtunut?"

"Tule tänne ja puhu kanssani." Halusin tavata hänet kasvotusten, nähdä hänen silmänsä ja tietää totuuden.

Hän lähti melkein heti ja tuli muutamassa tunnissa luokseni.

"Se ei ole sitä, mitä luulet, voi Luoja", hän parahti. Olin kertonut hänelle kaiken, mitä olin nähnyt ja tehnyt. "Odota hetki."

Will otti kännykkänsä ja meni viereiseen huoneeseen. En voinut kuin odottaa häkeltyneenä, järkyttyneenä ja loukkaantuneena, mutta elättelin toivoa. Olisiko näkemälleni jokin muu selitys?

Hän tuntui viipyvän puhelimessa ikuisuuden. Kuulin hänen puhuvan, mutta en saanut sanoista selvää. Sitten hän palasi ja kehotti minua istuutumaan ja kuuntelemaan. Hän aloitti: "Ennen kuin sanot mitään, anna minun puhua loppuun."

Sitten Will kertoi olevansa Yhdysvaltojen hallituksen tiedustelu-upseeri, jonka asuin- ja työpaikka oli Euroopassa. Hänen erityisalueensa oli Eurooppa, mutta hän oli tällä hetkellä keskittynyt Israelin/Palestiinan kysymykseen, joka oli hänen tiiminsä tärkeimpiä selvittelykohtia. Hän ei ollut "agentti" vaan toimi ennemminkin tukihenkilönä. Hän ei ollut päässyt ylemmäksi, koska hän ei pystynyt juomaan alkoholia muuttumatta parantumattomaksi lörpöttelijäksi – minkä jo tiesinkin. Hän oli työskennellyt pari vuotta Japanissa ja Brasiliassa sekä monessa muussa paikassa eri puolilla maailmaa. Hän tunsi mikrotietokoneet ja tietotekniikan.

Will puhui monta tuntia, kertoi yksityiskohtaisesti koulutuksestaan ja tekemästään työstä, esimerkiksi sellaisten sivustojen luomisesta, joiden avulla FBI oli paljastanut pedofiilirinkejä. Jokainen kohdesivustoa käyttänyt sai tietokoneeseensa piilotetun ohjelman, ja sen kautta tietokone paikannettiin. Sen jälkeen viranomaiset pystyivät jäljittämään sähköposteja ja avattuja sivustoja, ja sitten jokainen renkaaseen kuuluva tunnistettiin ja saatiin kiinni. Tuolla tavoin he olivat paljastaneet laajalti tunnetun renkaan. Tämä oli minulle erityisen merkittävä tieto, sillä olin perheystävän takia joutunut lapsena hyväksikäytetyksi, joskaan Will ei silloin tiennyt sitä. Hän toimi aktiivisesti estääkseen muita hyväksikäyttämästä lapsia.

Will kertoi, että hänen Edinburghissa johtamansa yritys oli tavallinen IT-konsulttifirma ja myös julkisivu, jonka suojassa hän teki sopimuksia tietoturvakonsulttina. Näin hän pääsi arvioimaan tiettyjen järjestelmien IT-turvallisuutta, koska mikä olisi parempi keino seurata terrorismin tukemisesta epäiltyä yritystä ja soluttautua siihen kuin murtautua sen järjestelmään; ja mikä olisi parempi keino murtautua yrityksen järjestelmään kuin olla sen palkkalistalla?

Hän ei saanut kertoa minulle, kun hänet komennettiin jonnekin muualle; hänen oli vain lähdettävä huolimatta siitä, mitä hänen elämässään tapahtui. Turvallisuutemme oli sen varassa. Kyseessä ei ollut peli tai vitsi, vaan kaikki oli totista totta. Kun hän selosti tilannetta, me molemmat istuimme sohvalla; hän piteli minua käsistä ja katsoi vakaasti silmiini. Hänen puhuessaan puhelimeni alkoi piipittää tekstiviestien saapumisen merkiksi. Sen näytössä oli yhtä mittaa ilmoitus SIM-kortin päivittämisestä. Will sanoi, että ohjelmapäivitykset muuttivat puhelimen tilaa: ”Se mahdollistaa puhelimen jäljittämisen ja varmistaa turvallisuutesi, koska se sallii toimiston ottavan yhteyden puhelimeen.”

Ennen kuin ehdin kysyä, miten se varmistaisi turvallisuuteni, Will vaihtoi puheenaihetta ja hukutti minut tietoihin.

Hän näytti minulle ODCI:n sivuston; ODCI tarkoitti tiedustelupalvelun virallista osastoa, Official Department of Central Intelligence, eli CIA:n sisäpiirinimeä. Sitten hän esitteli minulle sivuston osia, jotka eivät olleet yleisölle avoimia. Samaan aikaan puhelimeeni tuli tekstiviestejä, joissa luki ODCI RELAY. Puhelinnumeroa, muita tietoja tai vastausreittiä ei ollut, vain automaattisia sirupäivityksiä, jotka muuttivat puhelimeni ohjelmiston asetuksia ja tietoja.

Gullanessa sijaitseva talo oli ryhmän Skotlannin-tukikohta, loistavalla paikalla lähellä merta ja hiljaisella seudulla, jossa ihmiset pitivät huolta omista asioistaan. Hän kysyi, olinko huomannut katolla olevat antennit.

”Huomasin kyllä”, vastasin.

”Enemmän kuin yhdelle perheelle, vai mitä?” hän kehaisi.

”Kyllä vain. Mutta entä lasten leikkivälineet?”

”Näön vuoksi, että ihmiset päättelisivät samoin kuin sinä: talossa asuu perhe. Mary, sinä olet nyt osa sisäpiiriä, eikä sinun täydy uskoa vain minun sanaani. Tarvitset vahvoja todisteita, ja sinun pitää tavata joitakuita mukana olevia. Taustasi on tarkastettava perusteellisesti, mutta sitten kaikki tulee paljon selvemmäksi.”

Kun kysyin häneltä, kuka Michelle Hayward oli, Will sanoi naisen olevan yrityksen luomisessa avustanut ystävä. Nainen oli aiemminkin tehnyt töitä hänen kanssaan ja oli vain nimellisesti yrityksen johtaja, koska tuolla alalla oli parasta, etteivät jäljet johtaneet todelliseen asuntoon.

Hän ei vaikuttanut puhuessaan hermostuneelta tai vaivautuneelta. Hänen silmänsä olivat pehmeät, lämpimät ja tapansa mukaan hellät ja kiltit.

En ollut täysin vakuuttunut, mutta uskoin häntä. Tuo lempeä, syvällinen, tunteellinen, nöyrä ja rakastava mies, joka vaikutti älykkäältä, uskolliselta ja asialleen omistautuneelta, kertoi minulle uskomattomalta tuntuvan tarinan ja avasi ihan uuden maailman. Se oli maailma, jonka olemassaolosta olin tiennyt, mutta johon en mitenkään odottanut kuuluvani.

Toisaalta en voinut olla ajattelematta, että hänen ominaisuutensa ja persoonallisuutensa sopivat tällaiseen työhön ja että hän kertoi kaikesta tästä yhtään kerskumatta ja vitsailematta. Hän oli haudanvakava ja asiallinen ja tuijotti järkähtämättä silmiini. Häntä harmitti hiukan se, että oli antanut asioiden edetä tähän saakka. Hän oli niin tottunut olemaan vaiti kaikesta, että hänestä oli hankalaa puhua. Mutta hän pääsi vaivautuneisuudestaan ja vastaili kysymyksiin, joihin hän saattoi vastata.

Toisaalta kaikki saattoi olla valhetta, ja Will olisi naimisissa ja hänellä olisi lapsia. Mutta se merkitsisi, että hän oli valehdellut aivan ensimmäisestä sähköpostistaan saakka – että kaikki hänestä tietämäni pienintä ja syvällisintä yksityiskohtaa myöten olisi valhetta ja petosta. Will ei ollut sellaista tyyppiä. Hänen sähköpostinsa olivat aina kaunopuheisia, ilmeikkäitä ja tunteikkaita. Hänen tunteidensa syvyys oli vedonnut minuun.

Olin ollut edellisessä suhteessani sellaisen ihmisen kanssa, joka ei ilmaissut itseään eikä oikeastaan saanut minua tuntemaan rakastetuksi. Will sai minut tuntemaan itseni rakastetuksi ja arvostetuksi; kun hän oli kanssani, tunsin olevani hänen elämänsä ainoa merkityksellinen seikka. Olin jo alkanut kaivata tuollaista huomiota ja tunsin olevani ihan yksin ja eristäytynyt hänen ollessaan poissa.

Koko tilanne häkellytti enkä tiennyt mitä ajatella. Kävin mielessäni kaiken läpi moneen kertaan. Joku teki tätä työtä, enkä pystynyt kuvittelemaan jonkun muun olevan häntä sopivampi. Will oli vakuuttanut, ettei minun tarvitsisi uskoa vain hänen sanaansa, sillä näkisin todisteet pian omin silmin – tapaisin muita ja tietäisin varmasti. Vaikka en ollut ehkä täysin vakuuttunut, olin taipuvaisempi uskomaan kuin olemaan uskomatta. Tunsin tuon miehen. Minkä tähden hän olisi valehdellut minulle? Mitä pitkäaikaista hän sillä olisi saavuttanut?

Tuona iltana hän itki pidellessään minua. Hän oli tolaltaan siitä, kuinka lähellä menettämiseni oli ollut, ja vannoimme rakastavamme toisiamme aina ja ikuisesti, tuli mitä tuli.

Nyt kun ymmärsin, miksi hän aina välillä katoaisi, asiat muuttuivat hiukan. Lakkasin valittamasta asiasta niin kovasti. Loppujen lopuksi hän oli pelastamassa maailmaa, turvaamassa meitä kaikkia. Oli kuin olisin elänyt Supermiehen kanssa: miten olisin voinut valittaa hänen puuttumisestaan päivällispöydästä, kun hän piteli murtuvaa siltaa kasassa ja pelasti ihmisiä. Hänkin rentoutui, koska hänen ei tarvinnut piilotella niin paljon. Hän muuttui vähemmän varautuneeksi ja alkoi tavallaan ottaa minut mukaan. Hän ei kertonut työstään, vaan sen herättämistä tunteista.

Juttelin parille hänen kollegalleen – hänen työtovereinaan oleville miehelle ja naiselle. Emme keskustelleet Willin työn yksityiskohdista, mutta he soittivat minulle ilmoittaakseen hänen poissaolostaan ja välittääkseen hänen viestinsä minulle. Ehdotin muutamia kertoja Willille, että tapaisimme heidät, mutta hän sanoi, ettei kumpikaan ollut seurallista laatua.

Will kantoi asetta pitkän aikaa, ja hänen tarvitsi panna se lukkojen taakse ollessaan vapaalla. En kertaakaan nähnyt sitä eikä hänkään maininnut sitä. Kysyin aseesta siksi, että olin tuntenut sen useammin kuin kerran halatessani häntä ja olin nähnyt kainalokotelon, kun satuin tulemaan sisään hänen vaihtaessaan vaatteita. Pyysin saada nähdä sen, koska olin utelias (joskin ajatuskin sen näkemisestä kauhistutti), mutta hän kieltäytyi näyttämästä ja sanoi, että CIA oli ehdottomasti kieltänyt aseen näyttämisen. Aina kun hän tuli luokseni ase mukanaan, hän pyysi eteisen kaapin avainta ja lukitsi heti aseen kaappiin omien sanojensa mukaan "siviilejä vahingoittamasta". Se rauhoitti minua, sillä vaikka en epäillytkään hänen kykyään suojella ja turvata meitä, en ollut kovin ilahtunut aseesta asunnossani, varsinkaan pikkulapsen lähellä.

Will kertoi, että hän ei saanut palkkaa suoraan CIA:lta, koska tilinauhat ja pankkitilit ovat liian helppoja jäljittää. Sen sijaan hänelle ja muille agenteille annettiin kaikki työssä tarvittava – vaatteet, autot, vempaimet ja jopa talot.

Kun tapasimme, hän ajoi mustaa Corvettea, jonka olin nähnyt pysäköitynä Gullanen-talon eteen, mutta pian sen jälkeen auto katosi, ja sen tilalle tuli hänen mukaansa uusin "työajoneuvo". Se oli kuin panssariauto, johon täytyi kavuta –

musta maasturi, jossa oli tummennetut ikkunat. Hän käytti tuota autoa vuoden verran, minkä jälkeen se katosi taas.

Willillä oli asunto Espanjassa, tavallaan hänen turvapaikkansa, ja hän lupasi, että kävisimme siellä hyvin pian. Hänellä oli Yhdysvalloissa talo, jonka hänen tätinsä oli jättänyt hänelle. Hänen äitinsä kärsi vakavasta masennuksesta ja oli usein sairaalassa, joten hänen isänsä keskittyi huolehtimaan puolisostaan. Siksi täti oli ollut usein sijaisäitinä Willille ja hänen sisarelleen. Jostain syystä en ikinä oikein saanut selvää siitä, oliko sisko vanhempi vai nuorempi kuin hän.

Willille oli annettu myös pankkikortti – sillä hän saattoi nostaa 300 puntaa päivittäisiin ”kuluihin”. Niinpä hänellä ei ollut koskaan pulaa rahasta. Hän lupasi, että ”tiukan paikan tullen” hän pystyisi elämään pelkällä ”kulukortillaan”. Hänen täytyisi vain olla pankkiautomaatin lähettyvillä.

Will oli varoittanut, että taustani tarkastettaisiin perusteellisesti ja että minua seurattaisiin ja jopa varjostettaisiin. Hän oli jo kertonut, että SIM-päivitysten takia puhelimeni oli jäljitettävissä siltä varalta, että ”epätoivotut” henkilöt sieppaisivat minut. Olin kuullut tuollaisesta teknologiasta. Hän varoitti, ettei mikään kännykän lähellä lausuttu pysynyt koskaan salassa; pois päältäkin kytketty puhelin saattoi tallentaa ääniä, kunhan sen akussa oli virtaa.

Erityisesti juuri tämänkaltaiset yksityiskohdat saivat minut uskomaan häntä varauksetta. Jatkuvat kännykän SIM-kortin päivitykset; nimettömistä lähteistä tulleet tekstiviestit, joissa luki vain ”ODCI RELAY” tai ”MOD RELAY”; hänen kentältä minulle lähettämänsä sähköpostit, jotka tulivat näköjään www.field-odci.netin kautta, mikä vaikutti minusta aidolta, ja www.odci.govin (mikä oli tuolloin CIA:n sivusto) kautta;

käteinen raha, jonka hän otti puolustusministeriön logolla varustetuista muovipusseista; ase, jonka olin monesti tuntenut hänen takkinsa läpi, ja näkemäni kainalokotelo; RAF Brize Nortonin kulkukortti ja pysäköintilupa; vempaimet ja kännykät; henkilöt jotka soittivat minulle ilmoittaakseen, että hän oli varattu tai komennuksella; salaiset puhelut; hänen käyttämänsä kieli; ja rannekello! Hänen hämmästyttävä kellonsa oli pikimusta ja koristettu Rado-logolla. Siinä oli värinähälytys, ja puoliunessa hän mutisi, että häntä haettiin ja hänen oli lähdettävä. Sitten hän vaipui takaisin vuoteeseen ja uneen, ja vähän myöhemmin äänekkäämpi surina sai hänet ponnahtamaan jaloilleen. Kysyin mistä he tiesivät hänen olevan vuoteessa, ja unisena hän selitti, että kellossa oli GPS-paikannus, ja siitä he tiesivät, ettei hän liikkunut. Hän suostui harvoin riisumaan kellonsa, ja jos kello oli ranteessa, hän saattoi lähteä minä hetkenä tahansa. Vihasin tuota kelloa ymmärrettävän kiihkeästi, koska se vei hänet luotani.

Hän oli fyysisesti erinomaisessa kunnossa ja luotti vankkumatta kykyihinsä. Hän näytti minulle kamppailulajien liikkeitä ja pystyi potkaisemaan parin metrin korkeudella olevaan kohteeseen. Kokeilimme puolustautumista leikkitappeluissa, ja hän opetti minulle otteita ja itsepuolustusta – hän oli todella oikein hyvä niissä. Olin saanut koulutusta, kun olin toiminut collegeaikana vartijana (siis portsarina) pystyäkseni maksamaan laskut, joten osasin jo jotain etukäteen. Hän kertoi, että oli ollut 18-vuotiaana kamppailufilmin koekuvauksissa ja että hänen äitinsä oli säilyttänyt videon. Hän sanoi pyytävänsä äitiä lähettämään videon, jotta voisin katsella sen. Sain hänen äidiltään sähköposteja, joissa hän ilmoitti olevansa hyvin iloinen, kun Will oli vakiintunut ja kun hänellä oli omakseen kutsumansa tytärpuoli. Äiti jopa lupasi lähettää vanhoja valokuvia, joissa Will näkyi.

On syytä mainita myös hänen ajamisensa. Hän ei juuri käyttänyt vilkkua eikä turvavyötä ja jätti moottorin käymään tankin täyttämisen ajaksi. Hänelle olivat tärkeintä nopeus, mahdollisten takaa-ajajien karistaminen ja ajettavuus. Tunsin olevani turvassa hänen ajaessaan, ja hän kertoikin vaatimattomasti saaneensa hyvän koulutuksen. Se näkyi: en ole tavannut ketään, joka olisi ollut yhtä sinut ajoneuvon kanssa ja hallinnut sen yhtä täydellisesti.

Hän sanoi että minun tulisi kiinnittää huomiota kaikkeen poikkeavaan: tuntemattomaan pakettiin tai minulta tietoja haluavaan tai lähelleni tulevaan henkilöön. He todennäköisesti käyttäisivät tekosyynä jotain yhteistä, kuten samassa koulussa olevaa lasta. Niinpä minun täytyi epäillä kaikkea uutta, liiallista kiinnostusta osoittavaa "ystävää", taloon jotain tuovaa tai "markkinatutkimusta" tekevää henkilöä. Will kertoi, että todennäköisimmin he lähestyisivät siskojani tai ystävääni, jotakuta minulle läheistä, tai laittaisivat lapsen hänen käyttämäänsä päiväkotiin, ystävystyisivät ja ongittelisivat minusta lisää tietoja harmittomalta tuntuvien juoruilujen kautta. Se oli hyvin yksinkertaista – he mainitsisivat teekupin ääressä, että aviomies oli usein poissa, ja siskoni kertoisi, että hänen siskonsa kihlattukin oli paljon poissa. Olin pari kertaa kuullut siskoni puhuvan näin ja varoin henkilöitä, joille hän puhui. He kääntyivät puoleeni ja kysyivät minulta asiasta, jolloin kohautin olkapäitäni ja sanoin, että miehellä oli kiirettä töissä, ja vaihdoin nopeasti puheenaihetta, ärtyneenä siskooni vastoin järkeä. Syy ei ollut hänen, Will vakuutti, kyseessä on ihmisen normaali reaktio, johon meillä kaikilla on taipumusta – kerromme yhteisistä jutuista, keskustelemme samankaltaisuuksista. Siksi tiedustelupalvelut käyttävät tätä menetelmää.

Ainoa tapa pysyä turvassa oli pitää kaikki sisälläni, olla hiljaa. Minun tuli varmistaa, että Robynkin olisi turvassa. Saatoin puhua Willille, koska hän oli ystäväni ja uskottuni. Hän oli ainoa ihminen, jonka kanssa saatoin olla avoin ja johon saatoin luottaa.

Ystäväni ja sukulaiseni eivät ymmärtäneet suhdettamme enkä voinut selittää. He alkoivat käydä epäluuloisiksi, kun Williä ei näkynyt sukutapaamisissa, ja ystäväni kiusoittelivat minua edelleen kuvitteellisesta miesystävästäni. Helmikuussa 2001 Will kuitenkin tapasi suurimman osan sukulaisistani, joskin siskoni Lisa asui Japanissa miehensä kanssa. Silloin Will pyysi isältäni muodollisesti kättäni avioliittoa varten. Tavattuaan Willin sukuni vaikutti hieman tyytyväisemmältä tilanteeseen. Heidän mielestään Will oli ihastuttava; jopa äitini piti hänestä, mikä oli minulle tärkeää, koska olimme hyvin läheiset eikä hän ollut erityisesti pitänyt kenestäkään aiemmasta miesystävästäni. He olivat iloisia, kun he näkivät minun olevan onnellinen ja kun olin löytänyt miehen, jonka kanssa haluisin vakiintua. Tilanne olisi ehkä ollut toinen, jos he olisivat tienneet, mitä Will teki elääkseen.

Oli turhauttavaa, kun en voinut kertoa koko tarinaa, mutta kyseessä ei ollut peli tai jotain, jonka olisin voinut vain möläyttää suustani. Lisääntyvä varovaisuuteni ja vainoharhaisuuteni vieraannuttivat minut monista ja vahvistivat minun ja Willin välistä sidettä.

Hän kuvaili vihjeitä ja menetelmiä, jotka paljastaisivat, seurattiinko minua, ja mitä silloin oli tehtävä. Jos jotain outoa tapahtuisi, minun täytyisi kuitenkin heti ilmoittaa hänelle. Jos hän olisi ulkomailla, tukikohdassa seurattaisiin hänen puhelintaan ja minun tulisi silti jättää vastaajaan viesti.

Minua seurattiin kerran, ja tein niin kuin minulle oli kerrottu. Kävelin kauemmas osoittamatta millään tavalla, että olin huomannut varjostajan, kyyristyin nopeasti muurin taakse, riisuin takkini ja hattuni ja päästin hiukseni valloilleen. Mies kulki ohi, kuikuili, minne olin mennyt, ja minä palasin takaisin kadulle hänen peräänsä. En yrittänyt saada selville, mihin hän oli menossa; halusin vain olla varma, ettei hän olisi takanani. Samalla soitin Willille. Varjostaja katseli ympärilleen ja kohta huomasi minut. Hän syöksyi kadun toiselle puolelle ja siitä sivukadulle. Will kehotti menemään ruuhkaiselle julkiselle paikalle, ja tein työtä käskettyä. Sitten istuskelin tunnin verran vilkkaassa kahvilassa ja katselin ikkunasta, näkyikö miehestä merkkiäkään. Sitten Will käski lähtemään mahdollisimman nopeasti, kunhan reitti olisi selvä.

Erään kerran olin Skotlannin ylämaalla sijaitsevassa teatterissa ja odotin Willin saapumista. Hän oli koko päivän sanonut, että hän on matkalla ja että minun pitäisi jättää ovelle pääsylippu häntä varten. Tein niin, mutta lähestyessäni istuintani näin, että joku mies istui sen vieressä ja piteli vastaanottoon jättämääni pääsylippua. Sanoin hänelle pääsylipun olevan miehelleni ja kysyin, miten hän oli saanut sen. Hän vastasi, että hänen nimensä oli Jordan ja että pääsylippu oli jätetty ovelle häntä varten. Hän lähti ja pääsi muualle istumaan, mutta minä olin kauhuissani. Lähetin Willille tekstiviestejä koko näytöksen ajan, ja hän vastasi sen olleen varoitus; siksi hän ei ollut tullut. Hänen mukaansa olisin turvassa niin kauan kuin hän ei olisi kanssani. Näin "he" kertoivat hänelle ja minulle, että he tiesivät, missä olimme. Olin peloissani ja yksin oudossa kaupungissa. En saanut unen päästä kiinni sinä yönä ja tunsin oloni hyvin omituiseksi ja suojattomaksi.

Will kertoi, miten osaisin havaita, oliko tarkkailuautossa ihmisiä, ja että minun tuli pitää silmällä jokaista teatterin eteen pysäköityä epäilyttävän näköistä henkilö- tai pakettiautoa. Varjostamisen ammattilaiset osaavat pysyä enimmäkseen paikallaan, mutta jos pakettiautoa tarkkailee tarpeeksi kauan, huomaa sisällä olevan ihmisiä – jousitus antaa myöten.

Kerran huoneistooni murtauduttiin. Naapurini soitti minulle töihin, ja riensin heti kotiin. Soitin matkalla Willille, ja hän käski olla koskematta mihinkään. Hän kysyi, oliko poliisille ilmoitettu, ja kun myönsin, hän tuli välittömästi paikalle. Hän tutki koko talon käsiskannerilla etsien kuuntelu- ja muita tarkkailulaitteita, mutta lopulta hän tuli siihen tulokseen, että se oli ollut tavallinen murto. Kumma kyllä tieto siitä, ettei murto ainakaan ollut osa jotain suurempaa, rauhoitti minua.

Kaikki nuo tapahtumat olivat hyvin pelottavia, mutta myös jännittäviä. Olin ihan varma, että Will suojelisi meitä ja olisi turvanamme, ja hän oli ehdottoman vakuuttunut omista kyvyistään. En tuntenut olevani niin iso saalis, että olisin ollut tärkeä kenellekään, enkä odottanut joutuvani hankaluuksiin, joten kaikki tuntui epätodelliselta. Välillä olin kauhuissani, mutta sitten tuli aamu ja pystyin unohtamaan sen kaiken ja menemään eteenpäin.

Vuosien mittaan Will kertoi yhä enemmän menneisyydestään: miten hänet oli värvätty koulussa, koska hän oli saanut New Jerseyn osavaltion parhaat pääsykoepisteet. (Hän oli 18-vuotiaana CIA:n kattavassa lääkärintutkimuksessa, ja silloin selvisi, että hän oli hedelmätön lapsena sairastetun sikotaudin takia.) CIA oli auttanut häntä läpäisemään yliopiston, ja hän oli väitellyt tohtoriksi mikrotietokonetekniikassa – hän kuitenkin vähätteli tätä saavutusta ja sanoi tietokoneiden olleen 1980-luvun puolivälissä paljon yksinkertaisempia. Hän oli kyvyistään niin vaatimaton, ettei koskaan kutsunut itseään tohtoriksi, vaan oli itse asiassa vaivautunut tuosta tittelistä. Sain sen selville vain siksi, että meille Cambridgesta hotellin varannut virkailija käytti koko titteliä kysymättä häneltä lupaa. Silloinkin minun täytyi kaivaa tieto hänestä.

Kerran kun Will oli ollut pitkään tavoittamattomissa, hän antoi tullessaan merkin, ettemme voineet keskustella talossamme. Jotain oli muuttunut, ja hän oli hyvin kiihtynyt; huomasin, ettei hänellä ollut silmälasejaan. Hankimme lapsenvahdin ja menimme syömään italialaiseen ravintolaan, jossa vietimme illan jutellen kaikessa rauhassa Robynista ja työstäni. Koko aterian ajan meillä oli meneillään toinenkin keskustelu. Will otti lautasliinan ja kirjoitti siihen, että häntä kuunneltiin eikä hän voinut puhua vapaasti. Hän kertoi, että hänen silmänsä oli laserleikattu ja hänet oli komennettu tehtävään palestiinalaisalueilla, joskaan hän ei voinut paljastaa tarkkaa paikkaa. Laserleikkaus oli ollut välttämätön, koska hänen oli tarvinnut käyttää kiikaritähtäintä.

Värisin kun ajattelin hänen ehkä olleen tarkka-ampujana operaatiossa. En kuitenkaan udellut enempää, koska en halunnut tietää, oliko hän ollut mukana tuollaisessa, vaan työnsin ajatuksen itsekkäästi jonnekin taka-alalle. Hän jätti kertomatta operaation yksityiskohdista ja sanoi olevansa lomalla vain vähän aikaa. Koska operaatio oli yhä käynnissä ja muut olivat edelleen mukana, häntä täytyi salakuunnella, jotta he tietäisivät, ettei hän paljastanut tietoja. Hän oli kertonut minulle tämän, koska hän tiesi minun kysyvän, missä hän oli ollut ja miksi häneen ei saanut yhteyttä, ja halusi välttää kyseisen keskustelun.

Olin käyttänyt piilolaseja 16-vuotiaasta asti, ja olin monta kertaa yrittänyt suostutella Williä kokeilemaan niitä, mutta hän ei tahtonut koskea silmiinsä. Ajatus silmien laserleikkauksesta oli minusta ahdistava, ja siksi katsoin tarkkaan, näkyikö hänen silmissään jälkiä tai vaurioita. Hänellä ei tosiaan ollut piilolaseja, ja tiesin hänen näkönsä olevan niin heikko, ettei hän olisi pystynyt ajamaan autoa ilman silmälaseja. Will sanoi, että toimenpide täytyisi peruuttaa operaation päätyttyä, mutta tuloksena oli se, että hän pääsi eroon piilolasikammostaan ja alkoi myöhemmin käyttää vanhanaikaisten silmälasiensa sijasta kerran kuussa vaihdettavia piilolaseja.

Aterian jälkeen maksoimme laskun ja menimme kotiin. Will lähti seuraavana päivänä, ja siitä lähtien tiedostin, että jokaista sanaa kuunneltiin – joku kuuntelisi jopa rakasteluamme – mutta se oli vain osa elämäntapaamme, ja minun täytyi hyväksyä se valitsemassani miehessä ja suhteessa.

Totta kai olin peloissani, olin ihan vieraalla maalla, ja se oli kauhistuttavaa, mutta tuntui hyvältä olla hänen kanssaan ja luotin täysin hänen kykyynsä suojella meitä. Tuntui hyvältä, että minua rakasti mies, joka teki kaikkensa maailman hyväksi. Minä en pitänyt enkä pidä itseäni kovin erityisenä, mutta tunsin olevani erityinen hänelle.

4

IHME

TOUKOKUU 2001

Toukokuussa 2001 tuntui siltä kuin olisimme tunteneet toisemme koko elämämme ajan, joskin Willin oli täytynyt siirtyä toiseen paikkaan käytyäni Gullanessa. *The Timesissa* ilmoitettiin, että hänet oli nimitetty ison manchesterilaisen yrityksen IT-johtajaksi, ja hän viettikin yhä enemmän aikaa siellä. Tapasimme sentään viikonloppuisin, ja saimme tavallisesti viettää yhdessä ainakin yhden yön viikossa. Hän lupasi, että tilannetta kestäisi vain lyhyen aikaa ja että asiat muuttuisivat hyvin nopeasti.

Aloin suunnitella tulevaisuutta. Olin muodollisesti hyväksynyt Willin kosinnan hänen keskusteltuaan helmikuussa isäni kanssa, ja järjestin kihlajaisjuhlat juhliakseni sukulaisteni ja ystävieni kanssa. Ikävä kyllä tulevaa sulhasta ei näkynyt mailla halmeilla. Hänen oli tietenkin tarkoitus olla paikalla, ja hän oli matkustanut Lontooseen noutamaan vanhempansa, jotka olivat matkustaneet sinne vasta vasten juhlien vuoksi. Heille oli kuitenkin tullut valtava riita, koska Will oli huomauttanut äitinsä kengistä ja vanhemmat olivat arvelleet Willin häpeävän heitä. Will oli hyvin kiusaantunut tapauksesta, varsinkin riidan johdettua siihen, että vanhemmat olivat lentäneet takaisin Yhdysvaltoihin käymättäkään Edinburghissa. Will oli niin loukkaantunut, ettei hänkään halunnut tulla Edinburghiin, vaan turvautui kihlajaisjuhlien sijasta varsin vähäpätöiseen työtehtävään. Jälkeenpäin hän oli hyvin katuvainen ja anteeksipyytelevä.

Willin äiti otti minuun yhteyttä sähköpostitse ja oli tapauksen suhteen äärimmäisen diplomaattinen, sanoi vain olevansa pahoillaan, kun ei voinut olla paikalla. Olimme lähettäneet toisillemme sähköpostia useita kertoja, mutta keskustelua oli vaikea pitää käynnissä, koska hän unohteli, mitä oli aiemmin kirjoittanut. Will oli jo varoittanut minua, että hänen äitinsä oli vakavasti sairas ja oli melkein syntymästään saakka kärsinyt kaksisuuntaisesta mielialahäiriöstä. Se oli meille yhteistä, sillä olin nähnyt tuon sairauden omassa perheessäni. Tiesin että Willin äidin sairaus oli erityisen paha ja että hän oli joutunut monesti sairaalaan. Willin isä oli loistava mies, sillä hän huolehti vaimostaan ja seisoi tämän rinnalla. Koska he molemmat olivat eläkkeellä, rahasta oli pulaa, varsinkin kun sairaalalaskut oli maksettava, mutta yleisesti ottaen he olivat tyytyväisiä. Isä tiesi Willin urasta tiedustelupalvelussa, mutta perheen muut jäsenet eivät. Äitiin ei ollut luottamista eikä siskokaan tiennyt; he vain ajattelivat Willin olevan niin kiinni työssään, ettei ehtinyt pitää yhteyttä.

Puhuin puhelimessa Willin vanhempien kanssa vain kerran, ja he olivat ystävällisiä ja avoimia. He olivat innoissaan siitä, että

Willillä oli viimein perhe, eritoten kun hän ei voisi saada omia lapsia. Se oli kansainvälinen puhelinpalaveri: sekä isä että äiti olivat yhtä aikaa linjalla, ja äiti kertoi minulle ranskanopinnoistaan ja halustaan käydä Pariisissa. Minusta oli mukavaa jutella heille, mutta vaikka lupasimme pitää yhteyttä ja näin usein Willin juttelevan puhelimessa heille, en enää puhunut heidän kanssaan. Pyysin Williltä, että saisin sanoa hei, mutta koskaan ei ollut sopiva hetki.

Joskus vuoden 2001 keväällä huomasin Willin rintakarvan. Kiusoittelin häntä armottomasti sen takia. Hänen rinnassaan, vähän keskikohdan vasemmalla puolella, kasvoi pikimusta karva. Hän nauroi sille ja suojeli sitä, kun uhkasin nyppäistä sen pois. Karva oli hyvin erikoinen, ja silloin kummastelimme, miksi se oli kasvanut. Will oli ymmällään eikä yrittänytkään tarjota selitystä, joskin hän oli poikamaisen ylpeä karvasta. Myöhemmin karvoja tuli lisää, ja seuraavien vuosien mittaan Willille kasvoi kokonainen rintakarvapöheikkö. Hänelle alkoi kasvaa kasvoihin karvoitusta, ja hänen täytyi ajaa partansa ensin noin kerran viikossa, sitten useammin.

Se, mitä tapahtui seuraavaksi, oli vielä ällistyttävämpää. Kun kesäkuussa 2001 valmistelimme kiireen vilkkaa heinäkuulle ajoitettuja häitämme, huomasin olevani raskaana. Pelkäsin Willin epäilevän minua uskottomuudesta (mihin en ollut syyllistynyt), koska hän oli ollut niin varma kyvyttömyydestään tulla isäksi. Sain hänet tulemaan Manchesterista kotiin ja kerroin uutisen. Hän kalpeni järkytyksestä ja luulin jo hänen pyörtyvän; hänen täytyi ottaa seinästä tukea. Hän oli ällistynyt, sitten riemukas, ja sanoi minua taikuriksi ja noidaksi. Hän sanoi, että se oli ihme, että lääkärien mukaan se oli mahdollista mutta hyvin hyvin epätodennäköistä. Pelkoni olivat perusteettomia. Will oli suunniltaan ilosta ja kaappasi minut syliinsä. Hän muuttui mikäli mahdollista entistäkin hellemmäksi ja huolehtivammaksi, hän kosketti ja halasi minua yhtä mittaa. Hän toisteli: "He sanoivat aina, että se oli pieni mahdollisuus. En koskaan uskonut, että se tosiaan voisi tapahtua!"

Olin jo kertonut vanhemmilleni Willin hedelmättömyydestä, ja he olivat typertyneitä kuultuaan raskaudestani. He kyselivät, kuinka se oli mahdollista, ja pystyin sanomaan vain saman, mitä Will oli kertonut: kokeiden mukaan hän oli hedelmätön eikä meillä ollut aavistustakaan, kuinka olimme onnistuneet tekemään lapsen.

Hääpaikka oli varattu, hääpuku oli ostettu ja ratkottu laajenevaan vyötärööni sopivaksi, ja kutsukortit oli lähetetty, mutta sitten Will katosi taas. Hän oli poissa kaksi viikkoa, ja sitten kännykkääni tuli teksti "MOD RELAY" ja viesti, jonka mukaan Will oli hengissä ja terveenä ja ottaisi yhteyttä heti kun voisi. Häät peruutettiin. En pystynyt antamaan ihmisille muuta selitystä kuin että työ oli tullut väliin. "Ei hätää, ehtiihän sitä myöhemminkin", sanoin kaikille.

Sukulaiseni ja ystäväni suhtautuivat aika nyreästi siihen, että Will jätti häänsä väliin työsitoumusten takia. He käyttäytyivät hyvin suojelevasti minua kohtaan, mutta en aikonut antaa heidän nöyryyttää häntä. Tuin Willin toimintaa enkä antanut kenenkään puhua hänestä pahaa. Minähän tiesin syyt, mutta en voinut kertoa niistä, joten sukulaisteni ja ystävieni täytyi tyytyä sanomaani. Esitin hyvin onnellista ja iloista ja yritin näyttää kaikille, että asiat olivat kunnossa eikä ollut syytä huoleen – muuta en olisi voinut tehdäkään.

Will oli poissa heinäkuusta 2001 toukokuuhun 2002 lukuun ottamatta vuorokauden mittaista käväisyä joulukuussa 2001. Hän selitti, että hän teki töitä Israelissa ja Länsirannalla Israelin tiedustelupalvelun kanssa pysyäkseen selvillä itsemurhapommittajien liikkeistä. Hän oli onnistunut saamaan tämän lyhyen käynnin kotona näyttämään rikkoutuneen laitteen vaihtamiselta, mutta hänen oli lähdettävä takaisin jo seuraavana päivänä. Vietimme ihmeen ihanan päivän ja yön, hän kosketteli ja puhutteli paisunutta vatsaani ja kertoi, miten paljon hän rakasti ja kaipasi minua. Hän piteli ja hali minua, ja olimme molemmat murheen murtamat, kun hänen täytyi lähteä.

Yksi pahimmista seikoista oli se, ettei hän voinut tukea minua taloudellisesti ollessaan poissa, ja kun ensimmäinen tyttäreni ei saanut elatusapua, minun oli pärjättävä omillani. Will ei päässyt rahoihin käsiksi eikä ollut pannut mitään säästöön ennen lähtöään. Itse asiassa hänen oli täytynyt lähteä niin nopeasti, että hänen Edinburghiin perustamansa yritys oli mennyt konkurssiin ja Donna – yksi hänen alaisistaan – oli jäänyt ilman viimeisen kuukauden palkkaa. Donna soitti minulle pari kertaa ja kysyi, tiesinkö Willin olinpaikan, mutta en voinut kertoa hänelle mitään.

Onneksi olin edelleen töissä, mutta rahoja oli vaikea saada riittämään, kun toinen lapsi oli päivähoidossa ja toinen tulossa. Olin todella huolissani äitiyslomalle jäämisestä enkä ollut varma, selviytyisinkö siitä, mutta toivottavasti Will olisi siihen mennessä kotona.

Will soitti muutaman kerran, ja erityisesti yksi puhelu on jäänyt mieleeni. Muistan sen selvästi, koska olin töissä ja katselin suorasta lähetyksestä, miten toinen lentokone syöksyi World Trade Centeriin. Sain häneltä rahisevan ja etäiseltä kuulostavan puhelun, jossa hän kertoi olevansa kunnossa. Koska teoriassa yksikään puoliso ei tiennyt, missä hänen kumppaninsa oli, tiedustelupalvelu salli jokaisen soittaa kotiin, jotta perhe tietäisi hänen olevan turvassa. Oli hyvä kuulla hänen äänensä ja tietää varmaksi, että hän on kunnossa.

Suurimman osan vuodesta juttelimme MSN:ssä, ja Will kertoi ympärillään olevasta sotatantereesta ja siitä, millainen helvetti se oli varsinkin tukahduttavassa helteessä. Se oli turhauttavaa viestintää, koska usein "interferenssi", kuten hän sitä kutsui, keskeytti meidät ja keskustelut täytyi käydä keskiyön ja aamuviiden välillä. Minä pidin tietokoneen ääntä kovalla, jotta kuulisin, milloin hän tuli linjalle. Nukuin vain kevyesti, sillä heräsin monta kertaa yössä lapsen itkuun tai tietokoneen ilmoitukseen, joka kertoi mahdollisuudesta kuulla hänestä ja vakuuttua, että hän oli yhä elossa. Will kertoili usein mahdollisuudesta, että hän voisi käväistä taas kotona, mutta hän ei koskaan tullut ja olin koko raskausaikani yksin ja peloissani hänen henkensä puolesta.

Sukulaiseni olivat hänen poissaolostaan ärtyneitä ja aika piikikkäitä. He kysyivät minulta, miten hän saattoi pysytellä poissa, ja pitivät hänen käytöstään vastuuttomana. Joka kerta kun he moittivat Williä, minä koin tarvetta puolustaa häntä, joskaan en voinut kertoa, missä hän todella oli ja mitä hän teki.

Tunsin valtavaa suojelunhalua häntä kohtaan, erityisesti hänen lähettäessään kuvia hävityksestä ja kertoessaan, että hänen ja hänen ryhmänsä täytyi päästä pommin räjähdyspaikalle ennen lehdistöä arvioimaan tilannetta uhrien ollessa edelleen koskemattomina. Se oli hänen työtään enkä halunnut ahdistella häntä kovin paljon sen takia; olihan minulla katto pään päällä sekä lämpöä, valoa ja vettä. Minun ei tarvinnut pelätä, että kuolisin minä hetkenä tahansa. Minun oli itsekästä valittaa, sillä loppujen lopuksi kaikki on suhteellista.

Will lupasi vakaasti, että vaikka hän oli yhä ulkomailla, hän oli tehnyt järjestelyt ollakseen varmasti kotona vauvansa syntyessä.

Eilidh syntyi helmikuussa 2002. Äiti oli kanssani. Heti supistusten alettua lähetin Willille sähköpostia, ja hän vastasi sanoen olevansa matkalla ja tulevansa suoraan sairaalaan.

Synnytys oli lievästi sanoen jännittävä. Napanuora oli kiertynyt vauvan rintakehän ympärille, ja syke hidastui joka supistuksella lähes pysähdyksiin. Kätilö päästi lapsiveteni pois ja painoi elektrodin vauvan päänahkaan synnytyskanavan kautta saadakseen paremman lukeman. Huoneeseen kutsuttiin lisäapua.

Äitini piteli minua kädestä, kun hengitin ilokaasua. Hän näytti kauhistuneelta ja puristi kättäni kovaa. Lisää henkilökuntaa tuli huoneeseen, ja lopulta siellä oli kaksi lääkäriä ja kolme kätilöä. Jokainen käski minua olemaan ponnistamatta, joten keskityin ja yritin parhaani mukaan noudattaa ohjeita. Sitten he riistivät minulta kallisarvoisen ilokaasun ja ilman ja laittoivat tilalle happinaamarin. Lopulta he päättivät, että kiireellinen keisarinleikkaus oli tarpeen, ja alkoivat irrottaa johtoja saadakseen minut viedyksi leikkaussaliin. Riisuin naamarin ja sanoin, että halusin ponnistaa. Siinä vaiheessa he myöntyivät, ja Eilidh syntyi luonnollista tietä kolme minuuttia myöhemmin.

En ollut koskaan kokenut äitini olevan minulle yhtä läheinen kuin tuona päivänä, ja olin niin iloinen, että hän oli ollut tukenani. Näin hänen olleen huolissaan, kun Williä ei näkynyt, mutta hän ei sanonut juuri mitään, koska hän ei halunnut huolestuttaa minua. Hän tiesi jo, että jos hän sanoisi Willistä jotain poikkipuolista, minä vain puolustaisin Williä, mikä ajaisi Williä ja minua entistä enemmän yhteen.

Kun minut lopulta jätettiin kahden vauvani kanssa, makasin tuntikausia häntä katsellen. Hän nukkui ja nukkui ja näytti aivan isältään. Joka kerta oven avautuessa kohotin katseeni täynnä toivoa ja odotin näkeväni Willin tulevan sisään. Hän ei tullut, ja jokaisen pettymyksen jälkeen mielialani laski entistä alemmas ja tunsin olevani yhä yksinäisempi. Toiset isät tulivat, istuivat puolisonsa vuoteella, pitelivät lastaan ja itkivät. Odotin ja toivoin, mutta Will ei tullut.

Kun saavuin kotiin seuraavana päivänä, lähetin Willille sähköpostia ja sanoin synnyttäneeni tyttären. En ollut kuullut Willistä mentyäni sairaalaan ja aloin huolestua, sillä hän oli ollut niin varma, että ehtisi kotiin ennen synnytystä. Vasta useita päiviä myöhemmin sain vastauksen, jossa hän kertoi olevansa ylpeä isä ja hyvin pahoillaan poissaolosta. Hän pyysi minua lähettämään valokuvia, jotta hän saisi nähdä vauvan. Hän kertoi taas, että hän oli matkalla luokseni ja tulisi pian avukseni.

5

Takaisin verilöylystä

TOUKOKUU 2002

Kun Will vihdoin saapui toukokuussa 2002, hän oli riutunut ja laihtunut. Hänen oli vaikea kävellä, koska hänellä oli ollut saappaat jalassa kolme kuukautta yhtä mittaa. Hänet ja hänen ryhmänsä oli pudotettu palestiinalaiseen Jeninin kaupunkiin vuorokauden mittaiselle tiedusteluretkelle. Heidän piti vain käväistä, mutta Israelin joukkoja siirtyi samaan paikkaan, ja he olivat joutuneet keskelle verilöylyä. Koska olin tiennyt Willin olevan siellä, olin koko ajan seurannut sydän kylmänä uutisia israelilaisten ja palestiinalaisten konfliktista. Tiesin jo kaiken, mitä lehdissä oli raportoitu verilöylystä, mutta en ollut tiennyt Willin olevan juuri siellä. Will kertoi minulle kaiken siitä mielettömyydestä: miten israelilaiset olivat edenneet katu kadulta, jyränneet siviilejä koteihinsa ja tappaneet silmittömästi. Sotilaita ja jopa upseereja, jotka olivat kieltäytyneet osallistumasta hirmutöihin, oli ilmeisesti ammuttu ylempiarvoisten käskystä – loput olivat noudattaneet käskyjä.

Will ja muut hänen ryhmänsä jäsenet olivat selvinneet hengissä, mutta varusteita tai muonaa ei ollut, joten heidän täytyi syödä rottia hengenpitimikseen. Ilmeisesti rotat täytyi ottaa kiinni ennen kuin oli liian nälkäinen jahtaamaan niitä.

Kun tukiryhmä lopulta haki heidät, lääkintähenkilöstön täytyi leikata Willin sukat irti, ja Will oli ollut sairaalassa kaksi viikkoa. Hän arasteli näyttää minulle jalkojaan ja kieltäytyi ottamasta sukkia pois vuoteessa. Näin kuitenkin jalat hänen ollessaan suihkussa, ja ne olivat surkeassa tilassa. Iho oli rikkinäinen ja vereslihalla, mutta oli alkanut parantua. Sairaalan jälkeen hän oli joutunut käyttämään vielä enemmän aikaa raportoimiseen, ja vasta sitten hänet oli lähetetty kotiin. Mutta kokemus oli ohi. Häntä ei varmaan lähetettäisi sinne pian uudelleen.

Tuollaisen selityksen jälkeen oli vaikeaa valittaa omista kokemuksistaan, edes synnyttämisestä. Sen rinnalla pettymykseni ja yksinäisyyteni tuntuivat aika vähäisiltä, ja olinkin helpottunut saadessani hänet takaisin. Olin ollut niin huolissani hänestä hänen ollessaan poissa ja olin ollut jatkuvassa stressitilassa. Minulla oli kännykkä mukana joka hetki siltä varalta, että hänen tarvitsisi ottaa yhteyttä, tai hän kykenisi siihen.

Kun Will tuli ovesta sisään ja tiesin hänen olevan turvassa, kaikki oli äkkiä taas hienosti. Kaikki murheeni katosivat, ja niiden tilalle tuli helpotuksen ja rakkauden hyöky. Hän oli palannut luoksemme ihan kuin oli luvannut. Kuten kauan savuketta vailla ollut tupakoitsija unohtaa kärsimyksen ja vieroittamisen pitkälliset tuskat vetäessään ensimmäisen henkosen, minä unohdin rikotut lupaukset ja hänen poissaolostaan johtuneen turhautumisen nähdessäni hänen olevan hengissä ja terveenä ja perheemme olevan koossa.

Sama toistui aina, kun hän palasi luoksemme. Näin hänet niin harvoin, että halusin nauttia olostani hänen kanssaan täysin rinnoin pilaamatta sitä kiistelyllä ja ahdistuksella. Halusin hänellä olevan hauskaa kotona; loppujen lopuksi hän oli kärsinyt erossa olostamme enemmän kuin minä.

Kun Will lopulta näki Eilidhin ensimmäisen kerran, hän näytti tyrmistyneeltä. Hän heijasi vauvaa, työnsi sormensa tämän käteen ja antoi vauvan tarttua sormeensa. Eilidh näytti hämmentyneeltä eikä selvästi ollut varma tästä muukalaisesta, mutta rentoutui nopeasti, kun Will ilveili ja äänteli hänelle. Will näytti lumoutuneelta, ja vaikka hän oli väsyksissä ja sairas, hän oli ihastunut tultuaan viimeinkin isäksi – vaikka hän oli luullut sen olevan mahdotonta.

Vaikka Will oli iloissaan kotiinpaluusta ja tyttärensä tapaamisesta, hän oli selvästi masentunut. Hän oli pettynyt työhönsä ja menettänyt uskonsa tiedustelupalveluun ja sen pyrkimyksiin. Hän oli uskonut siihen, mihin hän oli uhrannut elämänsä, mutta äkkiä kaikki tuntui turhalta ja tekopyhältä. Jeninin verilöyly oli osoittanut hänelle, että kumpikin osapuoli oli syyllinen. ja hän tunsi sympatiaa niitä palestiinalaisia kohtaan, joiden mielestä ainoa keino pitää heidän ahdinkonsa maailman valokeilassa oli sitoa itseensä pommi ja räjäyttää se vilkkaalla alueella. Willin mielestä CIA ei saanut siellä mitään aikaan. Ratkaisua ei löytynyt, kukaan ei ollut oikeassa. Will tunsi tehneensä osuutensa ja halusi olla kotona perheensä luona. Hän tahtoi pois, ja minä kannatin hänen päätöstään sanoutua irti tiedustelupalvelusta. Mutta irtautuminen CIA:sta osoittautui kaikkea muuta kuin helpoksi.

Seuraavina kuukausina Willillä oli kova kiire antaa raportteja. Ryhmä kokoontui useita kertoja Jeninin verilöylyn seurausten käsittelemisen tiimoilta, ja hänen täytyi tulla ja mennä, joskin tapasimme kesällä useita kertoja. CIA:sta ei kuitenkaan lähdetty yhtä helposti kuin tavallisesta työstä irtisanouduttiin. He eivät olleet halukkaita päästämään häntä pois ja yrittivät kaikin keinoin pitää hänestä kiinni. Koulutukseenhan oli mennyt paljon aikaa ja rahaa, eivätkä he halunneet menettää tuollaista sijoitusta.

Eräänä päivänä Will kertoi jännittyneenä hänelle tarjotusta konsultointityöstä – hänelle oli korostettu, että se vastasi melkein ylennystä johtoportaaseen. Kyseessä oli kompromissi: he hyväksyivät hänen vetäytymisensä aktiivipalveluksesta, mutta eivät päästäneet häntä kokonaan ”irti”. Aluksi konsultointityö merkitsisi muiden henkilöiden kouluttamista tarkkailemisessa ja tiedonkeruussa, ja samalla hän kertoisi heille yhteyksistään ja asiantuntemuksestaan. Minä olisin halunnut Willin jättävän kaiken taakseen, mutta hän ilmeisesti tunsi, ettei hän voinut noin vain katkoa siteitään elämäntyöhönsä.

Hänen eroamisensa aktiivipalveluksesta oli meille taloudellinen rasite, koska hän menetti kaikki työsuhde-edut, kuten autot ja luottokortin. Se oli Willille kova isku: hän oli tehnyt työtä koko ikänsä, mutta nyt se oli mennyt hukkaan. Itse en välittänyt rahan tai omaisuuden menettämisestä; oikeastaan olin nähnyt niitä hyvin vähän. Halusin vain rinnalleni kihlattuni ja lapseni isän. Halusin olla hänen tukenaan tässä hankalassa siirtymävaiheessa ja auttaa häntä palauttamaan suhteet perheeseensä.

Jonkin aikaa Will oli useammin lähettyvillä, viikonloppuja ja monta päivää peräkkäin. Robyn ja Eilidh palvoivat häntä, ja minusta alkoi tuntua, että olimme oikea perhe, joskin Will oli yhä masentunut ja vaikutti fyysisesti heikolta eikä siten leikkinyt paljon lasten kanssa. Hän sanoi yhtä mittaa, kuinka paljon hän heitä rakasti, mutta oli hyvin varautunut ja hiukan muodollinen heidän seurassaan – aivan kuin olisi arastellut. Luulin syynä olevan se, että lasten kanssa oleminen oli hänelle uutta ja että hänen tarvitsi tottua heihin, joten kannustin häntä viettämään enemmän aikaa heidän seurassaan. Keksimme fyysisiä leikkejä, esimerkiksi "säkkileikin", jossa Will kantoi lapsia huovassa kuin joulupukki konttiaan, ja lapset olivat hulluina siihen. Lapset pitivät Williä myöten kiipeämisestä ja reppuselästä; kerran kävimme monessa kaupassa ja ostimme hurjan määrän rakennuspalikoita, jotta voisimme rakentaa yhdessä ison linnan. Tilaisuuden tarjoutuessa Will kuitenkin luikahti pois ja palasi tietokoneensa ääreen.

Will oli edelleen ihmeellinen ja näki vaivaa ollakseen osa perhettä: hän siivosi asuntoa ja kotona ollessaan imuroi ja jopa teki ruokaa – joskin arvelen hänen pitäneen enemmän omista ruoistaan kuin minun sapuskoistani.

Lokakuussa 2002 sovimme uudesta vihkipäivästä. Tällä kertaa tarkoitus oli pitää se pienimuotoisena ja kutsua vain muutama ihminen, lähinnä pitääksemme hänen työnantajansa pimennossa, koska olin tuolloin varma, että meidät yritettiin tieten tahtoen erottaa. Tuntui siltä, että aina suunnitellessamme yhdessä jotain Will komennettiin muualle, ja vieläpä kaikkein sopimattomimmalla hetkellä. Will sanoi, ettei tiedustelupalvelun ulkopuolinen suhde miellyttänyt heitä – niitä syntyi harvoin – koska se vei huomiota työltä. Ennen meidän suhdettamme Will oli ollut kokonaan heidän. En myöskään halunnut kohdata sukulaisia ja ystäviä uudelleen, ellei toisiakaan häitä vietettäisi, joten valitsimme päiväksi 26. lokakuuta ja odotin Willin saapuvan ajoissa. Hän tuli kotiin 25. päivä, ja vietimme illan juoden samppanjaa ja syöden pizzaa. Hän oli paikalla; se tosiaan tapahtuisi!

Kun hääpäivän aamu koitti, Will oli edelleen paikalla. Olin riemuissani, ja lopultakin annoin itselleni luvan innostua. Kutsuimme todistajaksi rakkaan ystävättäreni Kezzan, ainoan henkilön, jolle olimme kertoneet etukäteen. Hän oli ollut niin innoissaan puolestani, että oli ollut hereillä aamukuudesta saakka ja odottanut puhelinsoittoa, että kaikki eteni aiotusti – saatoin kuulla hänen pomppivan, kun kerroin, että Will oli luonani, mikä ruokki omaakin innostustani.

Sitten soitin perheelleni ja sanoin: ”Me menemme tänään naimisiin, mikäli haluatte tulla.” He olivat jo tottuneet Willin tulemisiin ja menemisiin. He olivat onnellisia, koska minä olin onnellinen, mutta he olivat myös hyvin varovaisia. Olin antanut vähemmän epämääräisiä vihjeitä hänen ammatistaan, mutta emme olleet keskustelleet siitä kovinkaan avoimesti. Olin kertonut, että asiaan liittyi enemmän kuin sain sanoa ja sitten vaihtanut puheenaihetta, kun he halusivat tietää lisää. He olivat suhtautuneet liittoomme aika kyynisesti, mutta uskon sen, että olimme viimein menossa naimisiin, vakuuttaneen heidät siitä, että Will oli tosissaan suhteeni.

Hääpäivämme oli ihana. Loistava tapa mennä naimisiin. Ei kukkia, autoja, valokuvaajia, vieraiden istumajärjestyksiä, stressiä eikä politiikkaa. Vain me. Vain sitoumuksemme ja lupauksemme toisillemme.

Pukeuduimme eri huoneissa, ja minä vedin ylleni takin piilottamaan valkoisen, yksinkertaisen ja syvään uurretun pitsipukuni. Sitten sanoimme lapsenvahdille, että olimme lähdössä mennäksemme naimisiin. Hyppäsimme taksiin ja pyysimme kuljettajaa ajamaan Victoria Streetin maistraattiin Rose Streetin kautta, koska meidän täytyi ostaa sormus Willille. Oma sormukseni oli ostettu, mutta Will ei ollut ollut paikalla, jotta sormuksen koko olisi voitu mitata. Käveltyämme kauppaan myyjät olivat tyyniä ja ammattimaisia. Kun he kysyivät, milloin vihkiäiset olisivat, katsoimme kellojamme ja vastasimme: "Kolmenkymmenenyhden minuutin päästä." He molemmat järkyttyivät ja panivat liikettä niveliin. Jokainen sormus tuotiin vauhdilla nähtäväksi, mutta Will halusi kivenkovaan samankaltaisen sormuksen kuin minulla. Hän oli aina tuollainen, tahtoi samannäköiset takit ja muut tavarat, jotta ne muistuttaisivat minusta hänen ollessaan poissa. Kaupasta löytynyt samankaltainen sormus oli kuitenkin pari pykälää liian suuri. Sovimme että hän käyttäisi tuota sormusta seremonian ajan, mutta tilaisi oikeankokoisen sormuksen ja vaihtaisi sen myöhemmin. Sitten riensimme takaisin taksiin ja menimme täyttä vauhtia maistraattiin.

Isäni ja äitini olivat odottamassa meitä. Äitini ei ollut ihan tyytyväinen koko juttuun, mutta hän oli iloinen, kun menisimme naimisiin ja Will sitoutuisi kunnolla lapsiini ja minuun. Sitten siskoni Isobel tuli paikalle perheineen. Hän oli innostunut, kun se vihdoin tapahtui, ja erittäin eloisa. Hän toimi Willin bestmanina ja imetti koko seremonian ajan lastaan, jotta tämä pysyisi hiljaa. Vitsailimme, että Isobel oli Willin 'breast man'.

Yli 190-senttinen veljeni Neil tuli paikalle näyttäen kauhufilmistä karanneelta. Hän oli ollut pelaamassa rugbya edellisenä päivänä, ja hänen toisen silmänsä valkuainen oli aivan punainen katkenneen verisuonen takia. Hänellä oli tummat lasit silmillään, ja kun äitini kehotti häntä riisumaan ne, hän teki työtä käskettyä sanomatta mitään. Sitten äiti vilkaisi häntä ja ynähti: "Pistä ne takaisin." Veljeni totteli sanomatta taaskaan sanaakaan, ja me muut purskahdimme nauruun.

Olin hermostunut ennen seremoniaa, mutta en epäillyt vähääkään haluani mennä vihille Willin kanssa. Will oli tapansa mukaan tyyneyden perikuva eikä näyttänyt hermoilevan yhtään, hän oli iloinen, kun lopultakin menimme naimisiin. Toimitus oli intensiivinen ja persoonallinen. Lupasimme sitoutua toisiimme ja vain toisiimme, tukea toisiamme, olla rehellisiä ja vilpittömiä, uskollisia ja lojaaleja. Nyt ja ikuisesti, tapahtuu mitä tahansa.

"Vannon, etten tunne mitään laillista estettä, miksi minä, William Allen Jordan, en voisi astua avioliittoon Mary Turner Thomsonin kanssa."

Minä lausuin oman valani yllättyneenä siitä, miten vaikeaa on muistaa oikeat sanat, kun seisoo siinä sanomassa ne. Sitten oli hänen vuoronsa. Katsoin syvälle hänen rakastaviin silmiinsä, kun hän toisti vahvat ja sitovat sanat täynnä intohimoa ja rakkautta.

"Otan sinut, Mary Turner Thomson, laillisesti vihityksi vaimokseni tästä päivästä eteenpäin ja olen sinulle uskollinen ja rakastan sinua hyvinä ja huonoina päivinä, kunnes kuolema meidät erottaa."

Tuollaisia sanoja kuulee usein – ystävien häissä, televisiossa ja elokuvissa – mutta kun ne lausuu itse sitovana valana todistajien läsnä ollessa, ne saavat uutta merkitystä ja voimaa. Sanat ovat toiselle ihmiselle annettu pitävä lupaus noudattaa niitä koko eliniän, kävi miten kävi. Ne muodostivat sitoumuksen, johon uskoin ja jota pidin arvossa.

Allekirjoitettuamme avioliittotodistuksen menimme lounaalle Troniin, entiseen kirkkoon Edinburghin linnan juurella. Sitten veljeni vei Willin ja minut Camera Obscuraan ihailemaan kaupunkia. Sen jälkeen menimme kotiin leikkimään lasten kanssa ja viettämään vähän aikaa yhdessä. Illalla äitini piti meille kutsut, joissa läsnä olivat häissä olleet henkilöt. Joimme samppanjaa ja pidimme hauskaa, perheeni oli yhdessä ja aviomies rinnallani. Tunsin olevani huipulla. Se oli elämäni onnellisin päivä.

Häiden jälkeen Will alkoi tehdä Britanniassa käytännön alihankintatöitä CIA:lle. Hän kuljetti monia vierailevia arvohenkilöitä, jotka vaativat erityistä ja luottamuksellista kuljetuspalvelua: toisin sanoen he tarvitsivat varman kuljettajan, joka pystyi toimimaan henkivartijana ja jonka tausta oli tarkastettu.

Vuoden 2002 lopulla Willin äiti joutui sairaalaan, ja Will halusi ehdottomasti auttaa. Hänen isällään ei ollut varaa maksaa sairaalalaskua, ja Will tarvitsi 5 000 puntaa Yhdysvaltoihin lähetettäväksi. Keskustelimme asiasta ja sovimme, että ottaisin 7 500 punnan lainan. Siitä 2 500 puntaa menisi minulle kertyneen tilinylityksen kattamiseen. Annoin Willille 5 000 puntaa käteistä, jotta hän voisi siirtää sen isänsä tilille.

Aloin muillakin tavoilla olla taloudellisesti sidoksissa häneen. Kerran Willin oli saatava nopeasti auto sovittua kuljetustehtävää varten, koska tiedustelupalvelu ei pystynyt järjestämään sitä. Auto ei voinut olla hänen nimissään, koska se olisi voitu jäljittää Edinburghiin ja meihin, joten hän suostutteli minut vuokraamaan sen. En oikein ymmärtänyt, mihin hän tarvitsi autoa, vaikka hän selitti sen moneen kertaan. Tilanne tuntui epämukavalta, koska se ei ollut lainmukainen. Hän kuitenkin tivasi, että järjestely oli välttämätön, ja lupasi sen kestävän vain pari päivää. Se kesti monta kuukautta ja vei melkein koko palkkani. Will tuli kyllä kotiin tuona aikana, mutta sanoi tarvitsevansa autoa vielä muutaman päivän. Hän lupasi monta kertaa palauttaa sen, mutta ei tehnyt sitä ennen kuin menetin malttini ja uhkasin ilmoittaa poliisille.

Will teki töitä yötä päivää, mutta ei saanut palkkaa – hän ei kertaakaan pystynyt tarjoamaan tyydyttävää selitystä. Minulle tuli yhä enemmän velkaa, mutta koska luottoluokitukseni oli hyvä, tilinylitysrajaa korotettiin joka kuukausi; se oli 7 000 puntaa ennen kuin pankki kieltäytyi korottamasta sitä enempää. Tämä oli minulle tuntematonta aluetta, mutta yritin olla murehtimatta, sillä Will sanoi yhtä mittaa, että taloudellinen tilanteemme oli muuttumaisillaan.

Tarvitsimme tosiaan muutosta, sillä elämäntilanteemme oli kaukana ihanteellisesta. Huoneistossani oli niukasti tilaa, koska lapset nukkuivat kahdessa makuuhuoneessa ja me olohuoneen vuodesohvalla. Rahaongelmista huolimatta aloimme keskustella suuremman asunnon ostamisesta. Uskoimme sen olevan mahdollista, koska Will ja hänen ryhmänsä saisivat suuren maksun Jeninin operaatiosta, lähinnä ollakseen hiljaa siitä – ja varsinkin verilöylystä. Koko tapaus oli vuotanut lehdistölle, ja luin YK:n faktantarkistustiimin lähteneen paikalle ottamaan selkoa totuudesta. Vaikka israelilaiset olivat myöntyneet käyntiin, Israelin armeija perui sen viime hetkellä eikä enempää sitten kuulunutkaan. Tapaus unohtui. Will oletti saavansa 250 000 punnan korvauksen, ja sen sekä tädin Yhdysvaltoihin jättämän talon myymisen olisi pitänyt riittää uuden kodin ostamiseen.

Will näytti minulle Bank of American tiliään verkkopankissa, jolla oli 350 000 dollaria talon myymisestä ja lisää oli tulossa. Willin isällä oli tilinkäyttöoikeus, ja Will sanoi että rahat välitettäisiin heille heti, kun myyntiverot olisi maksettu. Kaikkien huoltemme jälkeen uskoin, että käänne parempaan oli viimein tullut.

Vuoden 2003 ensimmäisellä neljänneksellä ryhdyimme etsimään asuntoa, ja löysinkin ihanteellisen huoneiston Edinburghin Bruntsfieldistä. Ihastuimme siihen ja kysyimme omistajalta, paljonko sen ostaminen maksaisi. Vastaus oli 450 000 puntaa. ”Kiinni veti”, Will sanoi yhtään epäröimättä. Laadimme paperit, mutta päivänä, jona rahat oli tarkoitus siirtää, Will katosi taas. Hän lupasi joka päivä, että rahat olivat tulossa Yhdysvalloista - oli tapahtunut odottamaton viivästys. ”Tänään iltapäivällä kaikki on kunnossa” - mutta rahoja ei kuulunut.

Lopulta minun oli vihellettävä peli poikki. Epätoivoisena ja musertavan kiusaantuneena minun täytyi kehottaa laittaa asunto uudelleen myyntiin. Niin he tekivätkin, ja onneksi asunto meni kaupaksi paljon suuremmalla summalla kuin olimme tarjonneet. Jouduimme kuitenkin maksamaan heille myyntiin palauttamisesta koituneet kulut, ja koko tapauksen hinnaksi tuli 17 000 puntaa.

Will ilmaantui useita päiviä sen jälkeen, kun minun täytyi perua kauppa. Hän selitti, että tiedustelupalvelu oli jälleen tyrinyt. Veroviranomaiset olivat jäädyttäneet hänen tilinsä amerikkalaisista myyntituloista pidätettävien verojen takia ja selvittelivät, kuinka paljon niitä tuli maksaa. Will sanoi, että CIA hääri kulisseissa ja esti rahojen vapauttamisen, joskaan hän ei osannut selittää tarkasti, miksi näin oli käynyt. Veroviranomaiset pitäisivät kaikki varat, kunnes juttu olisi selvä, ja palauttaisivat loput. Will ei osannut sanoa ajankohdasta muuta kuin "piakkoin".

Luulin tuota yritykseksi estää häntä pääsemästä kokonaan eroon tiedustelupalvelusta. Ilmeisesti hänen kollegansa eivät olleet tyytyväisiä hänen päätökseensä lähteä, koska he olivat kuin yhtä perhettä ja pitivät lähtöä petoksena. Will jätti heidät pulaan valitsemalla lapset ja minut velvollisuutensa tekemisen ja maansa palvelemisen sijasta. Ymmärrettävää kyllä he asettuivat poikkiteloin – Will oli esimerkki, jonka tarkoituksena oli estää muita tekemästä samoin.

6

Häämatka

HELMIKUU 2003

Willin masennus jatkui, ja muutenkin elämä oli hänelle vaikeaa. Hän oli menettänyt ammattinsa ja kutsumuksensa, mutta ei siltikään päässyt irti tiedustelupalvelusta. Hän alkoi katua sitä, mitä hänen oli täytynyt tehdä, ja inhota komennuksia muualle. Hän oli laiha ja nuhjuinen ja koko ajan alakuloinen.

Helmikuussa 2003 päätimme lähteä Lontooseen, missä toisinaan kävimme. Will oli onnistunut saamaan VIP-liput *Oopperan kummitukseen*, jonka hän halusi kovasti nähdä, sekä näytöstä edeltävälle samppanjaillalliselle. Äitini lupasi huolehtia lapsista, joten lähdimme iltapäivällä matkaan.

Ajoimme Edinburghista Lontooseen ennätysvauhtia ja juttelimme koko matkan. Will kertoi lisää kokemistaan kauhuista ja näkemistään tapahtumista. Hän kuvaili verenvuodatusta, kaduilla lojuvien lasten ruumiita ja kaiken turhuutta. Hän puhui taas itsemurhapommittajista ja siitä, ettei palestiinalaisilla ollut muutakaan keinoa kertoa ahdingostaan. Kuuntelin häntä mitään sanomatta, sillä sanat täyttivät mielessäni olleita aukkoja ja selittivät hänen masennustaan.

Vähän ennen matkaamme eräs Willin ystävä, Avi-niminen Israelin tiedustelupalvelun mies, oli saanut surmansa Israelissa itsemurhapommin takia. Will oli selvästi järkyttynyt ystävänsä kuolemasta, mutta onnistui kärsimyksestään huolimatta esittämään urheaa vanhemmilleni illallisella. Olin tuolloin hämmästynyt hänen itsehillinnästään ja kyvystään nauraa ja vitsailla ja teeskennellä kaiken olevan hyvin – mutta sehän oli hänen työtään.

Emme saapuneet ajoissa teatteriin, lähinnä sen takia, että eksyimme ajaessamme Lontoon läpi. Williä harmitti, kun emme päässeetkään teatteriin, mutta minä vain sanoin hilpeästi, että oli kiva viettää aikaa yhdessä. Ajoimme hotellille ja nautimme romanttisesta illasta kahden.

Aamulla kuljeskelimme käsi kädessä ja teimme ostoksia. Will vei minut elektroniikkaliikkeisiin, erityisesti liikkeeseen, jossa oli tarkkailuvälineitä. Kaupassa oli esimerkiksi kameroita, jotka voitiin asentaa lampun sisään, ja tavallisia kelloradioita, joissa oli mikrofoni.

Will selvästi osasi liikkua kaupassa, osoitti tiettyjä välineitä ja puhui koko ajan silmälläpidosta ja sen toiminnasta. Hän kuvaili, mitä etsiä ja miten havaita jotain outoa. Minusta se oli kiehtovaa, mutta tiesin, etten koskaan huomaisi mitään – hän esimerkiksi näytti toimivan pistorasian, jossa oli reikä ruuvin sijasta kameraa varten, ja savuhälyttimen, joka olikin kamera ja kuuntelulaite. Parhaat laitteet liitettiin verkkovirtaan, sillä akut eivät kestäneet kovin kauan. Kynät ja savukepaketit vaikuttivat ovelilta, mutta tarkkailun kannalta niiden toiminta-aika oli lyhyt.

”Jos olet epävarma, oleta varmuuden vuoksi, että sinua kuunnellaan”, hän sanoi. Hänen mukaansa paras tarkkailulaite oli useimmiten kello, koska yleensä se asetetaan paikkaan, joka näkyy kaikista kulmista. Toisin sanoen se ”näkee” huoneen kaikki osat. Hän näytti, että kellossa on numeron 12 kohdalla yleensä musta piste, jonka läpi kamera näkee kaiken. Tuossa liikkeessä oli kaikenlaisia kelloja.

”Se tekee nopeammaksi ja helpommaksi”, hän sanoi, ”vain mennä sisään ja katsoa millainen kello jollakulla on ja korvata se vakoilumallilla.”

Se oli hämmästyttävä paikka, oikea kynäkameroiden ja vempaimien aarrearkku keskimääräiselle tai vähemmän keskimääräiselle vakoojalle. Will sanoi, että usein vei vähemmän aikaa ostaa laite itse kuin odottaa tiedustelupalvelun toimitusta ja että kaupallisesti oli saatavana yhtä hyviä ja monesti parempiakin laitteita kuin tiedustelupalvelu toimitti.

Sinä iltana menimme illalliselle ja hankimme liput *Kurjiin*. Se oli esitys, jonka olin jo nähnyt ja johon olin ihastunut. Will ei ollut nähnyt sitä ennen ja sen vaikutus häneen oli ihmeellinen. Hän oli hyvin järkyttynyt.

Meidän täytyi ajaa suoraan takaisin Edinburghiin yöllä esityksen jälkeen, eikä hän jaksanut jutella kanssani koko aikaa. Se oli ensimmäinen ja ainoa kerta, kun hänen ajamisensa huoletti minua, koska en osannut sanoa, oliko hän edes virkeä vai ei. Hän ei sanonut, mikä oli vialla, vaan pelkästään murahteli ja mutisi. Olin todella peloissani istuessani siinä ja yrittäessäni keksiä, mikä oli voinut mennä pieleen. Oliko syynä se, että musikaali kertoi karanneesta vangista? Suhteemme alkuvaiheessa Will oli kertonut olleensa kerran vankilassa: hänet pidätettiin 18-vuotiaana yhteensä alle sadan dollarin arvoisten katteettomien sekkien kirjoittamisesta. Hänen äitinsä oli ollut taas sairaalassa, ja hänen oli ollut pakko keksiä, miten saisi ruokaa siskolleen. Will oli tiennyt, ettei perheen tilillä ollut tarpeeksi rahaa sekkien kattamiseen, mutta hän oli epätoivoinen. Hänen kertomansa mukaan puolustusta haittasi tuomarin käsitys, että musta teinipoika yritti vain huijata, joten hänet passitettiin pariksi kuukaudeksi vankilaan oppimaan läksynsä.

Ihmettelin, oliko musikaali palauttanut hänen mieleensä nuo kaameat ajat, mutta tulin siihen tulokseen, että tilanteen täytyi olla kimurantimpi. Kenties näkymät vallankumouksesta ja nuorukaisista käymässä toivotonta sotaa esivaltaa vastaan palauttivat hänen mieleensä Jeninissä nähdyt kauhut. Joka tapauksessa en ollut koskaan nähnyt häntä tuossa tilassa; aivan kuin olisin nähnyt maan, jolla seisoin, murenevan allani.

Olin huolissani Willin henkisestä tilasta, ja seuraavina kuukausina yritin päästää hänet helpolla. Hän edelleen tuli ja meni, oli toisinaan poissa kaksi tai kolme viikkoa yhteen menoon. Tunsin itseni epätoivoisen yksinäiseksi ja eristyneeksi, mutta hänen vuokseen yritin olla vahva. Hän sanoi tekevänsä taas IT-alan töitä, enkä minä kysellyt häneltä kovin paljon. En halunnut lisätä hänen taakkaansa ja syyllistyä hänen tönäisemiseensä liian pitkälle. Hän sanoi useita kertoja siirtäneensä "salaa" tililleni 5 000 puntaa, mutta rahoja ei näkynyt. Kun esitin kysymyksiä, hän vannoi siirtäneensä rahat ja kysyvänsä pankista. Näin tapahtui monta kertaa, ja aloin ounastella, että hän oli lähellä romahdusta – että hän valehteli, koska ei pystynyt myöntämään rahojen olevan lopussa.

Toukokuussa 2003 Will tuli usein kotiin, ja rupesimme pelaamaan yhdessä shakkia, missä me molemmat olimme aika hyviä. Tilasimme pizzan, avasimme viinipullon ja otimme rennosti. Yleensä Will voitti, mutta kun minä voitin, hän oli yhtä iloinen siitäkin. Hän ei ollut koskaan kilpailuhenkinen. Näistä helpotuksen hetkistä huolimatta olin huolissani hänen henkisestä terveydestään, ja rahahuolemme kasvoivat. Will ei tukenut taloudellisesti minua eikä lapsia, ja minulla oli vaikeuksia selviytyä arjesta. Minulle tuli unihäiriöitä stressin takia ja myös siksi, että valvoin monesti myöhään keskustellessani Willin kanssa MSN:n tai sähköpostin välityksellä. Minussa alkoi näkyä fyysisiä oireita, sain haavaumia suuhuni ja jopa silmiini. Minun täytyi mennä useita kertoja sairaalaan, ja lopulta minun täytyi pitää vähän aikaa silmälappua parantaakseni oikeaan sarveiskalvoon tulleen erityisen ilkeän haavan. Lääkärit sanoivat, että se liittyi suoraan stressiin, ja kysyivät, nukuinko kunnolla. Vastasin aina, että totta kai.

Jatkoin työtäni, annoin neuvoja yrityksille ja olin myös alkanut pitää kouluissa ohjelmia, joissa pidin yrityksen perustamista koskevia 2- tai 3-päiväisiä käytännön kursseja 15–16-vuotiaiden nuorten suurille ryhmille. Aloin myös pitää kauppakamarin bisnesihmisille yhä enemmän kursseja, joissa opetin motivaatiota, suhdetoimintaa, mainostusta, yrityksen perustamista ja markkinointia. Huomasin pitäväni ihmisten kouluttamisesta ja olevani etevä motivoija kurssilla kuin kurssilla. Ryhdyin tekemään ylitöitä ja suostuin pyörittämään toimistoa lauantaiaamuisin ansaitakseni enemmän. Äitini mahdollisti sen suostumalla hoitamaan tyttöjä joka viikko, joten pystyin saamaan lisää tuloja tarvitsematta maksaa lisää päivähoidosta.

Kaipasin Williä sanomattomasti, kun hän oli poissa; yritin kovasti pärjätä ja esittää urheaa, vaikka olin kaiken aikaa peloissani. Kahden pikkulapsen kasvattaminen omin neuvoin ei ole helppoa parhaimpanakaan aikana, mutta kun tuntee olonsa yksinäiseksi, pelkää miehensä hengen puolesta ja on jatkuvasti varuillaan perhettä uhkaavien ”epätoivottujen” varalta, tilanne on repivä. Olin kuin sotilaan vaimo, mutta ilman sotilaan vaimoa ympäröivää tukiverkkoa. Rakastin kahta pikkutyttöäni ja tiesin stressini varmasti vaikuttavan heihin, vaikka yritin parhaani mukaan olla näyttämättä sitä heillekään.

Kun ensimmäinen hääpäivämme lähestyi lokakuussa 2003, päätimme tehdä häämatkan. Willin pyynnöstä etsin hotellia, jonka huoneessa olisi pylvässänky ja poreallas. Löysin täydellisen paikan syrjäisestä, ylellisestä Shieldhill Castlesta, ja teimme varauksen kolmeksi yöksi.

Tilanne oli taas täpärä. Will ilmoitti tekstiviestillä olevansa junassa, ja menin vastaan Waverleyn asemalle Edinburghissa. Odotin jokaisen junan, kunnes liikenne lopetettiin yöksi, sitten istuin autossa. En voinut lähteä kotiin, sillä olisin herättänyt lapset enkä voinut kohdata taas yksien oharien aiheuttamaa nöyryytystä.

Ymmärsin. Willin puhelinta tarkkailtiin, ja hän halusi jonkun luulevan, että hän olisi junassa. Olin silti ärtynyt. Hän sentään soitti, että hän oli edelleen matkalla ja että minun tuli mennä hotelliin ja tapaisimme siellä. Oli jo liian myöhä, joten otin huoneen Holiday Innistä ja menin seuraavana aamuna Shieldhill Castleen.

Shieldhill Castle oli ällistyttävä, mitä romanttisin paikka kauniine ympäristöineen. Se oli intiimi eikä läheskään täynnä. Tarkemmin sanoen ainoat vieraat olivat saksalainen perhe ja BBC:n kuvausryhmä tekemässä elokuvaa sosialistipoliitikosta, joka asettuu viikoksi kartanonherran asemaan nähdäkseen, kuinka toinen puoli elää.

Tulin hotelliin, tein oloni mukavaksi, kävin kylvyssä ja istahdin mahtavalle pylvässängylle. Vau mikä huone! Mutta Williä ei näkynyt, ja tuossa vaiheessa en enää odottanut hänen ilmestyvän. Ajattelin viipyväni yhden yön ja lähteväni sitten kotiin, joten menin päivälliselle. BBC:n kuvausryhmä istui suuressa pöydässä ravintolan keskellä, ja henkilökunta sijoitti minut viereiseen pieneen pöytään ikkunan ääressä.

Olin varmaan outo näky, nainen istumassa yksin noin romanttisessa paikassa, joten he puhuttelivat minua ja kysyivät mitä varten olin siellä.

”Olen häämatkalla”, vastasin.

He kysyivät ihmeissään, missä mieheni oli.

”Ei aavistustakaan”, tokaisin.

Ensimmäistä kertaa en yrittänytkään puolustaa häntä tai keksiä sopivaa vastausta. Sen sijaan johdatin keskustelun pois itsestäni ja poissa olevasta miehestäni niin sulavasti kuin kolmen vuoden harjoittelu salli. Puhuin heidän kanssaan ohjelmasta, jota he olivat tekemässä, ja join itsekseni pullon viiniä. Olin tehnyt töitä BBC:lle taannoin, vuonna 1987. Olin toiminut televisiokeskuksen studioilla ohjelmien *EastEnders* ja *Kaikenkarvaiset ystäväni* parissa apulaisstudio-ohjaajana, joten meillä oli yhteisiä kokemuksia. En siirtynyt heidän pöytäänsä, vaan jäin omaan romanttiseen seuraani ja nautin kokemuksesta täysin mitoin. Oikeastaan tarjoilijatar auttoi suuresti kompastumalla pöytäni viereen asettamaansa samppanjajäähdyttimeen. Pullo ja saavillinen jäitä levisivät lattialle. Tarjoilijatar oli nolona, mutta minä olin tyytyväinen, kun välikohtaus oli vetänyt huomion pois minusta. Jälkeenpäin suunnistin baariin ja join viskiä kartanonherran ja hänen poikansa kanssa, vitsailin ja nautin heidän seurastaan – olin päättänyt pitää hauskaa joka tapauksessa.

Will saapui myöhemmin tuona iltana, keskiyön aikaan. Hän tuli huoneeseen samppanjapullo mukanaan eikä edes pyytänyt anteeksi. Miksi hänen olisi pitänytkään, kun hän oli hallituksen hommissa eikä myöhästyminen ollut hänen valintansa? Minun piti olla jo selvillä järjestyksestä kuin päivystävän lääkärin vaimon.

Vietimme muutaman ihmeellisen, seksikkään, romanttisen päivän. Will työskenteli vähän läppärillään ja otti yhteyden työpaikalleen muutaman kerran, mutta suurimman osan ajasta hän antoi töiden olla ja rentoutui. Kävelimme maaseudulla ja kirkon ympäristössä, heittelimme keppejä linnan spanieleille, kävelimme kaupunkiin teelle ja söimme Oak Room Loungessa skonsseja hillon ja kerman kera. Ruoka oli herkullista, henkilökunta ystävällistä ja kohteliasta ja viini virtasi.

Nautimme toistemme seurasta. Aina hellä ja huomaavainen Will teki häämatkasta ikimuistoisen. Hän sai minut tuntemaan itseni rakastetuksi, arvostetuksi ja palvotuksi. Kylvimme porealtaassa monta kertaa lasi kuplivaa kädessä, nauroimme ja kerroimme juttuja. Sitten makasimme alastomina vuoteessa, katselimme DVD-levyjä ja joimme lisää samppanjaa. Rakastelimme monta kertaa, tunsimme olevamme taas yhtä, kumppanuutemme sai uutta hohtoa ja voimaa.

Will oli hyvin hermostunut kuvausryhmästä. Hänelle oli ammattinsa vuoksi tärkeää, ettei häntä näkyisi televisiossa, joten ajatus kameroista ei kiehtonut häntä. Kun teimme lähtöä, kuvausryhmä kysyi, saisivatko he kuvata meitä maksamassa, mutta Will kieltäytyi. He kysyivät minulta, haluaisinko itse esiintyä, ja suostuin vastahakoisesti. Inhoan kuvatuksi tulemista, varsinkin televisio- tai video-ohjelmaan, mutta haluan yhtä paljon olla avuksi ja tehdä kuten pyydetään. Niinpä maksoin majoituksen BBC:n kuvausryhmän seuratessa ja Will virnisteli taustalla. Suoritukseni ei tullut ohjelmaan.

Koko loma (kuvausta lukuun ottamatta) oli ja on rakas muisto.

7

Uusi työ, uusi talo, uusi elämä

MARRASKUU 2003
Will tuli siihen tulokseen, että ainoa tapa päästä kokonaan eroon tiedustelupalvelusta olisi perustaa yritys, jota CIA ei olisi mitenkään tahrannut. Sen takia hänen oli varmistettava, ettei mitään olisi hänen nimissään eikä mitään voisi jäljittää häneen. Hän perustikin osakeyhtiön, jonka toimitusjohtajana olin minä. Kaikki pankkitiliä myöten oli minun nimissäni. Minun piti allekirjoittaa lomakkeet ja lisätä yritys alv-rekisteriin, mutta muuten yritys oli Willin. Hän oli johdossa, kirjasi alv-palautukset ja kertoi minulle, mitä rahoille tehtiin. Olin yhä töissä, ja vaikka olin pätevä neuvonantaja markkinointi- ja bisnesasioissa, en ollut talousihminen, joten Will piti huolta kaikista tämän puolen asioista. Hänellä oli suunnitelma, ja uskoin mieheni tietävän, mitä oli tekemässä. Olin varma tämän olevan ainoa ratkaisu, ja titteli oli mieleeni, vaikka se oli vain nimellinen.

Will tekikin pian sopimuksen IT-ohjelmoijan työstä suurelle cambridgelaiselle ohjelmistoyritykselle. Hänen tehtävänsä oli toteuttaa sen multimediaohjelmiston tietty osa. Hän lähettäisi työpäivälistan minulle, minä laatisin laskun hänen ohjeidensa mukaan ja faksaisin sen yritykselle maksettavaksi. Äkkiä rahaa alkoi tulla ja elämä muuttui, kuten hän oli aina luvannutkin. Hän ansaitsi 6 000–10 000 puntaa kuussa, ja nyt meillä oli varaa maksaa laskut. Jouluaattona menimme yhdessä katsomaan minulle sopivia autoja ja ostimmekin yhden osamaksulla, joka perustui minun nimissäni olevan yrityksen tuloihin. Tämä oli ensimmäinen kerta, kun ajoin uutta autoa, ja se tuntui ihmeelliseltä. Aivan kuin olisimme matkalla yläilmoihin.

Ainoa ongelma oli se, että Will oli useimmiten poissa, työskentelemässä Cambridgessa sopimuksen parissa. Hän tuli kotiin melkein joka viikonloppu, ja puhuimme puhelimessa päivittäin ja olimme MSN:ssä melkein jatkuvasti. Inhosin sitä, että hänen täytyi olla muualla töissä, ja kehotin usein häntä etsimään asiakkaita Edinburghista, mutta hän muistutti, että tuollaista IT-alihankinta oli.

Will onnistui sentään tulemaan kotiin joulupäiväksi – se oli ensimmäinen joulu, jonka hän vietti kanssamme, ja oli ihanaa herätä jouluaamuna hänen kainalossaan. Lapset ja minä olimme aina yöpyneet äitini ja isäni talossa voidaksemme nauttia päivästä vanhempieni kanssa, joten teimme tuona vuotena samoin. Myöhemmin mukaan liittyi siskoni Isobel perheineen sekä veljeni. Seurasi riemukas pakettien aukominen ja maistuva ateria, jonka oli tapansa mukaan tehnyt äitini. Sitten seurasi sananarvauspeli, joka oli kaikkien mieleen. Oli niin hyvä olla yhdessä ja osa suurta perhettä. Lapset olivat tosi iloisia, kun Will oli paikalla, ja vihdoin hänen lupauksensa alkoivat toteutua.

Vietimme enemmän aikaa yhdessä, ja meillä alkoi olla elämää, jota hän oli meille aina halunnut.

Kun joulu oli ohi, aloimme valmistautua tulevaisuuteen. Tila kahden makuuhuoneen huoneistossamme oli vähissä, varsinkin kun lapset alkoivat liikuskella enemmän ja viedä enemmän tilaa. Kun meillä kerran oli rahaa, Will ehdotti muuttoa. En ollut kuitenkaan innokas kokemaan samanlaista epäonnistunutta talonostoa, joten Will sanoi, että kannattaisi vuokrata talo siihen saakka, kun rahat Yhdysvalloista tulisivat. Sillä välin panisimme hänen ansaitsemansa rahat säästöön.

Niinpä muutimme joulukuun 2003 lopulla neljän makuuhuoneen vuokrataloon Edinburghin eteläosassa, missä oli kaunista. Talo oli rakennettu täytetyn louhoksen päälle. Siksi talo oli niin vino kuin talo voi olla kaatumatta kumoon. Jos etuovella pudotti lattialle marmorikuulan, se vieri käytävää pitkin, kääntyi vasemmalle ja sitten oikealle, meni keittiöön ja lopuksi takaovesta ulos. Olimme varmoja, ettei talo liikkuisi enää, mutta meiltä kesti kauan tottua vinouteen – kun meillä kävi vieraita, he sanoivat viihtyvänsä paremmin muutaman viinilasillisen jälkeen.

Talossa oli alakerrassa ruokailuhuone, keittiö aputiloineen, kadunpuoleinen huone, leikkihuone ja suihku, yläkerrassa neljä makuuhuonetta ja kylpyhuone. Etu- ja takapihalla oli puutarha ja vajan edessä terassi. Meillä oli mahdollisuus hengittää ja levittäytyä, ja pidin tuosta elintavasta. Minulla oli tilaa laittaa esille isoäidiltä saamiani esineitä ja saada olohuone aikuisille ja erillinen leikkihuone lapsille. Mikä tärkeintä, talo sijaitsi sen koulun piirissä, johon halusin Robynin menevän, kun hän aloittaisi kesällä koulun.

Ollessani kymmenenvuotias vanhempani olivat ostaneet hienon ison talon samalta alueelta, läheltä tätä taloa, joten se tuntui kotiinpaluulta. Talo tuntui vinoudestaan huolimatta oikealta. Vuokra oli 1 700 puntaa kuussa, ihan mahdollinen Willin nykyisillä tuloilla. Vuokrasin oman asuntoni yksinhuoltajaystävälleni, ja koska hänellä oli rahasta pulaa, en ruvennut ahdistelemaan häntä, jos häneltä jäi vuokra maksamatta. Tuolloisessa tilanteessa rahalla ei ollut paljon väliä, ja olihan se keino pitää huoneistoni ja muuttaa parempitasoiseen taloon.

Käytimme toista päämakuuhuonetta toimistona, johon tuotiin kaksi työpöytää, tulostimia, faksi ynnä muuta. Tuntui vihdoin siltä, että kärsivällisyyteni tuotti hedelmää. Pidin kovasti siitä, kun Will oli kotona ja istuimme yhdessä – minä markkinoinnin ja liiketoimintaraporttien parissa, hän suunnittelemassa sivustoja tai tekemässä ohjelmistoyrityksensä alihankintatöitä. Koska toimisto oli kotona, pystyin tekemään töitä sieltä ja järjestelemään työaikani vapaasti.

Will käytti vuoden 2004 alkupuolen tietokonelaitteiden ostamiseen – hän oli varannut siihen yrityksensä varoja 10 000 puntaa. Tekniikka ja web-suunnittelu edistyivät, ja internetistä alkoi tulla ensisijainen globaali viestintäväline. Oli kulunut vasta kymmenen vuotta siitä, kun World Wide Web tuli kaikkien ulottuville, mutta se oli jo muuttanut tuntemaamme maailmaa. Will osti eBaysta palvelimia, akkukäyttöisiä varavirtalähteitä ja kiintolevyjä – kaikki nuo olivat teknisen osaamiseni ulkopuolella (vaikka minulla oli melko kattava käsitys tekniikasta). Toukokuussa 2004 kaksi vyötärönkorkuista tornia äänekkäitä, tuulettimella varustettuja huipputehokkaita web-palvelimia varasivat suuren osan ruokailuhuoneestamme. Ystäväni olivat vaikuttuneita ja laskivat leikkiä Willin kyvystä pyörittää pientä valtiota talosta lähtemättä. En tiennyt, mitä muuta palvelimet tekivät kuin tukivat Willin sivustokehitystä ja toimittivat yrityksen sähköposteja.

Will asensi taloon langattoman laajakaistan, jotta työnteko onnistui kaikista huoneista. Hänen kehittämänsä multimediaratkaisu oli verraton: televisio tietokoneen kautta, mahdollisuus tallentaa ja pysäyttää tv-lähetyksiä ja ties mitä. Oli hienoa esitellä ihmisille hänen luomuksiaan, ja olin niin ylpeä hänestä. Hänelle aukeni mahdollisuus tehdä konsultointitöitä tiedustelupalvelulle sekä rakentaa yrityksille sivustoja. Ennen kaikkea hän pystyi tekemään töitä kokonaan omillaan ja omasta kodistaan käsin, joten perhe oli koossa suuren osan ajasta, mitä me molemmat olimme toivoneet.

Eräänä päivänä Will tuli kotiin innostuneena, sanoi löytäneensä upean auton ja ehdotti käymistä katsomassa sitä. Niin kävimmekin; auto oli valtava, sävylasinen Mercedes-maasturi. Will oli kuin lapsi lelukaupassa, hyppi jalalta toiselle ja sanoi: ”Me otetaan tuo, eikö niin?”

Kuinka olisin voinut kieltäytyä? Rahathan olivat hänen, vaikka ne tulivatkin yritystililtäni. Will oli onnensa kukkuloilla ja kiitteli minua ylenpalttisesti. Hän sanoi, ettei kukaan ollut tehnyt hänelle mitään vastaavaa ja että ensimmäisen kerran hän tunsi saaneensa jotain työnsä ulkopuolelta. Auton täytyi olla minun nimissäni, enkä tällä kertaa räpäyttänyt silmäänikään, ajatus tuntui tavalliselta. Allekirjoittaessani osamaksusopimusta minulta kysyttiin, haluaisinko myös luottokortin, sillä minut oli alustavasti hyväksytty. Olin epävarma; olin tähän asti välttänyt luottokortteja, koska en tahtonut kerryttää velkaa – jo tilin meneminen punaiselle kauhistutti minua! Will kuitenkin rohkaisi minua suostumaan ja sanoi sen tekevän elämän paljon helpommaksi. Niinpä suostuin.

Aluksi Will antoi minun nostaa tuloistaan noin 3 000 puntaa kuussa vuokran ja auton osamaksuerien maksamiseen, jolloin laskuihin ja ruokaan jäi noin 500 puntaa. Hän kehotti minua ottamaan kaksi luottokorttia ja jopa haki niitä netistä puolestani. Kaikkiaan tämä oli hyvää aikaa ja näytti tulevan vielä paremmaksi.

Ikävä kyllä Will oli aina töissä ja nukkui toimistossa tai autossa säästääkseen rahaa ja saadakseen mahdollisimman paljon laskutettavia työtunteja – tuossa vaiheessa hän teki 72-tuntisia viikkoja.

Sitten asiat alkoivat taas mennä todella hankaliksi. Cambridgeen tehty sopimus alkoi rakoilla, koska Will katoili tiedustelupalvelun yrittäessä tunkeutua jälleen kerran väliimme. Sitten Will kertoi tavanneensa jonkun edellisessä CIA-operaatiossa olleen, mikä teki hänelle vaikeaksi jatkaa siellä vaarantamatta meitä. Kyseinen henkilö osasi päästä Willin kautta jäljillemme, ja koska operaatiossa oli ollut kyse soluttautumisesta terroristijärjestöihin, väkivaltaisten seurausten vaara oli suuri. Jos Will jäljitettäisiin kotiinsa Skotlannissa ja perheensä eli hänelle hyvin tärkeiden henkilöiden luokse, meitä voisi käyttää hänen manipuloimiseensa. Meidät voitaisiin siepata tai meitä voitaisiin satuttaa kostoksi tai hänen painostamisekseen.

Olin kauhuissani tästä ja sanoin sen hänelle, varsinkin kun hän ei olisi paikalla suojelemassa meitä. Hän sanoi, että voisin saada ampuma-aseen puolustaakseni itseäni ja lapsia, mutta kieltäydyin jyrkästi.

”Hyvä on sitten. Miten olisi etälamautin?” hän kysyi.

”Mikä se on?” utelin.

”Tilaan sinulle sellaisen”, hän sanoi.

Kahdessa vuorokaudessa etälamautin toimitettiin taloon huomaamattomassa ruskeassa paperikääreessä. Will kokosi sen työpöytänsä ääressä.

Se oli kännykän kokoinen laite. Siinä oli U-muotoinen yläosa, ja kun sen kytki päälle ja painoi nappia, U:n yläosien väliin räsähti sähkövaraus. Se oli hyvin tehokas puolustusväline, ja ellei hyökkääjällä olisi sydämentahdistinta, varaus vain tyrmäisi hänet. Se oli käyttökelpoinen vain lähietäisyydeltä, ei kaukaa. Tiesin, että laite oli laiton Britanniassa, mutta CIA tarjosi sen työntekijöidensä perheen suojaksi, joten Willin mukaan lamauttimen luvat olivat kunnossa. Sitä ei kuitenkaan sopimut heilutella ympärinsä, vaan se oli tarkoitettu yksinomaan hätätilanteeseen, jos minun täytyisi puolustaa itseäni.

Will järjesti tiedustelupalvelun kouluttajan opettamaan minua käyttämään lamautinta, mutta tilaisuus peruttiin viime tingassa jostain syystä, joten Will opetti minua itse. Hän näytti, miten CIA:ssa opetettiin käyttämään puolustusvälinettä. Sitä tarvitsi vain pidellä kädessään ja johtaa lamauttava sähköisku ihmisen kehon läpi.

”Jos osut sillä jalkaan tai käsivarteen, vain se osa kehosta turtuu. Sinun pitää tähdätä vartaloon, olkapäähän tai kaulaan tyrmätäksesi toisen.

Hän näytti, miten hyökkääjää pidettiin paikallaan ja miten pystyisin puolustamaan itseäni ja lapsia koskettamalla hyökkääjää etälamauttimella. Aseessa oli se hyvä puoli, että vaikka koskettaisi hyökkääjää painaessaaan nappia, ei saisi itse sähköiskua.

Minun ei tarvinnut koskaan turvautua etälamauttimeen, mutta oli hyvä tietää, että se oli ulottuvilla. Näin silti jatkuvasti painajaisia ja uneksin yhtä mittaa heräävänì siihen, että talossa oli miehiä, jotka yrittivät viedä meidät pois, tunkivat lasten huoneisiin, ja minun oli keksittävä keino pysäyttää heidät. En nukkunut koskaan hyvin, koska tunsin meidän olevan alati vaarassa. Olin kuitenkin tottunut univelkaan; siitä oli tullut elämäntapa.

Valveilla ollessani pelko kaikkosi, koska uskoin vankkumatta Willin pystyvän suojelemaan meitä myös ollessaan poissa. Meitä tarkkailtiin, ja hän tietäisi heti, jos jokin olisi vinossa. Pelkäsin itse asiassa enemmän CIA:ta kuin "epätoivottuja", koska olin varma, että he syyttäisivät minua Willin "karkaamisesta" ja haluaisivat minut pois tieltä. Will kuitenkin sanoi, että jos CIA antaisi meille tapahtua jotain, hän tekisi vahinkoa tiedustelupalvelulle. He uskoivat minun riistäneen Willin, mutta meidän erottamisemme ei palauttaisi häntä heille – pikemminkin päinvastoin.

8

Löytöjen loma

KESÄKUU 2004

Kesäkuussa 2004 teimme ensimmäisen ja viimeisen lomamatkamme yhtenä perheenä. Kävimme Norfolkin Center Parcsissa – se oli ainoa kerta neljään vuoteen, kun vietimme koko seitsemänpäiväisen viikon yhdessä. Tuntui uskomattomalta, että meillä oli niin vähän aikaa olla yhdessä, mutta lupaus oli aina läsnä: asiat muuttuisivat pian. Meidän piti vain päästä eroon tiedustelupalvelusta, ja sitten olisimme vapaita elämään toistemme kanssa. Siihen saakka voisimme olla yhdessä vain viikonloppuisin tai kaksi tai kenties neljä päivää kerrallaan. Toisinaan Will oli kotona muutamia päiviä joka viikko ja lupasi lisää yhteistä aikaa, mutta sitten hän aina lähti ja melkein aina lyhyellä varoitusajalla.

Loma oli todella tarpeen. Minulla oli ollut keskenmeno kuukautta aikaisemmin, mikä toi esille mahdollisuuden, että meille voisi tulla toinenkin lapsi. Vaikka tuo mahdollisuus oli pieni, se antoi toivoa meille molemmille. Menetys masensi, mutta päätimme aktiivisesti yrittää toista lasta. Loma oli meille uusi alku, tilaisuus viettää aikaa lasten kanssa ja vahvistaa rakkauttamme. Halusin epätoivoisesti antaa Willille hänen toivomansa pojan, saada suvun jatkumaan, vaikka hedelmättömyys oli estänyt sen. Halusin kokea uudelleen ihmeen, jonka ansiosta olin saanut tyttären, ja antaa kahdelle ihastuttavalle tyttärelleni veljen. Will oli aina halunnut lisää lapsia, mutta olimme luulleet sen olevan mahdotonta. Keskenmeno sai hänet haluamaan uuden lapsen, koska se oli hänen nähdäkseen tulevaisuuden toivo. Will oli rakastellessamme intohimoisempi kuin koskaan ja sanoi, että ajatus uuden elämän luomisesta voimisti hänen tunteitaan ja orgasmejaan.

Loma olikin ihana. Will tuli Edinburghiin, matkustimme yhdessä ja sitten majoituimme järven rannalla olevaan huvilaan. Järven rannoilla asusti kesyjä sorsia ja hirviä, jotka tulivat takaovelle hakemaan leivänmuruja ja ruoantähteitä – kaikenlaiset villieläimet ihastuttivat lapsia. Autoja ei ollut, joten ajoimme pyörillä kaikkialle. Kulutimme aikaa vaellellen kuin aivan normaali onnellinen ja rakastava perhe. Tytöt olivat seitsemännessä taivaassa, kun leikkikenttiä oli joka puolella. Uima-allas oli oikea lasten paratiisi. Oli niin paljon tekemistä, puhumattakaan isästä, jota halia ja jonka selkään hyppiä. Molemmat tytöt palvoivat häntä; vaikka Robyn ei ollut Willin biologinen lapsi, hän kutsui Williä "iskäksi", koska hän oli tuntenut tämän yksivuotiaasta asti.

Loman lähestyessä loppuaan Will komennettiin muutamaksi tunniksi työhön liittyvään kokoukseen. Hän vannoi palaavansa, ja koska hän jätti laukkunsa, oletin hänen olevan tällä kertaa tosissaan. En voinut mitenkään kieltää häntä menemästä, joten annoin myöten.

Kun hän oli poissa, kävin läpi makuuhuoneen ja näin moitteettomasti sijatulla vuoteella yksinkertaisen vihkisormuksen, ei kuitenkaan samaa, jonka olin antanut hänelle häissämme.

Tuo kaksi pykälää liian suuri sormus oli kadonnut noin kuukausi sen jälkeen, kun olin pannut sen hänen sormeensa. (Will ei koskaan saanut mennyksi Rose Streetille ja tilatuksi oikeankokoista sormusta.)

Otin sormuksen käteeni ja tuijotin sitä. Siinä ei ollut merkintöjä. Se oli vain pelkistetty kultasormus, tarpeeksi suuri Willin nimettömään. Vuoteessa ei näkynyt painaumaa; se oli suora ja sileä – aivan kuin sormus olisi huolellisesti asetettu siihen eikä pudonnut kädestä tai taskusta.

Istuuduin vuoteelle häkeltyneenä, mieli tyhjänä sormus kädessäni. Olin aivan turta, enkä tiedä, kauanko sitä kesti. Sitten aivoihini ryöppysi niin monia kysymyksiä ja pikkujuttuja, etten ymmärtänyt mitään.

Ensimmäinen tietoinen ajatukseni oli se, että tuijotin Willin arvostamaa ruskeaa salkkua lattialla vuoteen vieressä. Se oli kolhiintunut nahkainen attaseasalkku, jonka hän otti mukaansa kaikkialle, salkku, johon hän oli laittanut pistoolinsa sitä kantaessaan ja jonka hän lukitsi kaappiini käydessään asunnossani. Se oli kielletty – yksityinen salkku. Avasin sen tuntien voimakasta syyllisyyttä ja epälojaaliutta, mutta ne ylitti haluni tietää, mitä oli tekeillä. Näkemäni järkytti minua ytimiä myöten.

Salkussa oli vuonna 1992 päivätty todistus, jossa mainittiin Williamin ja Michelle-nimisen naisen solmineen avioliiton, kahden lapsen – vuonna 1999 syntyneen tummahiuksisen tytön ja muutamaa vuotta vanhemman vaalean kiharahiuksisen pojan – passit, asuntolainapaperit, juristin kirjeet ”herra ja rouva Jordanille” sekä syntymätodistukset kahdelle muulle lapselle, jotka eivät olleet sukua Michellelle, mutta joiden isäksi Will oli merkitty.

Se oli mahdotonta – kuin olisi yrittänyt sekoittaa öljyä ja vettä. En nähnyt siinä mitään järkeä enkä pystynyt ollenkaan käsittämään edessäni olevia tietoja. Tiesin Willin osaavan valehdella, valehtelihan hän ammattimaisesti ja joskus automaattisesti, mutta ei minulle, ei tällaisesta! Siinä ei ollut järkeä, se ei sopinut työhön, jota tiesin hänen tekevän, eikä henkilöön, jonka tiesin hänen olevan.

Passeissa näkyvien lasten sukunimeksi oli merkitty Jordan, mutta he eivät nähdäkseni muistuttaneet Williä – sehän olisi ollut mahdotonta, sillä Will oli ollut hedelmätön ja oli ollut täysin ällistynyt huomattuaan pystyvänsä siittämään lapsen, kun minä tulin raskaaksi.

Minun täytyi saada tietää, mitä oli tekeillä. Lähetin Willille tekstiviestin, jossa sanoin, että jotain oli tapahtunut ja meidän oli puhuttava. Hän tuli heti takaisin, ja kerroin hänelle löytäneeni sormuksen ja penkoneeni hänen salkkunsa. Se merkitsi hänen luottamuksensa täydellistä pettämistä, ja hän harmistui siitä, mutta hän ymmärsi, miksi olin tehnyt sen. Hän pysyi tyynenä, kuten aina, ja sanoi joutuvansa soittamaan. Hänen täytyisi kertoa minulle kaikki, mutta siihen tarvittiin lupa.

Istuin typertyneenä sohvalla, kun hän meni makuuhuoneeseen soittamaan. Miten hän saattoi tehdä niin? Miten hän saattoi panna tiedustelupalvelun minun edelleni? Olin niin vihainen, kun olin taas joutunut kakkoseksi; vaadin selityksen, mutta hän noudatti aina sääntöjä tinkimättä. Hän eli aina yritykselle. Kiehuin kiukusta, kun kuulin hänen olevan puhelimessa.

Puhelu kesti jonkin aikaa, ja hän näytti palatessaan uupuneelta. Hän oli saattanut itsensä vaikeuksiin, kun oli unohtanut salkun ja ollut huolimaton. Hän oli vihainen itselleen ja järkyttynyt siitä, että minun oli täytynyt kokea tämä.

Hän istuutui ja katsoi minua suoraan silmiin pidellen käsiäni.

”Ensinnäkin sanon, että olet minun ainoa vaimoni. Minulla ei ole toista vaimoa eikä perhettä”, hän aloitti.

Kaikki paperit puhuivat hänen puolestaan: Will oli Yhdysvalloissa värvännyt tiedustelupalveluun Michelle-nimisen naisen sen jälkeen, kun tämän suhde pahoinpitelevään amerikkalaiseen mieheen oli rikkoutunut. Mies oli Pentagonin leivissä, joten nainen ja lapset olivat jo osa järjestelmää. Nainen oli ihanteellinen ehdokas tuotavaksi mukana Britanniaan ja antamaan peitetarina. Se oli puhtaasti ammatillinen suhde, joka antoi Willille turvapaikan ja identiteetin, sillä naisella oli vakiintuneet tulot ja työpaikka, joskin hän toimi Yhdysvaltojen hallituksen äänettömänä edustajana Britanniassa.

Vihkitodistus oli välttämätön, jotta Will saisi oleskella maassa, mutta se oli vain tiedustelupalvelun teettämä väärennös. Hänen oli kuljetettava niitä ja muita papereita mukanaan siltä varalta, että joku pysäyttäisi hänet – se joku olisi Britannian viranomaiset tai ”muut”, kuten hän sanoi. Siinä tapauksessa kaikki liittyisi peitetarinaan eikä hänen todelliseen elämäänsä.

Will oli ollut erityisen huolissaan, koska hänen Cambridgessa tapaamansa ”vanha epätoivottu yhteyshenkilö” oli sekaantunut hänen elämäänsä. Sen vuoksi hän oli ottanut paperit mukaansa kaikkialle, jotta ne suojelisivat häntä, jos hänet otettaisiin kiinni.

Michelle kuului tiimiin – oli kollega. Kyllä, naisella oli lapsia, mutta he eivät olleet Willin, kyseessä oli pelkästään ammatillinen suhde.

Sitten Will piteli kädestäni tiukemmin ja tuli lähemmäksi sanoen: ”Minun täytyy kuitenkin tehdä tunnustus...”

Sitten hän piti tauon ja pakotti minut avaamaan suuni ensimmäisen kerran. ”Siis... mikä?”

”Minä en ole ylpeä tästä ja pelkään, että pidät minua alhaisena. Olen tehnyt aikanaan juttuja, joiden olisi pitänyt jäädä tekemättä. Sen olen tajunnut, kun olen tavannut sinut.”

”Mitä juttuja? Mitä sinä tarkoitat?” parahdin.

”Minulla oli aluksi suhde Michellen kanssa. Se ei kestänyt kauan, mutta se oli alussa välttämätön.”

”Hänen värväämisensäkö takia?”

”Aivan.” Hän oli häpeissään ja loi katseensa alas.

Laskin käteni hänen kätensä päälle ja otin sen taas pois. Olin edelleen suutuksissani, mutta hänen selvä vaivaantuneisuutensa tuntui epämukavalta. ”Entä sitten asuntolaina? Miksi sinulla on asuntolaina ja luotonantajan kirjeitä molempien nimissä?”

Will selitti, että tiedustelupalvelu oli tehnyt heistä näennäisen pariskunnan kymmenisen vuotta sitten, jotta Will saisi jäädä maahan. Nyt järjestelyä purettiin, koska hän oli lähdössä tiedustelupalvelusta. Totta kai heillä oli yhteinen asuntolaina, mutta vain nimellisesti, ja koska hän oli ollut pitkään palestiinalaisalueilla eikä ollut pystynyt lähettämään Michellelle rahaa, asuntolainaa ei ollut lyhennetty. Michelle oli velkaantunut, ja ulosottomiehet kävivät hänen ovellaan. Will sanoi olevansa Michellelle kiitollisuudenvelassa, koska tämä oli ollut hänen tukenaan ja pysynyt aina tyynenä. Michellen oli täytynyt maksaa Willin velat, koska tämä oli ollut poissa. Nyt oli Willin aika maksaa. Itse asiassa Michelle oli pahassa liemessä ja voisi menettää talon, ellei Will onnistuisi setvimään raha-asioita. Tiedustelupalvelu ei kuitenkaan ollut innokas maksamaan, koska Will ei ollut enää vakituisessa palveluksessa ja siirtyisi toiselle osastolle.

Tunsin jonkin repivän aivojani, sydäntäni ja vatsaani kahtaalle. En voinut puhua kenellekään; en voinut uskoutua muille kuin Willille, lempeälle miehelleni, uskotulleni ja vahvalle ystävälleni, rakkaalle puolisolleni. Minun täytyi olla hiljaa ja tehdä päätös omin päin. En taaskaan tiennyt, mitä uskoa. Minulla oli fyysiset todisteet toisen vaimon olemassaolosta, mutta selitys sopi siihen, mitä tiesin hänen työstään. Minulla oli fyysiset todisteet avioliitostani hänen kanssaan ja muustakin – kumpi oli totta?

Puhuimme tuntikausia, ja Will vastasi jokaiseen kysymykseeni niin hyvin kuin pystyi ja selosti kaikki yksityiskohdat. Suuren osan ajasta kiersimme kehää, ja hän kävi samat asiat läpi moneen kertaan, valiten toisen näkökulman, toisen perspektiivin ja auttaen minua ymmärtämään. Lopussa olin hyvin väsynyt, enemmän uupunut kuin vihainen tai ahdistunut.

”Entä lapset?” kysyin.

”He ovat Michellen lapsia”, hän vastasi lyhyesti. ”Kuten huomaat, he eivät näytä yhtään minulta.” Hän puhui rauhallisesti, hellästi ja katsoi minua taas suoraan silmiin. ”Heillähän on ihan valkoinen iho.”

”Niin onkin”, myönsin alakuloisena.

Tilanne oli muuttunut. Syyllisyys oli siirtynyt hänestä minuun. Hän teki vain työtään, vietti elämää, jonka hän oli rakentanut paljon ennen minua auttaakseen harvalukuisia uljaita puolustamaan maailmaa terrorilta. Olin särkenyt hänen luottamuksensa, ja minun olisi pitänyt tietää olla tekemättä niin.

Hän lausui: ”Luotan sinuun enemmän kuin olen luottanut kehenkään elämässäni. Käsitän, miksi kävit salkun läpi. Vika oli minun, ei sinun. Minun ei olisi pitänyt jättää sitä tänne, ja sormuksenkin jättäminen oli typerää. En tajua, miten niin pääsi käymään.”

”Olen pahoillani”, sanoin.

9

Rahareikiä

HEINÄKUU 2004
Kun loma oli ohi, ajoimme Lontooseen ja hyvästelin Willin lentokentällä. Hän aikoi ajaa takaisin töihin ohjelmistoyritykseen Cambridgessa, ja meidän oli tarkoitus lentää Edinburghiin ja tavata hänet seuraavana viikonloppuna. Tunsin oloni hyvin hämmentyneeksi enkä ollut täysin vakuuttunut Willin kertomuksesta, mutta minulla ei ollut muuta vaihtoehtoa kuin uskoa häntä. Toista vaihtoehtoa ei voinut ajatellakaan.

Pari päivää myöhemmin puhelin soi. Toisessa päässä oli Will ihan paniikissa ja hädissään; pelon kuuli hänen äänestään. En ollut koskaan kuullut hänen olevan tuollainen, joten kauhistuin. Olinko nähnyt hänen passiaan? Hän oli kadottanut sen eikä löytänyt sitä mistään. Kävin laukut läpi monta kertaa ja etsin passia kaikkialta. En löytänyt sitä. Will soitti uudelleen ja pyysi minua katsomaan uudelleen, koska passin löytyminen oli "elintärkeää". Hän arveli kadottaneensa passin Center Parcsissa, joten soitin sinne ja kysyin, oliko sitä näkynyt. Puiston johtaja sanoi, että Will itse oli soittanut heille äärettömän huolestuneena ja halusi kovasti löytää passinsa, mutta he eivät olleet löytäneet sitä, vaikka olivat huolellisesti etsineet kaikkialta huvilasta.

Kysyin Williltä, miksei hän voinut vain ilmoittaa sitä kadonneeksi, mutta hän selitti, ettei passi ollut aito. Se oli CIA:n tekemä väärennös, eikä hän voinut saada uutta, koska hän ei ollut enää aktiivipalveluksessa.

He voisivat käyttää kadottamista häntä vastaan, joten hänen täytyi korvata se itse. Jostain syystä, joskin hänen täytyi olla melko epämääräinen siitä, hän ei voinut edes ilmoittaa viranomaisille passin katoamisesta. Epäilin hiljaa, että tiedustelupalvelu oli käynyt huvilassa ja varastanut passin pitääkseen hänet talutusnuorassaan.

Willin täytyi saada uusi passi jostain, ja hänen mukaansa ainoa tapa päästä kiipelistä ja koko tiedustelupalvelusta oli ostaa se mustasta pörssistä. Siihen tarvittiin rahaa. Päästäkseen eroon palvelusta hän tarvitsi myös uuden sairausvakuutusnumeron, joten hänen olisi ostettava sekin. Hän tiesi ihmiset, joilta se onnistuisi – samat jotka tekivät väärennöksiä tiedustelupalvelulle – mutta se maksaisi. Hänen olisi saatava 100 000 puntaa.

Koska hänen kuukausipalkkansa oli 6 000–10 000 puntaa, hän saisi 100 000 puntaa kokoon sunnilleen vuodessa, mutta hän tarvitsi rahat heti. Aikaa oli vähän, ja meidän täytyi alkaa maksaa hänestä tietäville ihmisille saman tien. Voisimme pulittaa tuon summan heti ja maksaa lainan korot ja lyhennykset hänen palkallaan. Mitä rahojen saajaan tuli, Will sanoi, että mitä vähemmän tiesin, sitä parempi.

Jeninin verilöylystä saatavaa rahaa ei edelleenkään ollut näkynyt, joskin maksu oli kai odottamassa. Yhdysvaltojen-talon myymisestä saadut rahat olivat edelleen Yhdysvaltojen veroviranomaisten hallussa. Luottokorttien luottorajat siis paukkuivat nopeasti, ja Will kehotti minua tilaamaan rinnakkaiskortit ja käytti niitä. Hän kulutti rahaa auton vuokraamiseen - vaikka hänellä oli omakin auto - ja maksoi monille yrityksille, esimerkiksi osaksi omistamalleen elokuvateatteriketjulle, jotka olivat hänen mukaansa vain julkisivuja hänen yhteyshenkilöilleen, joiden kautta hän pystyi siirtämään rahaa. Säännölliset maksut olivat vähemmän silmiinpistäviä ja vaikeammin jäljitettäviä kuin isot rahamäärät, ja rahoittamalla kollegan satelliitti-tv:tä hän saisi käteistä kollegalta. Hän tyhjensi melkein koko yritystilin, joten avasin hänelle uuden, jotta hän saattoi käyttää vanhaa tiliä kuluihin ja pitää jotenkin silmällä päätiliä. Siirsin hänen pyytämänsä rahamäärän ja ryhdyin tallettamaan suuria rahamääriä tilille, jonka omistajaksi oli merkitty M. Hayward. Siirsin joka kerta 500–2 000 puntaa yritystililtä Michellen tilille - johon Willillä oli käyttöoikeus ja jolta hän saattoi nostaa rahaa. Hän käski usein minun käydä kaupungin eri konttoreissa, jotta minua ei seurattaisi. Jos lähetin hänelle käteistä, minun oli muistettava olla nuolaisematta postimerkkiä tai kirjekuoren liimanauhaa ja viedä se pääpostiin eikä vain pudottaa sitä postilaatikkoon.

Sitten sopimus cambridgelaisen ohjelmistoyrityksen kanssa sanottiin irti. He olivat kyllä tyytyväisiä Willin tekemään työhön, mutta eivät voineet hyväksyä hänen epäsäännöllisyyttään ja selittämättömiä poissaolojaan. Vaikka Willillä oli kymmenen päivää laskutettavana, häntä vaadittiin palauttamaan tietokoneet ensin. Hän lupasi joka päivä palauttaa ne, mutta ei koskaan palauttanut.

Tämän tulonlähteen menettäminen merkitsi minulle jäämistä tyhjän päälle, ja luottokorttien luottorajat tulivat täyteen. Otin uuden asuntolainan ja sain 20 000 puntaa lisää. Se meni luottokorttilaskujen lyhentämiseen ja käteisen antamiseen Willille, mutta sekään ei riittänyt. Joka viikko tuli uusi hätätapaus, toinen rahantarve. Joka kerta Will lupasi, että se olisi viimeinen. Mutta jokainen pyyntö oli aiempia pakottavampi ja kiireellisempi ja uhkasi seurauksilla häntä, sitten minua ja lapsiamme.

Päätin ettei tämä voinut jatkua. Pyysin Williä kertomaan tarkalleen, paljonko tarvittaisiin tämän kierteen katkaisemiseen, kaikille maksamiseen ja tilanteesta poispääsemiseen. Hän sanoi, että jäljellä oli enää 15 000 puntaa, mutta hän tarvitsi heti 10 000. Niinpä päätin myydä huoneistoni. Lainasin vanhemmiltani 10 000 puntaa ja otin yhteyttä kiinteistönvälittäjään.

Kaksi viikkoa sen jälkeen, kun olin pannut viehättävän huoneistoni myyntiin, tuli aika valita paras tarjous. Olin ostanut sen 35 000 punnalla vuonna 1990, ja siinä oli kaksi suurta huonetta, merinäköala ja keittiössä alkuperäinen liesi. Minulla oli paljon mieleenpainuvia muistoja elämästä siellä, ja se oli minulle suuri osa varallisuuttani, mutta vielä tärkeämpää oli suojella perhettäni; olin ennen kaikkea halukas antamaan lapsilleni turvaa. En epäröinyt hyväksyä suurinta tarjousta, 165 000 puntaa, mistä jäi alkuperäisen asuntolainan ja toisen, Willille ottamani asuntolainan jälkeen 105 000 puntaa käteistä. Maksoin lainan vanhemmilleni, lyhensin luottokorttivelkoja uudelleen ja annoin Willille hänen pyytämänsä 15 000 puntaa.

Päivänä, jona nostin rahat pankista, Williä seurattiin ja vaikeuksia oli tiedossa. Hänen täytyi hakea rahat keskellä yötä, ja hän käski minua avaamaan takaoven lukon ja sitten pysymään yläkerrassa valot sammutettuina. Meidän oli oltava hyvin varovaisia. Hän kuiskaili tullessaan huoneeseen, ja se pelotti minua. Will oli paikalla vain pari tuntia, puhui hädissään ja sanoi, että sen jälkeen kaikki olisi kunnossa. Mutta sitten hänen oli taas lähdettävä varmistaakseen, ettemme joutuneet entistä suurempaan vaaraan – minä jäin peloissani yksin.

Se ei ollutkaan viimeinen rahareikä. Will tarvitsi yhä lisää. Lopulta olin puilla paljailla. En edes muista, miten niin kävi. Se oli kuin kyltymättömien ahmojen ruokkimista, enkä käsitä, miten annoin sen tapahtua.

Vaikka myin huoneistoni elokuussa 2004, joulukuussa 2004 kaikki oli mennyttä.

10

Vanhempani tulevat avuksi

SYYSKUU 2004

Tuona vaikeana aikana tuli yksi hyvä uutinen. Heinäkuussa 2004 totesin olevani jälleen raskaana. Me molemmat olimme iloisia siitä. Olimme niin kovasti yrittäneet saada toisen lapsen, ja silloin onnistuimme. Rukoilin että vauva olisi poika ja että hän pystyisi täyttämään Willin toiveen. Ehkä se oli merkki asioiden paranemisesta. Ainakin se sai Willin entistä päättäväisemmin yrittämään ratkaista työtilanteensa ja olla useammin kotona.

Kun kerroin asiasta vanhemmilleni, he eivät olleet yhtä innostuneita. Varsinkin äitini oli poissa tolaltaan, koska hän tiesi minun joutuvan yhä suurempaan paineeseen ja pelkäsi, miten selviytyisin.

Olin tässä vaiheessa monesti äitini avun varassa. Äiti oli aina paikalla, kun Will ei ollut; hän oli lasten toinen tärkeä aikuinen ja henkilö, jolle useimmiten puhuin. Tuolloin oli selvää, että hän suhtautui Williin hyvin epäilevästi tai ei ainakaan enää pitänyt tästä. Äiti ajatteli, että Will huuhaili siellä täällä eikä ottanut vastuitaan vakavasti ja asetti työn perheensä edelle ja että Willin pitäisi aikuistua ja alkaa pitää huolta lapsista ja minusta. Tarvitsin äitini tukea, joten minusta tuntui, ettei minulla ollut muutakaan mahdollisuutta kuin kertoa hänelle Willin tilanteesta. Rupesin kertomaan hänelle tarkemmin Willistä ja hänen työstään. Tiesin voivani luottaa hänen vaitioloonsa. Koska hän oli tuntenut ihmisiä, jotka olivat työskennelleet monta vuotta Britannian tiedustelupalvelussa, hän pystyi ainakin ymmärtämään kohtaloani. Hän ei ollut iloinen, mutta koska hän on ihana ihminen, hän ei asettunut poikkiteloin, vaan oli tukenani. Hän sanoi auttavansa minua ehdoitta, mutta varoitti minua pitämään varani ja käskemään Williä tulemaan useammin kotiin.

Kun taloudelliset vaikeutemme pahenivat, vanhempani olivat yhä enemmän huolissaan. Äidille kertomani perusteella he tiesivät, mitä Will teki, mutta vain hatarasti. Sitten yhtenä päivänä isäni yritti ottaa asian puheeksi ja kysyi Williltä, mitä ”toinen” työ sisälsi ja miksei hän ollut vieläkään onnistunut ”pääsemään pois”. Will oli häkeltynyt, koska hän ei aavistanut vanhempieni tietävän niin paljon, ja oli kotona suutuksissaan minulle. Hän sanoi, että hänen kännykkänsä oli mukana ja että keskustelua oli ehkä kuunneltu. Hän sanoi siitä olevan ”seurauksia” ja näytti melkein pelokkaalta. Oli hermostuttavaa nähdä hänet sellaisena.

Hän sai melkein heti käskyn lähteä ja kertoi myöhemmin vakavista fyysisistä seurauksista. Kollegat olivat antaneet hänelle satikutia, eikä hän voinut syyttää heitä: hän itse oli ollut mukana samankaltaisissa fyysisissä kostotoimissa, kun muut olivat sohlanneet ja vuotaneet tietoja. Kun ajattelee, että koko ryhmän turvallisuus on kiinni luottamuksesta ja ihmisten vaitiolosta, sen vaarantaminen on vakava rike. Minusta tuntui kauhealta, kun olin aiheuttanut sellaista. Syy ei ollut isäni, vaan minun, kun olin kertonut liian paljon Willin jatkuvista katoamisista.

Hyvä puoli oli se, että Willillä oli nyt lupa sisällyttää vanhempani asioista tietävien sisäpiiriin. Olin niin kiitollinen siitä, koska nyt minulla olisi henkilö, jolle puhua. Olin hyvin halukas kertomaan äidilleni enemmän, jotta hän ehkä näkisi Willin olevan uskollinen minulle.

Äiti oli minulle mieheni lisäksi läheisin ihminen ja läheisin ystäväni. Tiesin hänen rakastavan minua yhtä syvästi kuin Will, ja halusin heidän vetävän yhtä köyttä.

Kun Will tuli seuraavan kerran kotiin, sovimme vanhempieni kanssa jutteluhetkestä. Kännykät jätettiin toiseen huoneeseen, kahvia keitettiin ja istuuduimme pöydän ääreen. Will kertoi heille koko jutun alusta asti: miten hänet oli värvätty, miten hän oli työskennellyt Japanissa, Brasiliassa, Euroopassa ja muualla maailmassa, miten hän oli ollut Israelissa ja palestiinalaisalueilla odottaessani Eilidhiä ja miten hän oli lopettanut aktiivipalveluksen ja toimi konsulttina.

Will kertoi heille pitkään ja seikkaperäisesti Jeninistä ja siellä tapahtuneesta verilöylystä ja miten se oli järkyttänyt häntä ja muuttanut hänen käsitystään hänelle tärkeän tiedustelupalvelun toiminnasta. Hän halusi päästä pois ja viettää normaalia elämää. Hän halusi elättää minut. Selviytyisimme yhdessä, ja hän arvosti tukea, jonka vanhempani antoivat minulle hänen poissa ollessaan, ja lupasi kaiken olevan ohi hyvin, hyvin pian. Will vakuutti heille rakastavansa minua. Vanhempani eivät kai täysin uskoneet häntä, mutta eivät olleet minun tapaani uskomattakaan eivätkä käsittäneet, mitä hyötyä hänelle olisi ollut ladella valheita. He uskoivat minun tavoin Willistä hyvää. He luottivat arvostelukykyyni ja siihen, että uskoin häntä. Puhuin heidän kanssaan Willin taas lähdettyä, ja he tuntuivat ottavan suhteemme rauhallisemmin, vaikka siihen liittyvät vaarat tuottivat lisää stressiä.

Ollessaan kotona Will teki kotoa töitä, ohjelmoi sivustoja yksityisesti ja tutki videonauhoja ja valokuvia puolustusministeriölle ja CIA:lle. Hän teki komennustöitä puolustusministeriölle ja RAF Brize Nortonille erityisesti tarkastellen video- ja valokuvatodisteita. Hän näytti aikaansaannoksiaan, ja yksi niistä järkytti. Se oli video Kenneth Bigley -nimisen miehen kaulan katkaisemisesta sen jälkeen, kun tämä oli otettu Irakissa panttivangiksi. Will selitti, mitkä epäjohdonmukaisuudet osoittivat videon olevan väärennetty. Kaksi muuta amerikkalaista panttivankia oli jo teloitettu, ja Will oli päätellyt videonauhojen perusteella teloitusten olleen aitoja. Niitä näytettiin televisiouutisissa, mutta olin nähnyt yhden niistä Willin puhelimessa jo aikaisemmin.

Will kertoi Britannian tiedustelupalvelun auttaneen Kenneth Bigleytä pakenemaan, joten lokakuun alussa medialle toimitettu video oli epäilyttävä. Lopulta uutisissa raportoitiin Bigleyn karanneen. Hänet kuitenkin saatiin myöhemmin uudelleen kiinni, ja terroristit surmasivat hänet. Kuten Will oli todennut, ensimmäinen video ei ollut aito – Willin mukaan Bigley kuoli laukaukseen päähän eikä kaulan katkaisemiseen. Tunsin oloni sairaaksi koko tarinasta enkä esittänyt tarkempia kysymyksiä tai tutkinut asiaa.

Will tutki myös valokuvia panttivangeista ja amerikkalaisten sotilaiden väitetyistä hirmuteoista Irakissa. Suuri osa valokuvista esitettiin uutisissa muutamaa päivää myöhemmin, ja hänen väärennetyiksi sanomansa kuvat osoitettiinkin julkisesti väärennöksiksi. Hän teki tätä työtä osittain sen takia, että hän tunsi seudun. Esimerkiksi yhdessä kuvassa panttivangit nojasivat kevytsoramuuriin. Will selitti, ettei tuolla seudulla ollut kevytsorasta tehtyjä rakennuksia – sitä ei kerta kaikkiaan käytetty. Sitten hän näytti videon armeijan ajoneuvosta Lähi-idässä ja osoitti sen väärennetyksi, koska rekisterikilpi näkyi ja he olivat huomanneet, ettei tuo kuorma-auto ollut kertaakaan lähtenyt Britanniasta. Uutisissakin sanottiin videon olevan huijausta.

Lokakuun 2004 lopulla teimme töitä toimistossamme, kumpikin omalla tietokoneellaan. Kirjoittaessani raporttia yritysasiakkaalle BBC:n uutispalvelu, joka oli käynnissä koneessani, kertoi yllättäen, että Jasser Arafat oli kuollut. Koska meillä oli tiiviit yhteydet tuolle seudulle ja Will oli viettänyt siellä paljon aikaa, pysähdyin yllättyneenä.

"Jasser Arafat on kuollut", sanoin katsoessani häntä.

Will ei nostanut katsettaan, lopettanut kirjoittamista tai reagoinut mitenkään. Hän vain sanoi: "Eikä ole."

"Onpas. Se kerrottiin juuri uutisissa", sanoin.

"Ei pidä paikkaansa", Will vastasi lyhyesti. "Minulle olisi kerrottu, jos hän olisi kuollut."

Kohotin silmäkulmaani, mutta jatkoin työtäni. Oletin, että hän selittäisi sitten, kun olisi vähemmän keskittynyt tekemisiinsä. Pari tuntia myöhemmin BBC raportoi olleensa väärässä. Jasser Arafat ei ollut kuollut, mutta hän oli vakavasti sairas ja hänet oli viety sairaalaan. Uutinen oli siis väärässä ja Will oikeassa. Hän ei kertonut, miten hän tiesi, eikä ottanut asiaa puheeksi; se oli jälleen yksi asia, josta hän ei voinut keskustella.

Jasser Arafat kuoli kyllä melko pian tämän jälkeen heräämättä koomasta, jota mediassa pidettiin kuolemana.

Will ei ollut usein kotona, mutta silloin kuin hän oli, meillä oli hauskaa. Hän oli edelleen hellä ja lempeä, ja tuntui hyvältä olla osa jotain suurempaa. Hän teki loppujen lopuksi töitä kaikkien hyväksi.

Niin elämä jatkui. Vaikka Will ei toiminut enää alihankkijana, hän oli jatkuvasti liikkeellä, matkusteli ympäri maata etsien uusia IT-töitä ja hankkien dokumentteja, joita hän tarvitsi päästäkseen eroon CIA:sta. Hän sanoi monta kertaa, että hänen oli pysyttävä poissa suojatakseen meitä ja pitääkseen perheen turvassa, mutta ei koskaan selittänyt, mitä hän sillä tarkoitti. Hän lupasi joka viikko, joka päivä, olevansa kotona, mutta häntä näkyi harvoin. Monesti hän kertoi olevansa tulossa ja pitävänsä matkalla yhteyttä. Arviolta puoli tuntia ennen saapumista hän katosi päiväksi tai muutamaksi. Olin jatkuvasti huolissani hänen turvallisuudestaan ja ihmettelin, miksei hän kertonut, ettei voinut tulla kotiin. Aloin pettyä yhä enemmän hänen lupauksiinsa siitä, että asiat muuttuisivat, mutta edelleen uskoin häntä ja takerruin tuohon toiveeseen; olihan tilanne parantunut suuresti aikaisemminkin.

Vaikka hän oli vannonut monta kertaa, että hän olisi paikalla odotusaikanani, hän tuli kotiin yhä harvemmin. Pelkäsin sydän kurkussa hänen henkensä puolesta, vaikka olin viimeisilläni raskaana ja pidin huolta kahdesta pienestä lapsesta yksin.

11

Viesti

LOKAKUU 2004

Sitten, eräänä päivänä, epäilys nosti taas päätään. Ei, tuo ei ole hyvä tapa kuvata sitä. Eräänä päivänä ilmeni jotakin, jota oli mahdoton käsittää ja joka kummitteli unissani monta kuukautta.

Will oli edelleen poissa etsimässä työtä. Olin raskaana, tein töitä ja huolehdin kahdesta pienestä lapsesta, ja ajatus joutumisesta "epätoivottujen" tähtäimeen Willin suojelusta huolimatta aiheutti pelkoa ja paniikkia. Sitten kerran Will soitti vahingossa minulle. Olin kokouksessa ja huomasin hänen jättäneen viestin kännykkäni vastaajapalveluun. Niinpä nousin epäröimättä autoon ja kuuntelin viestin.

Melkein heti oli selvää hänen soittaneen vahingossa, sillä taustalta kuului vain ääniä: nainen ja lapset juttelivat niitä näitä. Kuulosti siltä kuin perhe olisi ollut menossa autoon – liimauduin puhelimeen. Naisen ääni kysyi: "Onko tämä sinun?" Vähintään kaksi kolme lasta hälisi, ja yksi ääni uteli kuuluvasti: "Minne me mennään, iskä? ... Iskä? Minne me mennään?" Sitten kuului Willin ääni, epätyypillisen ärtyneenä, mutta ääni oli varmasti hänen. "Pistäkää turvavyöt kiinni ja heti!" hän ärähti lapsille, ja tunsin vereni hyytyvän suonissani. En voinut uskoa kuulemaani, siinä ei ollut mitään järkeä.

Kuuntelin viestin uudelleen ja uudelleen ja uudelleen. Yritin kuulla jotakin muuta, jotakuta muuta, mitä vain, joka voisi selittää tämän. Kuuntelin Willin ääntä, joka oli niin ärtynyt, niin kiukkuinen. Tuolla tavalla ei puhuta toisen lapsille, mutta oikeastaan en ollut kuullut hänen puhuvan noin meidänkään lapsillemme.

Jälleen soitin hänelle. Jälleen sanoin, että meidän oli puhuttava, että minun oli tiedettävä, mistä oli kyse. Mikä oli totuus! Hän tulikin kotiin tarkastaen huolellisesti, ettei häntä seurattu.

Tällä kertaa hänen selityksensä ei ollut yhtä lauhkea. Hän oli ärtynyt siitä, että kuulustelin häntä taas.

"Sinähän tiedät Michellestä! Sinä tiedät, että pidän häneen yhteyttä ja että hänellä on lapsia! Miksi alennut tällaiseen?" hän jyrisi.

Olin vihainen ja hämmentynyt ja kysyin, olivatko lapset hänen. Huomautin hänen myöntäneen, että hänellä oli ollut aikoinaan suhde Michelleen. Minun oli tiedettävä, oliko hän valehdellut hedelmättömyydestään. Will oli loukkaantunut ja harmissaan ja sanoi, että minun pitäisi kyllä tietää. Hän sanoi kertoneensa heti alkuun, ettei voisi saada lapsia ja että vain hänen suhteensa minuun oli muuttanut sen. Jokin siteessämme, rakkaudessamme, oli yllättäen saanut aikaan elämän. Kuinka saatoin pilkata tuota taikaa, tuota ihmettä, iskemällä tämän vasten hänen kasvojaan?

Kysyin, miksi yksi lapsista oli puhutellut häntä iskäksi. Will vastasi, ettei hän ollut ollut ainoa mies autossa: poika oli puhunut isälleen, joka oli lastannut tarkkailuvälineitä auton perään ja vastannut pojalle. Kai olin kuullut vastauksen? ”En”, sanoin.

En ollut vakuuttunut ja jatkoin samaa rataa. Kysyin, miksi hän sitten oli tiuskinut jonkun muun lapsille. Hän vastasi, että hän oli tuntenut heidät kaikki syntymästä saakka ja oli ollut ainoa pysyvä mies heidän elämässään; toisinaan hän hermostui heihin, varsinkin jos he olivat vaarassa jäädä painavien laitteiden alle. Hän ei muistanut tarkkaan, mitä oli sanottu, mutta säntäilevät lapset ja laitteiden siirtäminen olivat huono yhdistelmä. Hän oli pelännyt, että lapsille kävisi huonosti, elleivät he pysyisi paikallaan.

”Heillä kaikilla on eri isä”, Will selitti. Yksikään todellisista isistä ei ollut usein paikalla, joten Will oli ainoa miespuolinen roolimalli. Hän oli parhaansa mukaan antanut heille vakaan esimerkin ja pitänyt heistä huolta jonkinlaisena perheenä, etenkin koska hänellä ei vielä ollut ollut omaa perhettä.

Hänen ärtymyksensä väheni, ja taas hän piteli minua kädestä ja katsoi minua huolestuneena silmiin. ”Kyllä sinä tiedät, Mary. Sinä tiedät tilanteen, ja minua suututtaa, kun teet sen niin vaikeaksi. Minua suututtaa, kun se tulee väliimme. Kai sinä tajuat, kuinka vaikeaa minulle on olla erossa sinusta ja lapsistamme? Sinä olet koko elämäni enkä tiennyt elämästä mitään ennen kuin kohtasin sinut.”

Jälleen kerran puhuimme tuntikausia, kunnes olin yksinkertaisesti liian väsynyt ajattelemaan. Äitini oli aina sanonut, ettei vihaisena saa mennä vuoteeseen, ja siksi olin pyrkinyt ratkaisemaan kysymykset ennen kuin menin nukkumaan. Olin uuvuksissa, mutta Will piti edelleen kiinni kaikesta sanomastaan. Lapset eivät olleet hänen: he olivat osa perhettä, joka tuki häntä ja toimi hänen tukikohtanaan Britanniassa. Hän vastasi samoihin kysymyksiin yhä uudelleen, kertoi rauhallisesti, että me olimme hänen perheensä ja että hän kertoi totuuden.

Jälleen kerran luovutin enkä epäillyt häntä. Kaikki sopi jo tietämääni, mutta en enää uskonut täysin. Mielessäni oli epäilys, joka kasvoi ja halusi siitä lähtien tulla kuulluksi – totuuden siemen yritti itää tuuheiden, piikkisten, valoa imevien pensaiden varjossa.

12

Kuilu

JOULUKUU 2004

Se oli käännekohta. Elämä jakautui kahteen tarinaan. Joko hän oli lojaali, uskollinen, hellä ja vastuuntuntoinen ihminen ja aviomies tai huijaava, kaksiavioinen valehtelija. Kysymys oli joko-tai. Olin jo edennyt pitkälle tiellä, jolla uskoin hänen olevan uskollinen aviomieheni enkä hetkeäkään kuvitellut, ettei hänen työnsä olisi todellista, sillä suuri osa hänen puheistaan ja teoistaan kävi yksiin sen kanssa, mitä hän oli minulle kertonut. Hän oli yhtä kuin työnsä, hän eli ja hengitti sitä. Toinen tienhaara oli jo ulottumattomissa. En voinut hypätä kyydistä nyt, koska tienhaarojen välissä oli ylitsepääsemätön kuilu.

Pystyin näkemään kuilun toiselle puolelle ja näkemään, mikä siellä odotti – vararikko, isättömien lasten yksinhuoltajuus, epätoivo ja häpeä. Valitsemallani tiellä oli toivo – jatkuva lupaus siitä, että elämä oli parantumassa; rahareikien piakkoinen tukkiminen; lupaus ratkaista ongelmat ja kääntää prosessi päinvastaiseksi; lupaukset että hän olisi kohta enemmän kotona, olisimme perhe ja hän huolehtisi lapsista. Oli kyseessä kaikki tai ei mitään – toivo tai epätoivo.

Historia toisti itseään. Olin yksin ja raskaana ja koetin pärjätä taloudellisesti. Ainakin pystyin puhumaan äidilleni, sillä äiti tiesi tilanteen ja suhtautui siihen kannustavasti eikä arvostelevasti. Hän ei pitänyt siitä, mitä tapahtui, ja oli syvästi huolissaan minusta, mutta hän kätki sen parhaansa mukaan, koska tiesi, että jos hän yrittäisi vieraannuttaa minut Willistä, etääntyisin hänestä. Yritin olla vahva ja näyttää äidille, että selviydyin, mutta ainakin pystyin puhumaan hänelle osittain kokemastani. Kerroin äidille yksinäisyyden ja pelon, kiukun ja surun tunteistani, ja hän oli aina tukenani.

Muut perheenjäseneni olivat yhtä huolissaan. Siskoni yritti monta kertaa saada Willin tulemaan kotiin ja lähetti hänelle sähköposteja, joiden tarkoitus oli vedota hänen vastuuntuntoonsa. Kerran, juuri ennen toisen lapsemme syntymää, siskoni kirjoitti:

Hyvä Will

Kirjoitan sinulle kysyäkseni, mitä aiot tehdä. Pikkusiskoni Mary synnyttää kohta toisen lapsesi, on hyvin väsynyt ja kaipaa tukea. Kai sinustakin olisi aika tulla kotiin ja pitää huolta Marysta ja perheestäsi? Mary on valmis kaikkeen ja tahtoo keskustella työstä, rahapulmista ja mistä tahansa muusta, jos sen takia olet poissa.

Yritä olla rehellinen Marylle – rehellisyys on hyvän suhteen perusta. Perhe-elämä vie aikaa, vaatii työtä, turhauttaa ja toivottavasti tuottaa toisinaan tyydytystä ja hauskuutta (kuten varmaan jo tiedät). Jos tämä vetoaa sinuun, kerro Marylle.

Lapseni tekevät toisinaan minut hulluksi, ja siksi on erittäin hyvä, kun [puolisoni] on iltapäivisin täällä ja voin purkaa sydäntäni. En todella tajua, miten Mary tulee toimeen, kun sinua ei ole lähelläkään.

Mary ei kerro minulle tarkasti, mitä puuhaat, mutta minun täytyi kirjoittaa ja kertoa murheistani ja asettua siskoni ja siskontyttärieni puolelle.

Huolestunut kälysi, Maryn sisko, Isobel

Will vastasi kertomalla Isobelille, kuinka suuresti hän rakasti lapsia ja minua ja kuinka suuresti hän haluaisi olla kanssamme, kun vain voisi.

Joksikin aikaa Isobel rauhoittui ja tunsi, että Will teki kaikkensa, mutta sitten tämä tunne hiipui, kun Will ei tullut. Minulle kävi samoin.

Tuolla kerralla Will avautui hiukan Isobelille ja selitti, että meidän tiemme eivät olleet suinkaan eronneet ja että eniten tässä maailmassa hän haluisi olla kotona ja pitää huolta lapsistamme, sekä kahdesta syntyneestä että yhdestä syntymättömästä. Meidän välisemme jännite johtui ennen kaikkea täyttymättömästä rakkaudesta, turhautumisesta siihen, ettemme voineet tukea toisiamme niin kuin olisimme tukeneet tilanteen salliessa.

Hän kadehti perheemme sisäistä läheisyyttä, ja häntä satutti, että siskoni varmaan luuli hänen viis veisaavan vaimonsa ja lastensa hyvinvoinnista. Will olisi halunnut sanoa hänelle paljon enemmän ja toivoi, että olisi voinut selittää tilanteen tarkemmin. Mutta hän vakuutti, että aika parantaisi haavat ja että etenkin ”kaikkien ympäröivien seikkojen kattavampi selostaminen” näyttäisi hänen tekonsa suopeammassa valossa. Will kirjoitti, että se olisi hänen ainoa lohtunsa, kun hän koettaisi edelleen parhaansa mukaan tulla kotiin minun ja lasten luokse.

Will jatkoi, ettei mikään muu kuin "elämä ja kuolema" voisi estää häntä olemasta rinnallani lapsemme syntyessä: "Minä en ole jättänyt Marya [...] hän on vaimoni nyt ja elämäni loppuun saakka, ja aion viettää lopun ikääni hänen ja perheemme kanssa. Kävi miten kävi, sitä ei muuta mikään [...] Ilman häntä olen vain puolet siitä, mitä voisin olla [...]"

Hän oli Isobelin kanssa samaa mieltä ja vakuutti, että hän tiesi minun olevan kaikkea ja enemmänkin kuin mitä Isobel sanoi, samalla tavoin kuin yksinomaan Isobelin puoliso tiesi, mitä kaikkea Isobel oli ja mitä tämä merkitsi. Will kirjoitti olevansa ylpeä, kun pystyi kutsumaan Isobelia kälykseen.

Willin poissa ollessa velkaannuimme yhä enemmän. Luottokortit olivat saavuttaneet rajansa, mutta hän jatkoi niiden käyttöä päivittäin. Lopulta luottolaitokset sulkivat tilini, mutta vasta kaikkien luottokorttien ylitettyä rajansa 50 prosentilla. Yhden kortin tase oli 15 000 puntaa. Siitä huolimatta Will jatkoi korttien käyttämistä pienillä summilla, 20 tai 30 puntaa silloin tällöin, useita kertoja päivässä. Näin pienet summat läpäisivät luottolaitosten seulan.

Joka kerta, kun korteilta veloitettiin lisää, Will lupasi, ettei hän käyttäisi niitä enää – hän ei tarvinnut lisää. Usein hän väitti, että kyseessä oli virhe, joten soitin luottolaitoksiin, kiistin useita hänen kieltämiään maksuja ja sain jopa uusia kortteja korvaamaan edelliset, kun hän väitti puolustusministeriön kollegojen pompottelevan häntä tahallaan.

Joulukuun 2004 lopulla tilanne muuttui yhä vakavammaksi. Minulla ei ollut jäljellä yhtään rahaa asuntoni myymisestä eikä liioin luottoa. Kaikki rahani olivat menneet, mutta Will tarvitsi vain lisää. Kerran hän soitti minulle hädissään:

”Jotain on ilmennyt, se on minun vikani, koska en osannut varautua yhteen asiaan... ihmiseen.... Tilanne on niin paha kuin olla voi. Tarvitsen kaksituhatta puntaa tänään. Ei yhtään myöhemmin! Keksitkö mitään, Mary?”

”En keksi”, vastasin lannistuneena.

”Entä veljesi tai siskosi? Voivatko he lainata meille? Maksan takaisin parissa viikossa. Tämä on tosi vakavaa, Mary! Älä vain kerro heille, mitä varten rahat ovat! Heidän on parempi luulla, että ne ovat sinulle.”

Hän sanoi, että kaikki olisi ollut turhaa, ellen saisi järjestetyksi rahoja, että menettäisimme kaiken ja että fyysinen vaara oli hyvin, hyvin todellinen.

Olin epätoivoinen. Will oli jo tuhlannut kaiken omistamani, mutta ellen saisi kokoon 2 000 puntaa, kaikki olisi mennyttä. Kysyin veljeltäni, lainaisiko hän minulle. Will oli käskenyt olemaan sanomatta veljelleni, mihin rahat tulisivat, mutta en aikonut alkaa valehdella – se olisi vastoin periaatteitani. Lopulta kerroin veljelleni, että tarvitsin rahat Willin vuoksi, mutta en voinut sanoa syytä. Veli tuli avukseni.

Hän tuli käymään 2 000 puntaa käteistä mukanaan ja kysyi, oliko kaikki hyvin. Olin edelleen pulassa. Kaikki oli niin kaukana hyvästä, etten ollut enää varma, uskoisiko kukaan minua. Jos kertoisin tukahdutetuista epäilyistäni, ne saattaisivat toteutua. Uskoin, että olin kouraantuntuvassa vaarassa, että minua tarkkailtiin ja että minua saatettaisiin kuunnella – jos kertoisin veljelleni, hänkin joutuisi vaaraan.

Niinpä sanoin, että kaikki oli hienosti ja tulisi olemaan kunnossa. Hymyilin ja tiedustelin, miten hänellä meni, sillä hänellä oli omat ongelmansa. Kiitin häntä vuolaasti, ja heti hänen lähdettyään soitin Willille ja sanoin saaneeni hänen tarvitsemansa rahat. Hän käväisi kotona noutamassa ne ja sanoi sitten, että hänen täytyi olla poissa muutama tunti. Siinä ajassa hän veisi rahat sinne, missä niitä tarvittiin, ja tekisi vähän jouluostoksia. Vaikka häneltä olivat rahat vähissä, hän tosiaan halusi ostaa jotain lapsille ja minulle, mikä tuntui liikuttavalta. Hän oli kiitollinen minulle, koska rahojen ansiosta hän voisi olla joulun kanssamme; hän ei kuitenkaan tullut, ja tapasin hänet lyhyesti vasta tammikuussa 2005.

Silloin hän viipyi muutaman päivän, mutta katosi taas pian. Suhteemme vaivasi minua tosissaan. Will lupasi melkein joka päivä tulla kotiin, sanoi olevansa autossa ja matkalla. Hän pyysi monta kertaa raapimaan kokoon 100 puntaa bensiiniin, ja minä tyhjensin joka tilin saadakseni rahat kokoon, mutta hän ei ilmaantunut. Toisinaan hän sanoi rahojensa olevan lopussa ja joutuvansa nukkumaan autossa ilman ruokaa. Useimmiten hän sanoi puhelinsaldonsa olevan lopussa eikä pystynyt edes soittamaan minulle. Hän kytki puhelimensa pois saadakseen nukkua. Joskus hän epäili, että häntä seurattiin, ja teki heti täyskäännöksen varoittamatta minua, ettei johdattaisi "epätoivottuja" kotiimme.

Kerroin äidilleni, että Willin katoamiset alkoivat harmittaa minua, mutta en voinut paljastaa fyysisiä uhkia, joilta Will suojeli meitä, sillä äiti olisi huolestunut liikaa.

Tulin yhä epäluuloisemmaksi, koska Will ei pitänyt lupauksiaan eikä ollut edelleenkään löytänyt työtä, jolla hän elättäisi perheensä. Tammikuussa 2005 kännyköillämme ei voinut soittaa, koska en ollut maksanut sopimuksen mukaista laskua, ja minun täytyi kuunnella vastaajaviestit lankapuhelimella. Koska hänen puhelimensa sekä minun puhelimeni sopimus olivat minun nimissäni, huomasin yllättäen, että saatoin kuunnella hänenkin viestinsä tällä tavalla. Jos vain valitsin ensimmäisen viestin tallentamatta tai poistamatta sitä, hän ei tietäisi minun tehneen sitä. Jos hän ei tietäisi, ei kukaan muukaan.

Jäin koukkuun hänen viestiensä kuuntelemiseen. Tahdoin todisteet puoleen tai toiseen – jostain oli selvittävä, mitä oli tekeillä.

Kuuntelemalla Willin vastaajaviestejä tällä tavoin sain selville, että Michelle oli hänelle vihainen, koska hän oli ottanut Michellen auton ja kadonnut sillä – hän oli sanonut käyvänsä apteekissa ja jäänyt sille tielle. Sain selville, että Will oli ostamassa asuntoa – myöhemmin hän sanoi teeskentelevänsä. Sain selville, että lapsenvahdille ei ollut maksettu ja että välitystoimisto oli siksi hyvin tyytymätön pompottelemiseen. Sain selville, että Will tosiaan jatkoi peitetarinansa ylläpitämistä Michellen kanssa. Minusta ei kuulostanut siltä, että heidän välillään olisi lämpöä tai rakkautta. Michellen ääni oli hyvin asiallinen, kun hän saneli viesteissään käskyjä Willille ja kertoi, mitä oli tehtävä.

Minulla ei ollut vieläkään näyttöä.

Helmikuussa 2005 Will otti taas minuun yhteyttä ja sanoi tarvitsevansa ehdottomasti 5 000 puntaa. Silloin minulla ei ollut yhtään rahaa jäljellä enkä voinut saada lainaa pankilta tai luottolaitokselta. Pyysin veljeltäni taas apua ilman toivoakaan että hän suostuisi, ja hän kysyi, olivatko rahat minulle vai Willille. Kun sanoin niiden olevan Willille, hän tokaisi: "Sitten ei käy." Olin aidosti kiitollinen veljelleni, koska olin siihen mennessä tajunnut, että Willin rahantarve oli pohjaton kuilu.

Siltikään en voinut luopua toivosta, vaan olin kuin uhkapeluri, joka on jo menettänyt kaiken ja löytää taskustaan yhden punnan. Etsiskelin keinoa pusertaa vielä hiukan rahaa. Lopulta myin henkivakuutukseni – ainoan mitä minulla oli jäljellä, pääoman, jonka olin ottanut huoneistoa vastaan. Nostin viimeiset 5 000 puntaa miehelleni, koska mitä muuta olisin voinut tehdä?

Talomme vuokraa ei ollut maksettu, ja vuokranantajat olivat alkaneet ahdistella minua. Will lupasi, että vuokra oli maksettu heidän tililleen ja että kaikki hoituisi. Uskottavuus alkoi heiketä, sillä olin kuullut saman jo aiemmin.

Maaliskuussa 2005 olin viimeisilläni raskaana eikä minulla ollut varaa maksaa ruokaa, vuokrasta ja laskuista puhumattakaan. Minulla ei ollut mitään. Nielin jäljellä olevan omanarvontuntoni ja kysyin äidiltäni, voisimmeko muuttaa heidän luokseen, kunnes lapseni syntyisi. Vanhempani ottivat meidät arvostelematta ja mukisematta vastaan. He antoivat meille ruokaa ja tarjosivat minulle ja tytöille seuraa ja tukea – kun lapsi oli syntymäisillään, tuo oli pelastusköysi, joka antoi minulle hiukan voimaa.

Will väitti edelleen, että talon vuokra oli maksettu, ja sanoi puhuvansa vuokranantajien kanssa suoraan siitä, miksi rahat eivät olleet tulleet perille. Minä jätin koko jutun hänen huolekseen. Yhteydet Williin näyttivät hiipuvan. En ollut nähnyt häntä sitten tammikuun ja sain yhä harvemmin sähköpostia tai tekstiviestejä, vaikka joka kerta hän vannoi olevansa matkalla kotiin.

Sitten, kaksi viikkoa ennen poikamme syntymää, sain epätoivoisen sähköpostin Williltä. Hän pyysi paljon rahaa, ihan kuin monesti ennenkin, mutta tällä kertaa hän meni yksityiskohtiin ja selitti, miksi olimme joutuneet kokemaan niin paljon.

Oli 16. maaliskuuta 2005. Will aloitti tunnustamalla, että tämä oli varmaan vaikein sähköposti, jonka hän oli koskaan joutunut kirjoittamaan minulle. Hän aikoi kertoa luottamuksellisia tietoja, mutta hänen mielestään ei ollut valinnanvaraa, koska minun ja perheemme turvallisuus oli vaakalaudalla. Hän saattoi vain toivoa, että ymmärtäisin ja ehkä jopa antaisin hänelle anteeksi päätöksiä, jotka olivat johtaneet meidät tähän pisteeseen.

Sitten Will varoitti, että hän ei voisi kertoa tilanteesta selkokielellä, vaan vähän peitetysti. Hän kirjoitti, että tiesin jo, missä hän oli ollut mukana, ja että olisi parasta olla panematta liikaa tietoja yhteen sähköpostiin. Hänen oli turvallista kertoa kuitenkin se, että eräiden kotimaan bisnesten takia hänen oli ollut pakko tutustua moniin "vähemmän toivottuihin" henkilöihin ja jopa järjestöihin, joilta sai tietoja, käsiaseita ja toisinaan myös henkilöstöä. Hänen viimeisimmässä kotimaan tehtävässään, joka edellytti soluttautumista Britannian muslimiyhteisöön, oli ollut mukana monta vaarallista henkilöä. Will kuvaili, että mukana oli "tavallisesti välittäjä", henkilö, joka oli jo mukana ja johon luotettiin, mutta josta oli tullut tyytymätön. Viimeisimmässä tehtävässään tuo välittäjä, jonka hän nimitti, oli poika "Bradfordissa toimivalle liikemiehelle, jolla oli monta vuotta ollut yhteyksiä pohjoisen alueen länsivastaiseen toimintaan".

Will oli puhunut minulle tällaisesta toiminnasta monisanaisesti, mutta ei ollut koskaan kirjoittanut siitä. Silloin hän kertoi yksityiskohtaisesti tiedusteluoperaatiosta, jossa hänen oli täytynyt saada joku värväämään hänet ryhmään, josta tarvittiin tietoja. Will paljasti minulle yksityiskohdat ja mukana olevat henkilöt. Järkytyin syvästi, koska kertominen minulle tästä oli aivan uutta ja enteili suuria ongelmia. Hän oli tai me olimme välittömässä fyysisessä vaarassa. Olin samanaikaisesti sekä kauhistunut että kiinnostunut.

Will kirjoitti, että hänen yhteyshenkilönsä pikkuveli oli saanut surmansa vuoden 2001 kesän mellakoissa ja että menetys oli saanut nuorukaisen kyseenalaistamaan sekaantumisensa isänsä toimiin ja niiden suhteen uskonkappaleisiin. Näiden epäilysten ansiosta Will onnistui ystävystymään nuorukaisen kanssa ja taivuttelemaan hänet auttamaan yhteisöön soluttautumisessa.

Kun tehtävä olisi suoritettu, Will eroaisi noudattaen tavanomaisia toimia ja hänen osaltaan asia olisi loppuun käsitelty. Hän ei kuitenkaan ollut varautunut tapaamaan samaa nuorukaista tehtyään sopimuksen cambridgelaisen ohjelmistoyrityksen kanssa. Kun hän oli ollut kaksi kuukautta siellä töissä, hänelle esiteltiin tietokanta-analyytikkoharjoittelija, joka oli "käymässä" Pakistanista. Hän oli sama yhteyshenkilö, mutta oli muuttanut ulkonäköään ja henkilöllisyyttään. Ongelma oli siinä, että hän tunnisti Willin.

Will kertoi, miten "merkitty henkilö" oli tunnistanut hänet, mikä oli johtanut ohjelmistotyön päättymiseen. Siksi elämämme oli äkkiä muuttunut raskaaksi. Aloin tajua, mitä olisi edessä, mutta en edelleenkään ymmärtänyt, miksi Will kertoi tuon kaiken vasta nyt ja noin seikkaperäisesti.

Will jatkoi selittämällä, että taloudellisella avullani hän oli pystynyt järjestämään henkilöllisyyden CIA:sta lähtemistä varten. Hänen oli täytynyt varmistaa, että kaikki jäljet ohjelmistoyrityksestä Cambridgessa johtaisivat Oxfordiin – siis

Michelleen – eivätkä Skotlantiin ja hänen todelliseen perheeseensä. Will kuitenkin arveli, että yhteyshenkilö oli kielinyt muille agenteille hänen olinpaikastaan – varsinkin, kun joku oli katsonut hänen rekisterinumeronsa yrityksessä, jossa hän oli töissä. Seurasi hullunmylly, jonka tavoitteena oli ottaa yhteyttä muihin mahdollisesti osallisiin ja auttaa heitä lähtemään heti vakavien seurausten välttämiseksi.

Will selitti, että hän oli cambridgelaisesta yrityksestä lähdettyään yrittänyt "kadota" ja katkaista kaikki siteet, jotka voisivat osoittaa epätoivottuun suuntaan – varsinkin meihin. Se oli vaatinut paljon työtä ja muuttunut vaikeammaksi, kun hänellä ei ollut enää eräitä todellisen työantajansa eli CIA:n oikeuksia. Hän oli joutunut turvautumaan "vähemmän suotuisiin" keinoihin ja "tekemään vähemmän mukavia asioita", mistä hän oli pahoillaan. "Syynä oli vain se, että olin todella huolissani turvallisuudestasi, ja myös heidän turvallisuudestaan, ja kun odotit vielä vauvaa, en kerta kaikkiaan voinut ottaa sitä riskiä, että olisin jättänyt jotain tekemättä."

Tämä sai selkäpiini karmimaan, ja lukaisin loput viestistä. Jos kerran Will oli huolissaan turvallisuudestamme, olimme vakavassa vaarassa. Hän oli aina luottanut vankkumatta kykyynsä suojella meitä ja olla turvanamme. Nyt hän tuntui vähemmän varmalta, ja se herätti huomioni. Kerrankin ei näyttänyt olevan kyse rahasta, mutta sitten selvisi, mitä hän tarvitsi ja miksi hän oli mennyt yksityiskohtiin. Hän kirjoitti:

Mary, sinun täytyy tehdä jotain hyväkseni. Tiedän että se on vastoin kaikkea sanomaasi ja tuottaa sinulle suurta murhetta, mahdollisesti jopa aiheuttaa joksikin aikaa välirikon sukulaistesi kanssa. Haluan sinun tietävän, että se on ainoa syy, jonka vuoksi olen kertonut kaiken tämän, ja että tämän kirjoittaminen tuottaa minulle äärimmäistä epätoivoa. Minun on saatava lainaksi 5 000 puntaa enkä voi esittää mitään lupauksia takaisinmaksuajasta.

Will tarvitsi 3 000 puntaa perjantaihin mennessä ja 2 000 puntaa seuraavalla viikolla. Jos vahvistaisin sen olevan mahdollista, hän voisi "antaa ohjeet jollekulle toimia välttämättömällä tavalla" ja sitten tulla kotiin torstaihin mennessä.

Mielialani laski; tiesin ettei minulla ollut mitään mahdollisuutta hankkia noin paljon rahaa.

Will jatkoi, että hän aikoi etsiä mitä tahansa työtä, ihannetapauksessa Edinburghista tai sen ympäristöstä, aloittaa taloudellisesti ja henkilökohtaisessa elämässä uudelleen alusta ja palauttaa menetetty ennalleen. Hän pitäisi velkojat aisoissa lupauksilla ja juonilla ja sitten tekisi lujasti töitä maksaakseen velat. Hän tahtoi nauttia poikamme elämän ensimmäisistä kuukausista, nähdä jälleen kerran tyttärensä ja ennen kaikkea vaimonsa. Hän sanoi, ettei voinut toimia muullakaan tavalla. Vaihtoehtoa ei ollut, eikä hän voinut kuvailla, mitä tapahtuisi, ellen tulisi apuun. Hän sanoi, että menneisyydessä hän oli aina vähätellyt toimintaansa liittyviä riskejä, mutta enää se ei käynyt. Kuten hän korosti, hän ei ollut koskaan nostanut meteliä tyhjästä.

Will kertoi, ettei minun missään tapauksessa pitänyt kertoa kenellekään, mistä oli kyse. Kukaan muu ei saanut tietää, vaikka se olisi minulle kuinka vaikeaa. Hän korosti, etten saisi keskustella tilanteesta vanhempieni kanssa: "He eivät saa missään nimessä tietää tästä, Mary, meidän kaikkien tähden." Hän tajusi, että minun täytyisi ehkä valehdella saadakseni rahat. Hän tunsi syyllisyyttä, mutta muutakaan keinoa ei ollut. Ainoa myönnytys oli se, että jos kaiken jälkeen haluaisin tietää, mitkä hänen ”ohjeensa” olivat olleet, hän kertoisi minulle. En tietenkään saisi kertoa kenellekään muulle. Hän myös lupasi olla vaarantamatta kenenkään henkeä.

Will kirjoitti, että hän oli monta tuntia kerännyt rohkeutta lähettää viesti, mutta asialle ei voinut enää mitään. Hän sanoi, ettei hänellä tosiaan ollut valinnanvaraa, ja oli murheissaan siitä, että hän otti minuun kunnolla yhteyttä vasta kahden kuukauden kuluttua tämänkaltaisella viestillä, joka vielä huolestuttaisi minua juuri ennen poikamme syntymää.

Viestin kaikista peitellyistä uhkauksista huolimatta en kyennyt tekemään mitään. Vaikka hän lupasi tulla kotiin, jos vain löytäisin ratkaisun, en uskonut hänen tulevan. Tiesin, ettei minulla ollut enempää myytävää eikä mitään keinoa saada lisää rahaa enkä aikonut valehdella vanhemmilleni. Tämä oli meidän sotkumme eikä heidän enkä halunnut aiheuttaa heille samanlaista velkakierrettä ja samanlaista ansaa, en varsinkaan huijaamalla. Mielessäni ja sydämessäni oli raja. Sitä ei ollut ylittäminen. Minulle riitti. Olin vararikossa ja olin pettänyt aviomieheni ja lasteni isän; minulla ei ollut mitään jäljellä eikä mitään annettavaa.

Itkin lannistuneena hyväksyen, että kaikki oli mennyttä, ja sitten kirjoitin Willille.

Voi rakkaani,

En tosiaan tiedä mitä tehdä... En voi pyytää enempää rahaa perheeltäni... He eivät lainaa sitä minulle. Neil ja Isobel ovat kuluttaneet käytettävissään olleet varat. He eivät varmaankaan lainaisi, vaikka rukoilisin, koska en ole maksanut takaisin Neilille sitä 2 000 puntaa, jonka lainasin jouluaattona. Will, en todellakaan tiedä, mistä saisin nuo rahat. Olen ihan puilla paljailla ja olen yrittänyt hankkia luottoa itselleni pysyäkseni hengissä!

En tiedä, mitä voisin tehdä, en tosiaan tiedä. 5 000 puntaa on paljon enemmän kuin saisin mistään irti. Minulla ei ole muuta myytävää, ja kuinka voisin pyytää joltakulta?

Luoja, Will, sinä taatusti tiedät, etkö tiedäkin, mitä minä muka voisin tehdä?

Will vastasi tuona iltana ja pyysi taas minua keksimään jotain. Hän kirjoitti: "Voin sanoa vain sen, että jos villeimmissä kuvitelmissasi löydät ratkaisun, nyt on viimeinen tilaisuus."

Hän aneli apuani, ja se tuotti hänelle selvästi tuskaa. Hän myönsi olevansa surkea aviomies juuri nyt ja sanoi taas olevansa pahoillaan.

Olin epätoivoinen, mutta mitään ei ollut tehtävissä. Ei mitään. Tiesin, että olin jättänyt hänet pulaan ja että kaikki oli varmaan ohi, mutta tavallaan tiesin senkin, että muuten mikään ei olisi koskaan ohi. Osa minusta oli helpottunut siitä, ettei minulla ollut jäljellä mitään annettavaa.

13

Valmistelun alku

HUHTIKUU 2005

Willin toisen anelukirjeen jälkeen toistin, etten voinut tehdä mitään. En saanut vastausta, ja pelkäsin hänen henkensä puolesta. Seuraavina päivinä lähetin tekstiviestejä ja sähköposteja haluten vahvistuksen sille, että hän oli edelleen elossa. Hän vastasi, mutta vain lyhyesti, ja sanoi, että hänen täytyi olla enimmäkseen liikkeellä. Hän sanoi ymmärtävänsä, etten voinut auttaa, ja että hän antoi minulle anteeksi. Hän ei kertaakaan sanonut, mitä hän teki, lupasi vain järjestää asiat, jotta hän voisi tulla kotiin poikamme syntymän aikaan. Hän kehotti minua lähettämään tekstiviestin, kun synnytys alkaisi, ja hän tulisi sinne, vaikka mikä helvetti olisi valloillaan.

Poikamme syntyi 1. huhtikuuta 2005. Ilmoitin Willille tekstiviestissä, että supistukset olivat alkaneet, ja hän ilmoitti olevansa matkalla ja tulevansa varmasti paikalle. Jälleen kerran äitini kuljetti minut sairaalaan ja oli tukenani, pidellen minua kädestä. Tällä kertaa synnytys oli mutkattomampi, sillä supistukset tekivät ponnistukset tarpeettomiksi saaden minut tuntemaan kuin tarkkailisin tilannetta ulkopuolisena. Onneksi sain ilokaasua ja ilmaa kipujen vähentämiseen enkä pelkkää happea!

Osasin niin hyvin hillitä ilmeeni, ettei kätilöillä ollut aavistustakaan, kuinka lähellä synnytys todella oli. Sanoin heille rauhallisesti, että vauva oli tulossa, mutta kun kerran en huutanut, he eivät ottaneet minua todesta. Kätilö huomautti, kuinka rennosti suhtauduin tapahtumaan, mutta sitten ällistyttävän voimakas supistus ryöpsäytti lapsivedet ulos ja yllätti kätilön. Koska hän oli lähietäisyydellä, hän oli märkänä rinnasta varpaisiin. Sitten, jättämättä meille aikaa reagoida tai minulle tilaisuutta ponnistaa, Zach syöksähti maailmaan kuin rugbypallo. Zach oli komea 4,4-kiloinen poikavauva, joka näytti täysin yllättyneeltä tylystä tupsahtamisestaan maailmaan.

Koska äitini täytyi mennä takaisin auttamaan isääni kahden tyttäreni hoivaamisessa, hän ei ollut olettanut olevansa paikalla niin kauan, että näkisi poikani syntymän. Zach kuitenkin syntyi parissakymmenessä minuutissa sairaalaan saapumisemme jälkeen, joten äitini ei ollut ehtinyt lähteä. Olin iloinen siitä, että hän oli paikalla ja että minulla oli joku, jonka kanssa jakaa kokemus. Äitini oli vaikuttunut nähtyään minun synnyttävän kahdesti huutamatta tai kiljumatta, kun vain toisella kertaa olin saanut kivun lievittämiseksi pelkästään ilokaasua ja ilmaa. Olin onnistunut keskittymään tulokseen kivun sijasta ja nautin kokemuksista pelkäämättä niitä. Se heijasteli yleistä näkökulmaani elämään.

Zach oli täydellinen, ja rakastuttuani häneen hetkessä vietin tuntikausia katsellen häntä ihmeissäni. Koko sairaalassa viettämäni puolen vuorokauden ajan odotin kuitenkin taas aviomieheni tuloa ja vilkuilin yhtä mittaa ovelle. Kun soitin hänelle ja kysyin, missä hän oli, hän vastasi olevansa matkalla ja olevansa kohtapuoliin perillä. Hän ei tullut sairaalaan, ja vaikka hän kertoi tekstiviesteissä, kuinka ylpeä hän oli minusta ja pojastamme, häntä ei näkynyt myöskään kotona.

Perheeni alkoi olla hyvin huolissaan vuokseni ja ihmetteli kovasti, miten Will oli pystynyt olemaan poissa toisenkin lapsensa syntymähetkellä. Siskoni Isobel kirjoitti jälleen Willille huolistaan yrittäen olla avuksi ainoalla tavalla, joka hänen mieleensä tuli. Hänkin sai vain lupauksia, että Will olisi luonani jos vain voisi.

Olin luullut, että odotusaika merkitsi yhdeksän kuukautta kestävää hemmottelua ja hoivaa. Minulle tuotaisiin jäätelöä ja suolakurkkuja keskellä yötä mielitekoja tyydyttämään, ja kun lapsi olisi syntynyt, aviomieheni ja minä tökkisimme toisiamme ja sanoisimme, että on ”sinun vuorosi” käydä vauvan luona. Olin kuvitellut sen olevan kahden toisiaan rakastavan aikuisen yhteinen kokemus. Todellisuus oli hieman erilainen. Olin synnyttänyt kolme lasta, kaikki kutakuinkin yksin. Tiesin että Zach olisi viimeinen vauvani ja ettei vastaavaa olisi enää koskaan edessä, joten luovuin tuosta unelmasta.

Will näki poikansa toukokuussa 2005, kun olin keskustellut vuokratalon omistajien kanssa ja lupautunut suosiolla siirtämään tavaramme varastoon. Will oli matkustellut ympäri maata yrittäen selvittää sotkua, jossa hän oli sen takia, etten ollut pystynyt hankkimaan hänen tarvitsemiaan rahoja. Hän oli nukkunut autossaan ja muutenkin eli hyvin epämukavasti. Tapansa mukaan hän ei kuitenkaan halunnut mennä yksityiskohtiin tai kertoa minulle, mitä oli tekeillä, vaan sanoi, että oli parempi kun en tiedä. Saadakseen edes jotain työtä Will tarvitsi palvelimet, joten hän tuli noutamaan ne ennen kuin muutin pois. Hän otti myös etälamauttimen, koska en halunnut viedä sitä vanhempieni kotiin.

Zach oli silloin kuusiviikkoinen, ja Will oli hänen lumoissaan. Will piteli poikaansa käsivarsillaan ja leikki hänen kanssaan. Minulle tuli ihana ilon tunne nähdä heidät yhdessä. Olin loukkaantunut ja vihastunut siitä, ettei Will ollut tullut synnytykseen, ja musertunut siitä, että olin käynyt kokemuksen läpi taas ilman häntä, mutta mennyt oli mennyttä enkä ole koskaan vatvonut vääryyksiä. Will sanoi, että jo tuleminen noutamaan palvelimia oli vaarallista, joten taas kerran annoin kaiken anteeksi. Vietimme pari päivää pakaten tavaroita varastoon, ja sitten Will ajoi pois palvelimet auton tavaratilassa.

Kesäkuussa 2005 asiat yllättäen kohenivat. Will oli löytänyt toisen alihankkijan, joka voisi tehdä yritykselle töitä. Hänen nimensä oli Alice, ja Will oli tehnyt hänen kanssaan urakkasopimuksen – meidän yrityksemme toimisi kuin työvoimapalvelu eli Alice tekisi työt, me laskuttaisimme tilaajaa ja maksaisimme sitten Alicelle joka viikko kiinteällä tuntihinnalla.

En nähnyt sopimusta, sillä Will allekirjoitti sen itse, mutta Alicen oli näköjään tarkoitus ansaita yritykselle 415 puntaa päivältä. Siksi minusta tuntui oudolta, että Alice oli suostunut työskentelemään 800 punnalla viikko. Tiedustelin tätä Williltä moneen kertaan, mutta hän väitti järkkymättä, että kaikki oli kuin piti. Hän sanoi, että Alice ansaitsi paljon enemmän kuin oli saanut aiemmin ja että kun tämä olisi ollut palveluksessamme muutaman kuukauden, tämä saisi palkankorotuksen tai otettaisiin työntekijäksi. Tarkoitus oli katsoa, miten tilanne etenisi kolmessa kuukaudessa.

Halusin keskustella Alicen kanssa, joten Will antoi hänen numeronsa, mutta sanoi Alicen olevan aika hermostunut. Will kertoi oppineensa tuntemaan Alicen, kun tämä oli monta vuotta sitten toiminut CIA:n hallintohenkilönä Britanniassa, ja törmännyt tähän äskettäin uudelleen. Alice oli ollut väkivaltaisessa suhteessa ja toipui siitä. Will kehotti olemaan sanomatta meidän olevan naimisissa, koska se voisi vähentää hänen luottamustaan yritykseen. Puhuin Alicen kanssa ja sain pankkitilin tiedot palkan maksamista varten. Hän vahvisti 800 punnan viikkopalkan.

Will sanoi minulle, että Alicen oli tarkoitus saada rahat viikoittain neljänä ensimmäisenä viikkona ja sitten kuukausittain. Sovin tästä pankin kanssa, ja Alice aloitti työt heinäkuussa 2005.

Sitten Will sai itselleen sopimuksen toimimisesta varapääministerin kansliassa Lontoon keskustassa. Kun terroristihyökkäyksiä oli menossa ja varsinkin kun Lontoossa räjäytettiin pommeja heinäkuussa, en ollut kovin iloinen tästä. Will sen sijaan oli innokas ottamaan työn vastaan. Hän vaikutti ottavan huoleni vakavasti, mutta tarve tehdä töitä oli suurempi ja tilaisuus houkutteleva. Will toimisi kanslian uuden talousjärjestelmän IT-alihankkijana, mikä saattaisi avata hänelle ovia.

Kummastelin, miten Will oli onnistunut pääsemään tällaiseen rooliin, sillä uusien työntekijöiden tausta tarkastetaan, mutta hän sanoi, että oli ollut helppoa päästä läpi. Sopimusta hänelle tarjonnut toimisto oli pyytänyt häntä tuomaan ensimmäisenä työpäivänään henkilöpaperinsa, eritoten passinsa, jota hänellä ei enää ollut. Hän kertoi kiertäneensä turvamääräykset ilmoittamalla itsevarmana, että tarkastukset oli jo tehty ja hänen passinsa oli kopioitu edellisellä viikolla. Joka tapauksessa hän onnistui ja aloitti työt elokuussa 2005. Tavallisena kansalaisena minua häiritsi vaivattomuus, jolla hän oli kiertänyt valtion sisäisen turvallisuuden.

Yrityksellä oli nyt kaksi tulonlähdettä, ja rahaa alkoikin jälleen tulla. Rahat talletettiin yritystileille, ja Will ja minä päätimme aluksi maksaa pois hänen hankkimansa velat. Hän otti loput ja pyysi minua tallettamaan ne vanhalle yritystilille, jota hän käytti "kulujen" kattamiseen, sekä M. Haywardin tilille, johon hänellä oli käyttöoikeus. Rahat eivät riittäneet arvonlisäveroihin ja muihin veroihin, mutta Will sanoi yhtä mittaa, että arvonlisäverot eivät merkinneet fyysistä uhkaa ja voisivat odottaa.

Sen sijaan emme voineet jättää sivuun toistuvia vaatimuksia rahoitusyhtiöltä, jonka kautta olimme ostaneet Mercedes-maasturin. Olimme jääneet kuukausia jälkeen lyhennyksistä, ja he vaativat saattamaan tilin ajan tasalle, mutta en mitenkään pystynyt siihen. Yhä uudelleen kehotin Williä vähintään palauttamaan auton. Uhkasin häntä jopa poliisilla, mutta en tosiaan tiedä, mitä olisin sanonut. Joka päivä Will lupasi palauttaa auton pikimmiten. Sitten autoon tuli vika, ja se toimitettiin englantilaiseen Mercedes-huoltoon korjattavaksi, joten hän ei mitenkään voinut saada sitä mukaansa. Rahoitusyhtiö sai tarpeekseen Willin tekosyistä ja haastoi minut oikeuteen.

Will keskusteli rahoitusyhtiön juristien kanssa ja sopi maksuehdoista ennen oikeudenkäyntipäivää, joten oikeudenkäynnistä tulisi pelkkä muodollisuus. Hän sopi 950 punnan kuukausimaksusta, mikä oli täysin epärealistinen. Hän ei kuunnellut, kun sanoin, ettemme pystyisi maksamaan niin paljon, vaan kehotti minua luottamaan häneen.

Oikeudenkäynti oli erittäin epämiellyttävä kokemus. Prosessi oli minulle aivan tuntematon ja tuntui kauhistuttavalta. En voinut uskoa, kuinka paljon elämäni oli muuttunut viidessä vuodessa. Ennen Willin tapaamista olin vain harvoin saanut karhukirjeen, ja vaikka en ollut mikään nero rahojen kanssa, minulla oli 2 000 puntaa säästössä, asunto, jonka lainaa olin lyhentänyt kymmenen vuotta, henkivakuutus ja hyvä vakituinen työpaikka. Nyt minut oli haastettu oikeuteen maksamattomien velkojen takia. Ennen minusta oli tuntunut kuin koko maailma olisi avoinna minulle; olin ollut suruton, iloinen ja hauska. Nykyisin olin kaiken aikaa peloissani, en saanut unenpäästä kiinni ja tunsin joutuneeni ansaan. Mikä pahinta, pystyin näkemään, miten olin muuttunut, mutta en löytänyt keinoa palata ihmiseksi, joka olin ennen ollut.

Tuohon saakka olin koettanut suhtautua uusiin kokemuksiin horisonttini laajentamisena. Olin esimerkiksi pelännyt korkeita paikkoja, joten tein benjihypyn kohdatakseni pelkoni antamatta sen hallita itseäni. Yritin kovasti ajatella oikeudenkäyntiä samalla tavoin, mutta se oli kuitenkin äärimmäisen epämiellyttävää. Ennen oikeudenkäyntiä istuin autossa ja itkin kokonaisen tunnin. Olin niin kaukana omista ympyröistäni, että tunsin hukkuvani. Will oli vannonut, ettei antaisi minun mennä oikeuteen yksin, vaan hän olisi mukana. Tuolloin en enää edes kohottanut kulmiani, kun hän ei tullut. Oikeastaan olin odottanut sitä.

Itse oikeussali oli melko pelkistetty paikka, jota ei ollut syytä pelätä. Olin kuvitellut sen televisiosarjojen istuntosaliksi puupanelointeineen ja korotettuine syytettyjen penkkeineen, jonka takana minun täytyisi seistä. Todellisuus oli ihan toista. Salissa oli viisi tuoliriviä, jotka oli järjestetty teatterin tapaan keskioven kummallekin puolelle. Keskellä oli pitkä pöytä suorassa kulmassa tuomarin pöytään, jotta kumpikin vastapuoli näki tuomarin edestä.

Kun kävelin saliin, asiansa käsittelyä odottamassa istui ihmisiä ja paljon enemmän kaapuihin ja peruukkeihin sonnustautunutta oikeusistuimen henkilöstöä edustamassa läsnä tai poissa olevia asiakkaitaan. Kysyin nuorelta naisjuristilta, mitä minun piti tehdä, ja hän kehotti katsomaan pöydällä olevasta luettelosta, milloin minun tapaustani oli tarkoitus käsitellä, ja sitten odottamaan kutsua. Tein työtä käskettyä.

Tuntuu vaikealta ja alentavalta seistä sellaisen muukalaisen edessä, joka kirjaimellisesti katselee alaspäin ja antaa tuomionsa. Koko prosessi on hallitsemattomissa ja saa tuntemaan olonsa nöyryytetyksi. Kun nimeni huudettiin, jalkani tuntuivat äkisti mahdottoman raskailta, kuin olisin kahlannut kylmän puuron halki salin etuosaan. Tunsin, miten oman asiansa käsittelyä odottavat kymmenkunta muuta ihmistä tuijottivat.

Rahoitusyhtiön juristi vahvisti, että oli tehty sopimus. Tuomari moitti häntä sen vuoksi, että möhlineet asiakirjan kanssa: sen mukaan he halusivat takaisin auton arvon käteisenä ”ja” itse auton eikä ”tai”, mikä oli liikaa pyydetty! Myös oikeudenkäyntikulut puuttuivat. Sitten tuomari kääntyi minun puoleeni ja esitti muutaman kysymyksen – olen unohtanut, mitä ne olivat. Lopuksi sanottiin, että istunto oli ohi. Minulla ei ollut aavistustakaan, mitä oli tapahtunut tai mitä oli päätetty. Olin ollut paikalla vain fyysisesti, mutta näköjään Willin tarjous oli hyväksytty ja ensimmäinen erä kuului maksaa kuukauden lopussa. En voinut uskoa, että niin voisi todella tapahtua.

Turha todetakaan, että maksua ei kuulunut, ja kuukauden kuluttua oikeus käski palauttamaan auton – mutta minulla ei ollut sitä.

Koko oikeuspelleilyn tavoite oli saada Willille vielä yksi kuukausi autonkäyttöaikaa. Olin kokenut nuo hankaluudet vain siksi, että hän voisi lykätä vääjäämätöntä. Kirjoitin juristeille, että auto oli Mercedes-liikkeessä jossain päin Englantia. Sen jälkeen en ole kuullut heistä mitään.

Sillä välin äitiyslomani oli päättynyt, ja ryhdyin jälleen toimimaan markkinointikonsulttina ja motivaatiokouluttajana ja päätin etsiä asunnon, johon muuttaa. Asuin edelleen vanhempieni luona ja tarvitsin oman asunnon, jossa pääsisin jaloilleni ja tulisin toimeen ilman Williä. Hän oli kertonut asioiden alkavan viimeinkin luistaa, mutta en voinut jättäytyä vain sen varaan. Elokuussa 2005 löysin sopivan asunnon, jonka vuokra ei ollut liian suuri, ja muutin sinne kolmen lapseni kanssa.

Williä näkyi silloin tällöin, välillä joka toinen viikonloppu. Kohta muuttoni jälkeen kävimme jopa Lontoossa siskoni Isobelin huolehtiessa lapsista – pari päivää hotellissa. Kävimme katsomassa *Oopperan kummituksen* ja menimme sen jälkeen japanilaiseen ravintolaan, jonka henkilökunta ilmeisesti tunsi Willin ja tervehti häntä lämpimästi. Kun olin kysynyt, mistä he tunsivat hänet, Will selitti lounastavansa siellä usein. Ravintola oli kodikas paikka, jossa asiakkaat istuivat keittolevyn kolmella puolella ja kokki valmisti ruokaa kaikkien nähden. Kokki jutusteli Willin kanssa, ja me molemmat nautimme hänen ruoanlaittosuorituksistaan. Ruoka oli herkullista, ja ilta oli miellyttävä.

Matkalla Will puhui usein Alicen kanssa puhelimessa ja selitti, että Alice oli joutunut väkivaltaisen ex-miehensä häirinnän uhriksi ja tarvitsi jonkun, jolle puhua. Will jatkoi, että CIA:ssa Alicen luulot olivat karisseet – eihän se ollut ihme, sillä häntä oli käytetty hyväksi. Ei tuntunut kovin kummalliselta, että Alice katosi pari kuukautta Lontoon-matkamme jälkeen. Will oli hyvin harmissaan, mutta sanoi, että Alicen eno oli kuollut ja että Alice oli mennyt surevan äitinsä tueksi.

Will toi palvelimet takaisin ties mistä. Mutta koska asunnossani ei ollut tilaa niiden asentamiseen, enkä sitä halunnutkaan, Will sijoitti vain pienen sähköpostipalvelimen kaappiin. Muut kiintolevyt ja palvelimet joutivat varastoon.

Lokakuussa 2005 veljeni Neil ja hänen morsiamensa Cathy pyysivät meitä illalliselle. Se oli yksi harvalukuisista tilaisuuksista, joihin Will tosiaan tuli. Neil on 46-vuotias rugbynpelaaja, jolla on tuohon peliin sopiva ruumiinrakenne ja joka pystyy juomaan jokaisen tuntemani henkilön pöydän alle. Hän on iloluontoinen kaveri, joka nauttii elämästä täysillä, jolla ei ole lapsia kahleenaan ja joka on löytänyt täydellisen naisen jakamaan huvit kanssaan. Neil oli päättänyt, että oli aika tutustua aviomieheeni paremmin ja panna hänet koville. Will taas ei kestänyt alkoholia yhtään. Jos hän joi pari drinkkiä, hän alkoi puhua sivu suunsa, ja olin monesti täyttämällä hänen lasinsa saanut hänestä selville enemmän kuin hän olisi halunnut paljastaa.

Pelkäsin Willin nolaavan itsensä puhumalla veljelleni liikaa, jos olisi päissään, joten sovimme avainsanasta. Sanoisin ”setä”, mikäli Will kertoisi liikaa ja saisi katua seuraavana aamuna.

Ilta oli hyvin miellyttävä ja rento. Me neljä söimme loistavan aterian ja tulimme oikein hyvin toimeen keskenämme. Veljeni asunto on hyvin viihtyisä, ja istuimme olohuoneessa illallisen jälkeen poikien juodessa lisää viiniä ja Willin puhuessa yhä avoimemmin työstään. Puolivälissä iltaa lakkasin hokemasta avainsanaa ja sanoin Willille, ettei hänen varmaankaan pitäisi jatkaa keskustelua. Veljeni oli kitannut alkoholia suurehkon veneen upottamiseen riittävän määrän, ja pöydällä lojui ainakin kuusi tyhjää punaviinipulloa. Kun ottaa huomioon, etten minä ajajana juonut yhtään ja Cathykin joi vain pari lasillista, voi kuvitella, missä tilassa miehet olivat.

Veljeni ei muista kaikkea sanottua, mutta muistaa kyllä sen, että Will esitteli taitoaan puhua hepreaa, espanjaa ja japania ja kertoi Jeninissä verilöylyn aikana tehdyistä hirmuteoista. Will kuvaili, miten hän oli selvinnyt hengissä raunioissa ja miten hän ja hänen joukkueensa olivat joutuneet välttelemään vihollisjoukkoja ennen kuin heidän oma väkensä tuli noutamaan heidät. Hän puhui tehtävistään ja komennuksistaan ulkomailla, CIA:n käskystä tekemistään asioista, miten hän oli alkuaan päätynyt tiedustelupalveluun ja miten hän oli myöhemmin menettänyt uskon tekemisiinsä. Hän puhui jopa John F. Kennedyn ampumisesta ja sanoi, että siinä oli käytetty CIA:n tilaamaa teflonpäällysteistä luotia. Siviili ei olisi tuolloin saanut vastaavaa luotia, joten CIA:n täytyi olla sekaantunut murhaan.

Will joi päättömästi ja etsiytyi sitten vessaan. Kun häntä ei kuulunut takaisin, menimme vessaan katsomaan. Will oli lyyhistynyt pytyn viereen, oli sairaan vihreä ja oksensi monta kertaa. Hän jäi vessaan koko illaksi, ja veimme sinne jopa patjan että hän jaksoi antaa ylen pyttyyn yhä uudelleen. Cathy on sairaanhoitaja ja kävi säännöllisesti tarkastamassa tilanteen, sillä hän pelkäsi Willin saaneen alkoholimyrkytyksen. Jätin Willin toipumaan ja palasin itse lasten ja lapsenhoitajamme luokse.

Tuon illan jälkeen Neil oli vihdoinkin vakuuttunut, että Will oli se, mikä hän sanoi olevansa. Aviomieheni oli läpäissyt veljeni kokeentapaisen, ja yksi perheenjäseneni lisää tiesi ja ymmärsi, millaista elämää olin yksinäni viettänyt viisi vuotta. Vaikka arvelin Willin joutuvan katumaan sitä, ilta teki oloni varmemmaksi. Kun Will oli saanut kerrotuksi tapahtumista jollekulle toiselle, minä sain kaipaamaani tukea ja ymmärrystä rikkomatta vaitiololupaustani.

Will voi huonosti pari päivää, mutta hän sanoi nauttineensa illasta eikä katunut sanomisiaan. Hän lisäsi että hän luotti veljeeni ja hänen morsiameensa ja että jos se auttoi minua jaksamaan, sitä parempi.

14

Vapaudu vankilasta ilmaiseksi -kortti

MARRASKUU 2005

Marraskuussa 2005 Will pidätettiin. Hän soitti ja pyysi ilmoittamaan varapääministerin kansliaan, että hän tulisi myöhässä töihin. Kaikki on kunnossa, hän sanoi. Mercedes-liikkeessä oli ymmärretty väärin: he olivat veloittaneet tekemästään työstä väärää luottokorttia, ja tilanne olisi helppo selvittää. Will pääsisi pian pois, koska hän voisi käyttää sanaa, joka osoittaisi hänen kuuluvan tiedustelupalveluun.

Will oli välinpitämätön ja tyyni, joten noudatin hänen pyyntöään ja ilmoitin varapääministerin kansliaan, että hänellä oli viivytys. Willin esimies ei nostanut meteliä, vaan kehotti minua olemaan murehtimatta.

Myöhemmin samana päivänä sain poliisilta puhelun, joka koski Mercedestä. Poliisit kysyivät, missä auto oli, sillä se oli rekisteröity minun nimiini. Vastasin että aviomieheni ajoi sitä Englannissa. He kiittivät ja lopettivat puhelun. Will oli raivoissaan minulle, kun olin mennyt kertomaan sen heille. Hän sanoi minun saattaneen meidät kaikki vaaraan, joskaan en tajunnut miten. Hän väitti poliisin olevan ihan muuta kuin miltä näytti ja kuuluvan isompaan kuvaan. Kysyin mitä vaaraa siinä oli, että joku tiesi hänen ajavan tuota autoa. Will vastasi, että nyt he tiesivät minun olevan hänen vaimonsa ja voisivat käyttää lapsia ja minua päästäkseen käsiksi häneen. En pystynyt ymmärtämään, miksi asialla oli niin suuri merkitys Willille, mutta toisaalta en tuolloin aavistanut, miten ratkaiseva käänne se tulisi olemaan hänelle.

Will huokaisi ja vakuutti, että kaikki kääntyisi parhain päin ja hän selvittäisi pulman. Hän kuitenkin lisäsi, että asiat menisivät huonommin ennen kuin ne muuttuisivat parempaan suuntaan.

"Edessä on kuoppaista tietä, ja nyt sinun on aika päättää, mihin todella luotat", hän sanoi.

Olin varma vain siitä, että työ oli totta – CIA, vaara ja pelko. Päätin luottaa häneen ja uskoin hänen pitävän meidät kaikki turvassa.

Hänen toimiaan koskevan tutkimuksen aikana varapääministerin kanslia sai tietää, että Will oli pidätetty petoksesta, ja irtisanoi hänen sopimuksensa. Jälleen kerran hänellä ei ollut tuloja. Jälleen kerran olin taloudellisesti omillani ja vastasin hänen kyltymättömiin rahapyyntöihinsä.

15

Viimeinen käynti

TAMMIKUU 2006

Will oli moneen kertaan luvannut tulla kotiin jouluksi, mutta, kuten tavallista, jotain kiireellisempää tuli väliin. Hän kertoi suojelevansa meitä ja perheen turvallisuuden olevan varsinkin nyt tärkeämpää. En valittanut hänen poissaolostaan, mutta kylläkin siitä, että yritystiliä oli käytetty toisen vuokra-auton maksamiseen. Hänen käyttämänsä tili oli ylitetty sen takia, että jostain tuntemattomasta vuokra-autosta oli maksettu 750 puntaa. Hän sanoi jonkun erehtyneen ja selvittävänsä asian.

Kun hän tuli käymään tammikuun alussa, vietimme joulua yhdessä lasten kanssa ja availimme lahjoja – monia meiltä hänelle osoitettuja ja joitain hänen meille tuomiaan. Perheemme oli yhdessä viimeistä kertaa. Will leikki lasten kanssa ja halasi minua. Hän siivosi ja teki aterian. Hän kertoi, että hän oli nyt kotona, että tilanne oli muuttunut, että hän saisi hyvin pian työpaikan, normaalin työpaikan, sillä hän oli viimeinkin päässyt eroon tiedustelupalvelusta.

Vaikeuksia oli silti edessä – kuoppia tiessä. Poliisit olivat pidättäessään hänet löytäneet autosta etälamauttimen sekä papereita, jotka liittyivät hänen peitetarinaansa. Koska osa papereista koski hänen kollegaansa Michelleä, poliisi harkitsi hänen syyttämistään kaksiavioisuudesta. Sikäli ei olisi hätää, koska dokumentit olivat väärennöksiä ja poliisien täytyisi löytää aito vihkitodistus saadakseen syytteen läpi. Sellaista ei tietenkään olisi, koska Will ei ollut aidosti naimisissa Michellen kanssa. Virallinen keskustiedustelupalvelu iskisi kirveensä kiveen, ja vaikkei iskisikään, syytteet kaksiavioisuudesta, petoksesta ja tuliaseen hallussapidosta merkitsisivät vain paria kuukautta vankilaa. Se ei tuottaisi hänelle vaikeuksia. Oikeastaan se merkitsi lomaa, koska hänen ei tarvitsisi paeta ja piilotella koko aikaa. Will sanoi monta kertaa olevansa helpottunut, koska hän pääsisi vapauteen eikä tämä enää häiritsisi hänen elämäänsä. Häntä ei voitaisi syyttää kahdesti samasta rikoksesta, ja päästyään vankilasta hän tulisi pysyvästi kotiin.

Huomattuani hänen ottavan koko jutun kevyesti – hän oli melkein riemuissaan – tunsin oloni rauhalliseksi. Suhtauduin kaikkeen myönteisesti ja toivoin parasta. En halunnut hänen joutuvan vankilaan – ajatuskin kauhistutti – mutta Will ei ollut hermona. Koska hänellä oli musta vyö karatessa, hän ei pelännyt ketään, ja hän tiesi jo, mitä oli odotettavissa.

Hän oli ollut kotona vain pari päivää, kun eräästä yrityksestä soitettiin ja pyydettiin häntä tulemaan haastatteluun seuraavana päivänä. Jälleen näytti olevan toivoa, että hän saisi lopultakin langat käsiinsä.

Tuona iltana juttelimme ja olimme yhdessä. Kävin suihkussa, ja hän tuli seurakseni. Pesimme toisemme ja seisoimme alastomina toisiamme syleillen. Jälkeenpäin istuimme vuoteella, ja hän kuivasi pitkät hiukseni. Tavatessamme minulla oli ollut lyhyet hiukset, ja olin antanut niiden kasvaa pitkiksi vain siksi, että hän piti pitkistä hiuksista. Hän istui takanani ja siveli hiuksiani käyttäen asiantuntevasti kuivainta ja harjaa. Se oli unohtumaton, rakkaudentäyteinen kokemus.

Se oli jotenkin intiimimpää kuin rakastelu – suurempi tunteiden osoitus kuin mikään ennen kokemani. Hiusteni kuivuttua makasimme vuoteella ja suutelimme. Hän sanoi, että hän rakasti minua, että tein hänen elämänsä elämisen arvoiseksi ja että ennen kohtaamistamme hän ei ollut ymmärtänyt rakkauden tai perheen merkitystä. Sitten hän kertoi saman kehollaan, suuteli minua kaikkialta ja johdatti minut käsillään intohimon huipulle. Se oli rakkauden äärimmäinen muoto: puhdas, tahraton, pidäkkeetön. Se oli leppeää ja kiihottavaa, uskomattoman syvällistä. Rakastin häntä enemmän kuin koskaan ennen, kaikesta sielustani. Tiesin hänen rakastavan minua, eikä minulla ollut epäilystäkään hänen uskollisuudestaan tai kiintymyksestään.

Aamulla hän lähti haastatteluun ja sanoi palaavansa illalla. Se oli viimeinen kerta, kun tapasin aviomieheni.

Will ei palannut kotiin sinä iltana, ja vaikka hän lähetti tekstiviestejä tai sähköpostia tai soitti joka päivä ja ilmoitti olevansa tulossa, häntä ei koskaan näkynyt. Joka kerta kun hän ei tullut, hän jätti syyn kertomatta, ja osasin olla utelematta, koska se olisi vain aiheuttanut kireyttä. Arvelin hänen olevan taas piilosilla, pitävän ”epätoivotut” poissa kodistamme ja nukkuvan autossaan.

Hän kertoi että haastattelu oli sujunut loistavasti ja että yritys oli kiinnostunut palkkaamaan hänet. Siellä haluttiin suosittelija, ja Will oli antanut heille minun numeroni. Hän tarvitsi tuon työpaikan päästäkseen takaisin raiteille, ja minun taas tarvitsi auttaa häntä siinä.

Olin hyvin hermostunut tulevasta puhelusta enkä osannut päättää mitä sanoa.

”Entä jos minulta kysytään jotain teknistä? Entä jos minun pitäisi tietää yksityiskohtia?” tuskailin.

Will sanoi, että he halusivat vain tietää, että hän olisi luotettava ja tekisi hyvää työtä. Totta kai tiesin, että hän tekisi hyvää työtä, jos vain saisi keskittyä siihen tiedustelupalvelun hengittämättä niskaan. Luotettavakin hän olisi, ellei tiedustelupalvelu sekaantuisi taas asiaan. Lupasin hoitaa homman.

Will valmensi minua ja jouduin taas tilanteeseen, jossa minun täytyi valehdella hänen puolestaan. Koska olin toiminut joitain vuosia näyttelijättärenä teatterissa, osasin tarvittaessa esittää itsevarmaa, mutta sisäisesti vapisin. Willin mahdollinen uusi pomo, kaveri nimeltä Christopher, soitti ja sitten keskustelimme. Hän esitti kysymyksiä ja minä vastailin, kerroin Willin olevan etevä työssään, mikä oli nähdäkseni totta. Hän kysyi Willin luotettavuudesta, ja sanoin sen olevan vailla vertaa. Hän tiedusteli Willin suurinta heikkoutta, ja vastasin naurahtaen: ”Aikataulussa pysyminen.” Totuus vain juolahti mieleeni. Sanoin että kerran Willin vaikeudet pysyä aikataulussa olivat lopulta aiheuttaneet sopimuksen menettämisen; se oli kuitenkin ollut erityisen stressaavaa aikaa hänen elämässään, ja olisin yllättynyt, jos se toistuisi. Minusta tuntui pahalta valehdella tuolle miehelle. Luulen, että syvällä sisimmässäni yritin varoittaa häntä ja että valheet olivat alkaneet nakertaa minua.

Christopher kiitti minua ja tarjosi Willille paikkaa.

16

Syytteet

Pari viikkoa myöhemmin Will soitti minulle kuulostaen vakavalta. Hänen äänensävystään aavistin, että minun oli parasta istuutua.

”Meidän täytyy puhua. On tapahtunut jotain, mistä sinun on syytä tietää”, hän aloitti.

Minua kylmäsi.

Will jatkoi: ”Sinä tiedät tutkimuksesta. Asia on niin, että poliisi aikoo asettaa minut syytteeseen.” Hän kertoi, että häntä oli tarkoitus syyttää kaksiavioisuudesta ja tuliaseen hallussapidosta – he olivat ottaneet hänen hallussaan olevan CIA:lta saadun etälamauttimen yllättävän vakavasti. Tunsin heti syyllisyyttä, koska häntä rangaistaisiin siitä, että hän yritti saada minut tuntemaan oloni turvallisemmaksi. Tuonhan takia hän oli ylipäänsä hankkinut etälamauttimen. Häntä aiottiin syyttää myös petoksesta, mikä oli hänen mukaansa pelkkä väärinkäsitys ja voitaisiin selvittää aika helposti.

"On muutakin. Kymmenen vuotta sitten minulla oli tehtävä, jonka yhteydessä minun täytyi onkia tietoja erityisen ikävältä henkilöltä, joka oli seksuaalirikollisille tarkoitetussa vankilassa. Jotta pääsin lähelle häntä, minun täytyi mennä kalterien taakse, ja se edellytti syytteen nostamista."

"Mitä?" älähdin.

Tiedustelupalvelu oli lavastanut jutun, jossa teini-ikäinen tyttö tekisi rikosilmoituksen. Will kertoi saaneensa 15 kuukauden passituksen vankilaan, mutta saaneensa yhteyshenkilöltään tiedot 7 kuukaudessa ja päässeensä vankilasta heti suoritettuaan tehtävänsä. Tiedustelupalvelu oli poistanut tiedot, mutta ne oli palautettu, koska hänestä tahdottiin tehdä varoittava esimerkki. Koska tiedot olivat taas saatavilla, häntä syytettiin siitä, ettei hän ollut ilmoittanut osoitettaan, kuten laki edellytti kaikilta alle kymmenen vuotta sitten vapautuneilta seksuaalirikollisilta.

Ennen kuin ehdin ajatella tai reagoida, Will sanoi, että hän oli järjestänyt minulle mahdollisuuden puhua tapaukseen liittyvän tytön kanssa ja että tyttö oli valmis kertomaan minulle kaiken siitä. Tyttö oli nyt kaksikymmentä täyttänyt, ja Will piti edelleen häneen yhteyttä. Tyttö voisi todistaa Willin kertoneen minulle totuuden. Will tiesi, että tilanne olisi minulle erityisen hankala, mutta hän tiesi, etten koskaan epäilisi häntä pedofiiliksi. Tällä välin poliisi aikoi soittaa minulle varmistaakseen, että tiesin syytteistä, varsinkin kaksiavioisuudesta ja osoitteensa ilmoittamatta jättämisestä.

Will kehotti olemaan kyselemättä. Poliisi oli epäluotettava, ja mukana olisi muitakin henkilöitä. Hän sanoi poliisin kertovan minulle vain tietyt tosiseikat, mutta jos esittäisin kysymyksiä, he paljastaisivat lisää ja sekoittaisivat minut mukaan. Hän kertoi, että poliisi oli jo käynyt Michellen luona ja tutkinut asunnon, mutta ammattilaisena Michelle tiesi, mistä oli kyse. Minun tuli tuhota kaikki Michelleen liittyvä – kuitit maksuista hänen tililleen, työtodistukset, kaikki minulla olevat tiedot – koska poliisi tulisi tekemään kotietsinnän ja jos jotain löytyisi, minut pidätettäisiin osallisuudesta kaksiavioisuuteen.

Tuossa vaiheessa olin kauhun vallassa.

Hän sanoi pystyvänsä istumaan tuomionsa – se kävisi laatuun – mutta ilman minua lapset otettaisiin huostaan, ja heille tapahtuisi Luoja ties mitä.

Tuhosin kaiken, mitä minulla oli: dokumentit, jotka liittyivät tehtyihin talletuksiin, vuonna 2000 löytämäni paperit, joiden mukaan Michelle oli Willin yrityksen johtaja, kuitit tuhansista punnista, jotka oli maksettu Michellen pankkitilille. Revin ja poltin ne ohjeiden mukaan, panin tuhkan pussiin ja laitoin pussin jonkun muun roskasäiliöön kävellessäni kadulla ja varmistettuani huolellisesti, ettei minua seurattu. Kun poliisi soitti minulle, teeskentelin typertynyttä, kun hän kertoi mieheni olevan kaksiavioinen ja pedofiili. Tiesin jo, ettei se ollut totta, enkä esittänyt kysymyksiä, kuten Will oli käskenyt. Poliisi sanoi, että hänen nimensä oli Peter ja että hänen olisi kerrottava minulle aika vaikeita asioita. Hänen mukaansa Will oli tuomittu siitä, että hän oli käyttänyt hyväksi 9-vuotiasta tyttöä useita vuosia, kunnes tyttö oli täyttänyt 13 vuotta. Hän myös varmisti, että tiesin Williä syytettävän kaksiavioisuudesta ja petoksesta, tuliaseen hallussapidosta sekä osoitteensa ilmoittamatta jättämisestä. Sanoin hänelle, että Will oli juuri soittanut ja että olin liian järkyttynyt ja ahdistunut puhumaan. Se oli totta, joskin eri syystä kuin hän luuli.

Koska poliisi tiesi minulla olevan lapsia, heidän oli täytynyt ilmoittaa sosiaalihuoltoon. Minulle soitti sosiaalityöntekijä, joka halusi tavata minut.

Äkkiä kaikki epäilykseni olivat tiessään. En mitenkään voinut uskoa Williä pedofiiliksi. Se ei kerta kaikkiaan ollut mahdollista. Uskoni häneen vahvistui, ja kahden mielentilani välinen kuilu leveni. Toinen vaihtoehto ei ollut pelkästään epämukava; se oli aivan yksinkertaisesti mahdoton, käsittämätön. Will oli aviomieheni, rakastajani ja ystäväni. Hän oli lasteni isä ja tiesin, ettei hän pystyisi hyväksikäyttämään lasta.

Tunsin suunnatonta lojaaliutta häntä kohtaan etenkin siksi, että häntä syyllistettiin, vaikka hän oli palvellut läntistä maailmaa koko työikänsä ja halusi nyt oman elämänsä, että häntä rankaistiin halusta lopettaa. Hän oli tehnyt kaiken meidän hyväksemme, suojellakseen meitä, ollakseen kotona meidän kanssamme. Minun hyväkseni.

Will puhui pitkään keskustelusta sosiaalityöntekijän kanssa – miten tulisi toimia ja mitä sanoa. Saavuin tapaamiseen tunnin etuajassa ja kuljeksin lähistöllä etsien odotuspaikkaa. Lopulta löysin paikan, jonka synkkyys vastasi mielentilaani, istuuduin ja join hitaasti tavallista suodatinkahvia. Edessä oleva tapaaminen pelotti. Miten minä olin tänne päätynyt? Vain muutama vuosi sitten olin maksukykyinen, riippumaton ja itsevarma. Olin elänyt normaalissa maailmassa, minulla oli ollut hyviä ystäviä ja olin jutellut kenen tahansa kanssa. Nyt olin yksinäinen ja tunsin itseni eksyneeksi. Minulla oli edelleen ystäviä, mutta en avautunut heille siitä, mitä oli tapahtumassa. Tunsin olevani hiljaisuuden ansassa; ainoa ihminen, jonka kanssa saatoin puhua, oli joutunut sellaisten voimien hyökkäyksen kohteeksi, joita vastaan en voisi toivoakaan puolustavani häntä.

Olin täysin syvissä vesissä.

Toimisto, johon astelin, oli hyvin karu ja melko nuhjuinen. Siellä oli muovituoleja ja kuluneiksi selattuja lehtiä, jotka kertoivat tositarinoita murhasta, huijauksesta ja ihmisrodun epäinhimillisyydestä. Tuijotin lehtiä ja valokuvia tavallisista ihmisistä epätavallisissa tilanteissa. En ollut kertaakaan ostanut tai lukenut noita lehtiä, ja minua tyrmistytti huomata nykyisen elämäni muistuttavan joitain räikeissä kansissa mainostettuja artikkeleita.

Sosiaalityöntekijä oli ystävällinen mutta varovainen ja saapui valtavan paksu mappi käsissään. Hän ohjasi minut pieneen huoneeseen, jossa oli kolme konttorituolia ja lämpöpatteri. Pöytää tai muita kalusteita ei ollut. Jälleen ajattelin, kuinka paljaalta ja koruttomalta se näytti.

Istuin ja kuuntelin naisen kertovan, että aviomieheni oli tuomittu pedofiili ja että tämä oli myöntänyt hyväksikäyttäneensä yli neljä vuotta tyttöä yhdeksänvuotiaasta kolmetoistavuotiaaksi asti. Tyttö oli nimeltään Anna, ja Will oli tytön perheen ystävä. Will oli saanut viidentoista kuukauden tuomion vuonna 1997 ja vapautunut seitsemän kuukauden kuluttua. Arviossa oli havaittu, ettei Will katunut tekojaan eikä juuri osoittanut sympatiaa uhria kohtaan. Lausunnon mukaan oli suuri vaara, että hän uusisi tekonsa. Siitä huolimatta Willin päästyä vankilasta perhe jatkoi yhteydenpitoa ja salli hänen viettävän aikaa sekä Annan että muiden perheenjäsenten kanssa.

Sosiaalityöntekijä kertoi myös Willin toisesta vaimosta ja perheestä. Hän sanoi, että heillä oli viisi yhteistä lasta. Voi Luoja, ajattelin. *Viisi lasta!* Sosiaalityöntekijä mainitsi myös lapset Michellen edellisestä avioliitosta. Minulla ei ollut aavistustakaan, että Michellellä oli niin monta lasta, mutta se kävi yksiin Willin kertoman kanssa. Pyysin sosiaalityöntekijää kertomaan lisää mapin sisällöstä, mutta hänen oli pitäydyttävä julkisissa tiedoissa, kuten Willin rikostuomion yksityiskohdissa sekä omaa ja lasteni tilannetta koskevissa seikoissa

Noudatin Willin neuvoa. Kätkeydyin järkytyksen taakse, joskaan minun ei oikeastaan tarvinnut teeskennellä. On lievästi sanoen vaikea kuulla tällaista ja pahempaakin sanottavan rakastetusta miehestä.

Sosiaalityöntekijä oli kärsivällinen ja tyyni, mutta ei pystynyt ymmärtämään reaktiotani. Päästäisinkö hänet asuntoon, jos hän tulisi takaisin? Sanoin etten tiennyt. Tuo kaikki oli tapahtunut kymmenen vuotta sitten, ja haluisin kuulla hänen näkökantansa. Sosiaalityöntekijä halusi nähdä minut uudelleen, tavata lapset ja varmistaa, ettei heitä ollut hyväksikäytetty. Sanoin hänelle olevani vakuuttunut, ettei näin ollut, mutta hän oli selvästi epävarma.

”Hän ei ollut koskaan yksin heidän kanssaan”, sanoin totuudenmukaisesti. Will oli niin harvoin kotona, etten koskaan lähtenyt ulos ja jättänyt häntä yksin. Olin aina lasten seurana. Hän ei ollut koskaan osoittanut paljon kiinnostusta, ja minä tavallisesti järjestin hänen ja lasten väliset leikit; minun täytyi jopa pyytää häntä puhumaan lapsille puhelimessa silloin, kun hän soitti. Hän oli pidättyväinen ihminen, ja vaikka hän monesti sanoi rakastavansa heitä, hän ei juurikaan koskettanut heitä; hän ei koskaan laittanut heitä nukkumaan eikä auttanut heitä pukeutumaan. Hän oli hellä minua, mutta ei niinkään lapsia kohtaan.

”Entä silloin, kun te nukuitte?” hän kysyi.

"En nukkunut kovin sikeästi, kun hän oli kotona. Jos hän liikkui vuoteessa, minä heräsin, koska en ollut tottunut hänen olevan vuoteessa kanssani." Sekin oli totta.

"Ettehän te voi tietää."

"Voinpa."

Vanhempieni tuttava hyväksikäytti minua, kun olin nuori tyttö. Mies leikki kuurupiiloa kanssamme ja löysi minut ensin. Se oli viatonta huvia, jossa oli kätketty tavoite. Mies muutti kokemuksen meidän väliseksemme salaiseksi peliksi, enkä silloin tiennyt, että se oli väärin. En tajunnut, että hän teki minulle jotain vahingollista, eikä minulla ollut sanoja siitä kertomiseen. Muistot säilyivät mielessäni, kunnes täytin seitsemäntoista ja kaikki purkautui äkisti ulos. Minulta kesti kauan käsittää, mitä oli tapahtunut ja nimenomaan miltä minusta tuntui, koska en siinä vaiheessa pitänyt sitä vääränä. Lopulta kuitenkin tajusin, että minulla oli mahdollisuus valita, enkä aikonut enää olla uhri.

Sen takia annoin jo kolmen vuoden ikäisille tyttärilleni opetusta seksiasioissa – pelkistettyä, asiallista, tieteellistä "näin se toimii" -puhetta. Sanoin tyttärelleni, että hän saa kosketella omaa takapuoltaan ja pestä jalkojensa välin itse, mutta ettei kukaan muu saa tehdä sitä ilman hänen lupaansa. Olin tutkinut internetiä ja huomannut, että pedofiilit eivät ahdistele lapsia, jotka osaavat puhua seksistä tieteellisesti. Syynä on erityisesti se, että tällainen lapsi osaa kuvata, mitä hänelle on tapahtunut. Kun pedofiili koettaa kepillä jäätä (esimerkiksi vilauttaa penistään lapselle) ja lapsi vastaa "Tuo on peniksesi", yritys loppuu siihen – tuollainen lapsi ei olisi sopiva uhri. Hallinta ja hyväksikäyttö edellyttävät usein hiljaisuutta ja sitä, ettei lapsi tunne oikeita sanoja tai osaa ymmärtää.

Olin antanut lapsilleni puolustukseksi sanoja ja tietämystä niin paljon, että viisivuotiaana vanhin tyttäreni Robyn kysyi biologiselta isältään ja tämän naisystävältä: "Isi, laitatko sä spermaa Emman sisään?" Vastauksena oli yskänkohtaus ja änkytystä.

Olin kertonut lapsilleni, että jos joku aikuinen – kuka vain – yritti kosketella sopimattomasti, hän oli oikein paha. Olin sanonut senkin, että jos joku kielsi puhumasta äidille, oli syytä huoleen. Kyseinen aikuinen teki jotain väärää, ei suinkaan lapsi itse, ja lapsen oli heti kerrottava äidille – oli aikuinen kuka tahansa.

Minusta on uskomatonta, että käskemme lapsia varomaan muukalaisia, mutta emme kerro, mitä muukalainen saattaa tehdä ja miksi. Suurimmalle osalle hyväksikäytön uhreista hyväksikäyttäjä on joku tuttu eikä muukalainen, mutta silti lapsia suojellaan niin paljon, että he luulevat tehneensä jotain väärää.

Tiesin opetuksen menneen perille, kun yhtenä päivänä äitini, joka oli lapsenhoitajana, soitti minulle kiukkuisena ja valitti, että (silloin neljävuotias) Robyn kielsi häntä pesemästä takapuoltaan kylvyssä. Vaikka äitini oli aikamoinen pakkaus ja vaikka Robyn luotti häneen ja kunnioitti häntä, Robyn oli polkenut jalkaa ja sanonut: "Ei, mä teen sen." Olin täysin samaa mieltä Robynin kanssa ja sanoin sen äidillenikin. Olin niin ylpeä pikkutytöstäni.

Siispä kerroin sosiaalityöntekijälle olevani varma, ettei lapsia ollut kosketeltu. Olin varma myös siksi, että salaa tiesin aviomieheni olevan sankari, joka ei syyllistyisi mokomaan.

Hän sanoi että minun täytyisi ilmoittaa sosiaalihuoltoon, jos Will tulisi kotiin, ja ettei hän saisi jäädä asuntoon.

Poistuin sosiaalityöntekijän toimistosta syvän hämmennyksen tilassa. Olin turta ja järkyttynyt; tunsin paitsi joutuneeni syviin vesiin, myös hukkuvani. Soitin Willille kävellessäni tietä pitkin ja kerroin, mitä joistain mapin tiedoista oli sanottu. Hän kuulosti kiusaantuneelta ja sanoi: "Joo, suunnilleen noin se oli." Hän kertoi, että tyttö oli ollut neljäntoista, kun tätä pyydettiin apuun, ja tämä oli allekirjoittanut lausunnon, jonka mukaan tämä ymmärsi, mitä tapahtui ja mikä Willin tehtävä oli. Will rauhoitteli minua sanomalla, että tyttö oli nyt yli kahdenkymmenen ja että hän suostuttelisi tämän puhumaan minulle puhelimessa samana iltana ja todistamaan hänen sanansa.

Elintärkeä puhelu viivästyi, mutta muutamaa päivää myöhemmin Will onnistui järjestämään keskustelun minun ja naisen välillä ja lupasi, että tämä lähettäisi minulle yksityiskohtisen lausunnon tapahtuneesta. Will ohjeisti minua soittamaan kesken Instant Messenger -keskustelun ja kielsi mainitsemasta nimeäni.

Soitin naiselle Willin antamaan kännykkänumeroon. Nainen sanoi nimensä ja syntymäaikansa osoittaakseen, kuka hän oli, ja vannoi, että lausunto, jota hän oli lähettämässä, oli totta ja häneltä.

"Kiitos... kiitos oikein paljon", sopersin, ja puhelu päättyi.

Sitten palasin tietokoneen ääreen ja jatkoin Messenger-keskustelua Willin kanssa. Kysyin häneltä, keneksi Anna minua luuli. Will sanoi Annan tietävän vain sen, että olin tekemisissä hänen kanssaan ja halusin tietää vähän lisää hänen menneisyydestään.

Sitten naisen lausunto tuli:

Hei

Nimeni on Anna ja sinun on hyvä tietää, että Bill on tuntenut minut siitä lähtien, kun olin yhdeksän. Hän on ollut minua kohtaan hyvä, joskaan häntä ei paljon näkynyt, koska hän on valtion hommissa (hän sanoo, että tiedät jo tämän tarinan...), ja hän on ollut avuksi huolimatta siitä, kuka muu on ollut lähettyvillä tai mitä on tarvittu.

Olen aina tiennyt, että jonain päivänä tämä juttu tulisi taas esiin, ja vaikka aikaa on kulunut, minusta on yhä tosi kiusallista ajatella sitä tai puhua siitä. Meille kaikille kerrottiin mitä sanoa, ja me teimme mitä käskettiin. Tiedän vain sen, että se onnistui, pyrittiin sillä mihin tahansa, ja asiat olivat oikein hyvin sen jälkeen. En tiedä tarkkaan, mistä tässä on kysymys, mutta sen tiedän, että sinun on syytä tietää, että me kaikki vain noudatimme meille annettuja ohjeita, siinä ei ollut mitään todellista ja hän ei ole kertaakaan ollut muuta kuin normaali. Sitten meidän täytyi tehdä monia haastatteluita ihmisille [Annan alueella], mutta sen jälkeen emme ole olleet yhteydessä kehenkään hoitotyöntekijään.

Olen lupautunut osallistumaan pikaiseen web-kamerajutteluun sunnuntai-iltana siltä varalta, että sinun tarvitsee tietää lisää, ja että pääset näkemään kasvoni ja tiedät, kuka olen. Vakavasti puhuen hän on loistokaveri eikä ole koskaan tehnyt minulle pahaa.

Toivottavasti tästä on sinulle hyötyä. A

Jos kerran nainen itse sanoi noin, kaikki oli niin kuin Will väitti. Kamerajuttelua ei tullut, sillä sain naiselta sähköpostin, jossa hän sanoi olevansa kiireinen.

Nyt minulla oli todisteet, mutta en voinut kertoa kenellekään muulle, en varsinkaan sosiaalihuollolle.

Sillä välin Will oli joutumassa vankilaan ja teki kaikkensa saadakseen tietyt syytteet kumotuksi – esimerkiksi petokseen liittyvät, joiden hän toisteli johtuvan pelkästä väärinkäsityksestä. Hän tapasi tärkeitä henkilöitä ja kertoi minulle, että "epätoivotut" olivat pyytäneet häntä tekemään tiettyjä asioita, jotta he vastavuoroisesti lieventäisivät syytteitä. Will kertoi, että hänen asianajajansa oli ehdottanut minua kirjoittamaan kruununsyyttäjänvirastolle siinä toivossa, että kaksiavioisuussyytteestä luovuttaisiin. Hän oli varma, että siitä olisi apua. Hän kirjoitti kirjeen ja pyysi minua lähettämään sen. Kirjeessä luki:

Nimeni on Mary Jordan (o. s. Turner Thomson) ja kirjoitan William Jordanin puolesta, joka vietiin Witneyn poliisiasemalle Oxonin Witneyssä kaksiavioisuudesta epäiltynä ja jonka on ilmoittauduttava Witneyn poliisiasemalla huomenna luettavan syytteen takia.

Nähdäkseni henkilön, joka päättää hänen asettamisestaan syytteeseen, tulee tietää eräitä seikkoja pystyäkseen tekemään harkitun ja tasapuolisen päätöksen, joka ei loukkaa eikä rankaise kaikkia asianomaisia enempää kuin itse paljastus on jo tehnyt.

Minun on tärkeää huomauttaa, että vaikka olen tässä loukattu osapuoli, en tunne olevani "uhri" sanan perinteisessä merkityksessä. Vaikka en ollut tietoinen hänen avioliitostaan ennen kuin tämä tuli esiin, on vain oikeudenmukaista todeta, että rikoksen tekoaikaan minulla ja Willillä oli vakava suhde ja lapsi tulossa ja että hänellä oli käsittääkseni laillisuuden takia huomattava paine tehdä mitä teki. Vaikka hän on aina tehnyt töitä kaukana kotoa (syistä jotka ovat nyt selvempiä kuin aiemmin...), hän on ollut aina hellä ja kannustava isä ja "aviomies" ja jatkaa tänäkin päivänä perheemme taloudellista tukemista.

Pyydän teitä ottamaan huomioon tämän syytteen vaikutuksen asianomaisiin lapsiin: se merkitsee julkisuutta ja häpeämerkkiä nyt ja tulevaisuudessa, haittaa hänen kykyään huolehtia asianosaisista sekä tekee tyhjäksi kaiken, mitä on tehty molempien vanhempien rakastamien ja hoivaamien lasten itsekunnioituksen ja itsetunnon rakentamiseksi. Minä todella uskon, että kaikki tämä riittää rangaistukseksi ja että lisätoimenpiteet vain rankaisisivat niitä meistä, jotka eivät ole tehneet mitään väärää.

Kysyin Williltä asiasta ja sanoin, etten ollut raskaana mennessämme naimisiin; Eilidh oli syntynyt helmikuussa, mutta Will sanoi periaatteen olevan ratkaiseva. Tuossa vaiheessa tein vain työtä käskettyä, tulostin kirjeen omalle kirjelomakkeelleni ja faksasin sen.

Tapasin sosiaalityöntekijän uudelleen, ja jälleen minun täytyi viivytellä. Tällä kertaa hän halusi minun päättävän mitä tehdä; hän halusi käydä kotonani ja katsoa, olinko hyvä äiti.

Taas olin kauhuissani ja tunsin joutuneeni ansaan. En voinut enkä halunnut menettää lapsiani minkään tai kenenkään takia. En ole koskaan ymmärtänyt ihmisiä, jotka asettavat aviomiehensä lastensa edelle, ja jos minulla olisi mahdollisuus valita, en epäröisi.

Will sanoi, että se oli häirintää ja ettei heillä ollut oikeutta tehdä niin. Hän kehotti minua menemään asianajajan puheille ja ehdotti henkilöä, jota hän oli aiemmin käyttänyt ja joka tiesi hänen kuuluvan tiedustelupalveluun. Will järjesti tapaamisen, mutta puoli tuntia ennen sovittua aikaa Will soitti ja sanoi, että yhteystiedot ja henkilö olivat virheelliset. Menin joka tapauksessa. Tiesin asianajajan olevan vaitiolovelvollinen ja voivani vihdoin puhua jollekulle; saisin lopultakin lopettaa vaitioloni ja saada jonkun ymmärtämään.

Asianajaja oli julma sanan syvimmässä merkityksessä. Yritin pukea tilanteeni sanoiksi ensimmäistä kertaa kuuteen vuoteen, mutta minusta tuntui vaikealta päästä irti käyttäytymisestä, johon minut oli ehdollistettu, ja siksi minun oli työlästä sanoa yhtään mitään. Kerroin tosiseikat, mutta en pystynyt muistamaan enkä selventämään, miksi tiesin eräät asiat; minun oli fyysisesti vaikea sanoa muuta kuin kuvata senhetkinen tilanne.

Hän oli suorasanainen. Hän oli kuullut saman aikaisemmin. Hän oli puolustanut pedofiileja ja kuullut kaikenlaista alkaen perustelusta ”Jumala käski heidän tehdä sen” päättyen huijaukseen ”tiedustelu-upseerista”.

”Mutta minä olen keskustellut noiden henkilöiden kanssa; tiedän keitä he ovat”, sanoin etsien epätoivoisena hieman ymmärtämystä.

”Ei”, hän sanoi. ”Jos hän on ollut seksuaalirikollisille tarkoitetussa vankilassa, hänellä on runsaasti yhteyksiä ja henkilöitä, jotka auttavat häntä. Nuo ihmiset auttavat toisiaan uhrien huijaamisessa – siten se toimii.”

Lähdin toimistosta tyrmistyneenä. Istuuduin autoon ja itkin silmät päästäni. Olin lyöty ja murheen murtama. En siksi, että uskoin asianajajan olevan oikeassa tai että jokin olisi muuttunut, vaan sen vuoksi, että paljas totuus oli tullut ilmi.

Uskoin Williä, mutta olin valmiimpi jättämään hänet viipymättä kuin luopumaan lapsistani. Jos maailma – sosiaalityöntekijät ja asianajaja – uskoisi toisin, minun täytyisi joka tapauksessa lopettaa suhde. Soitin Willille ja sanoin samat sanat. Ei ollut väliä, mikä todellinen tilanne oli: asianajaja oli sanonut, että sosiaalihuolto veisi lapseni, jos jatkaisin yhteydenpitoa ja suhdetta häneen. Asianajaja oli hyvin selvästi sanonut, ettei minulla ollut asiassa mitään sananvaltaa. En antaisi sen tapahtua.

Tunsin itseni nujerretuksi. "He" olivat voittaneet.

Will ei ollut samaa mieltä, vaan kehotti minua harkitsemaan. Hän sanoi, ettei sosiaalihuollolla olisi oikeutta viedä lapsia ja että hän menisi terapiaan tai vastaavaan pitääkseen perheen koossa. Me selviäisimme.

Olin epäilevä ja sekaisin. En kyennyt ajattelemaan ja pistin kaiken sivuun mielessäni. Siskoni Isobel oli menossa naimisiin seuraavana päivänä – 1. huhtikuuta 2006 – ja oli myös poikani syntymäpäivä.

Tarvitsin jotain muuta ajateltavaa, ja sanoin Willille, että tarvitsin viikon saadakseni ajatukseni järjestykseen. Hänen juttuaan käsiteltäisiin 5. huhtikuuta, ja silloin näkisimme, miten kävisi. Sen jälkeen tekisin päätöksen.

Seuraavina päivinä yritin löytää muuta ajateltavaa, paneutua siskoni häihin, peittää uutterasti omat epäilyni oman avioliittoni suhteen. Käytin hyväkseni tilaisuutta keskittyä johonkin muuhun kuin omaan tilanteeseeni ja vietin aikaa lasteni ja perheeni kanssa tietäen, että hyvin pian kaikki muuttuisi dramaattisesti. Koetin puhua vanhimman siskoni Lisan kanssa, joka oli häiden vuoksi kotipaikkakunnallamme, mutta huomasin, etten pystynyt pukemaan sanoiksi, mitä oli tekeillä, vaan onnistuin vain huolestuttamaan hänet henkisestä tilastani.

Juhlat olivat ohi, ja kaikki roikkui välitilassa odottaessani Willin oikeudenkäyntipäivää. Hän oli kertonut, että kahdesta syytteestä oli luovuttu, mutta häntä epäiltiin edelleen kaksiavioisuudesta ja tuliaseen hallussapidosta. Käsittelypäiväksi oli määrätty 5. huhtikuuta 2006.

Vihdoin aamu valkeni, ja pelkäsin hänen naispuolisen asianajajansa soittavan. Tein kaikenlaista, valmistelin kolme lastani uloslähtöön, keksin puuhaa ja muuta ajateltavaa.

Sitten puhelin soi…

17

Toinen rouva Jordan

5. HUHTIKUUTA 2006

Maailmaani eivät ravistelleet niinkään sanat ”Minä olen toinen rouva Jordan” kuin ”Minulle sanottiin, että *te* olette agentti”. Nuo kuusi sanaa rakensivat vihdoinkin sillan kuilun yli ja paljastivat totuuden.

Siirryin mielessäni uskomattoman kauas todellisuudesta toiseen. Astuin toiseen ulottuvuuteen, jossa aviomieheni ei ollutkaan aviomieheni, jossa ystäväni, rakastettuni oli käyttänyt minua hyväkseen monta vuotta, jossa lasteni isä oli valehdellut minulle ja oli epäröimättä saattanut minut lasten huostaanoton vaaraan – kaikki vain sen vuoksi, että hän saisi haluamansa. Se oli maailma, jossa olin elänyt ja rakastanut vihollista, maailma, jossa tuntemaani ja rakastamaani miestä ei yksinkertaisesti ollut olemassa.

Kaikkeen tuohon tarvittiin kuusi tavanomaista ja aika lyhyttä sanaa.

Oli iltapäivä 5. huhtikuuta. Juttelin hyvän ystäväni kanssa koko päivän. Ystäväni oli vakaa, ihmeellinen, looginen, huolehtiva nainen, jolla oli oma elämänsä ja omat ongelmansa. Hän oli tuntenut Willin ja epäillyt vahvasti, ettei jokin ollut niin kuin näytti, mutta ei tiennyt tarkalleen mikä. Tuo nainen oli sanonut niin vuosia sitten ja myös sanonut, että "jos" Will oli huijari, hän oli "erittäin taitava", ja jos uskoisin Williä, nainen tulisi tuekseni. Hän oli kärsivällisesti odottanut, että saisin selville totuuden, oli ollut vierelläni junan suistuessa hitaasti raiteilta ja oli nyt valmiina auttamaan minua pääsemään taas jaloilleni. Hän oli tosiystävä – hän oli varoittanut minua, mutta hyväksynyt sen, etten ollut välittänyt varoituksesta. Rakastin häntä siksi, ettei hän tuominnut minua.

Ystäväni ei reagoinut tai haukkonut henkeä tai säälinyt. Hän oli vakaa ja luotettava; hän kosketti kättäni ja kuunteli – en oikeastaan tiedä, kuinka kauan. Kun keskustelimme, saatoin nähdä mieleni taustalla tämän toisen naisen, tämän toisen vaimon ajavan lähemmäksi ja lähestyvän totuutta.

Will lähetti tekstiviestejä ja hätääntyi, kun en vastannut puhelimeen. Olin kysynyt tekstiviestillä, miten oikeudessa oli käynyt, mutta hän vain vastasi, että juttua oli lykätty. Silti hän halusi minun tallettavan 500 puntaa Michellen tilille ja sanoi pirun olevan irti; syytteet hylättäisiin, jos vain noudattaisin hänen pyyntöään.

En vastannut viesteihin, ja kun hän soitti kysyäkseen, miksi en ollut tehnyt niin kuin hän pyysi, käytin hänen temppuaan sanomalla, etten ollut saanut viestejä ja että puhelimessani oli varmaan vikaa.

Noin kello 17 Michelle saapui, ja kohtasin hänet ovella. En ollut valmis kutsumaan häntä sisään, joten menimme läheiseen kahvilaan. Se oli kiva paikka, rauhaisa, ja looseissa saatoimme istua ja puhua kenenkään kuulematta.

Siinä hän oli. Willin toinen vaimo, joskin osa minusta kieltäytyi edelleen uskomasta totuutta.

Michelle on vain viisi vuotta minua vanhempi ja paljon lyhyempi. Hänellä oli hyvin pitkät harmaantuvat hiukset, ja minusta näytti, ettei hän ollut pitänyt huolta itsestään. Meillä oli näköjään jotain yhteistä – synnytyksestä johtuvaa painonnousua, vai johtuiko se vain surkeudesta ja yksinäisyydestä? Yritin muistella, milloin olin lakannut pitämästä huolta itsestäni ja ulkonäöstäni. Olin lihonut viiden viime vuoden mittaan kaksikymmentäviisi kiloa, ja äkkiä tajusin vartaloni muodon ja ulkonäköni.

Michelle vaikutti minusta hyvin määrätietoiselta ja järjestelmälliseltä. Hän tuntui suunnitelleen, mitä sanoa ja miten tämä tapaaminen etenisi. Minä taas olin varovainen ja epäluuloinen. Ketä voisin uskoa?

Michelle kertoi, että hänellä oli seitsemän lasta, viisi Willin kanssa ja kaksi edellisestä avioliitostaan miehen kanssa, joka oli tosiaan ollut Yhdysvaltojen Pentagonin palkkalistoilla. Hän oli ollut naimisissa Billin kanssa, kuten hän miestään kutsui, lokakuusta 1992 ja oli sietänyt lukuisia syrjähyppyjä, mukaan lukien yhden lomalla Japanissa (Will ei ollut ollut siellä komennuksella, vaikka hän niin väitti) ja toisen tytön kanssa, joka oli tehnyt itsemurhan pari vuotta sitten.

Hän kertoi, että Willillä oli ollut suhde heidän lastensa hoitajaan ja että Will oli tehnyt tälle kaksi lasta. Toinen heistä oli neljävuotias, alle vuoden vanhempi kuin tyttäremme. Hän oli siis synnyttänyt minun ollessani raskaana ja Willin muka ollessa Israelissa. Michellekin oli synnyttänyt samoihin aikoihin, joten meillä kolmella oli lapset, jotka olivat syntyneet vuoden sisällä toisistaan.

Kuuntelin edelleen epävarmana mitä uskoa. Michellen ja minun välissä oli edelleen muuri; minut oli yhä ehdollistettu olemaan uskomatta ketään muuta kuin Williä. Hän näytti vihkitodistuksensa ja lastensa passit, mutta en sanonut nähneeni samat paperit ennenkin. Sitten hän näytti lastensa valokuvat. Yksi valokuva Michellen seitsemänvuotiaasta tyttärestä jähmetti minut siihen paikkaan. Se oli kuin neljävuotias tyttäreni varttuneena; se olisi voinut esittää pikkutyttöäni. Ei ollut epäilystäkään, ei piiloteltavaa, ei ulospääsyä. Will oli tuon tytön isä samoin kuin hän oli lasteni isä, ja hän oli valehdellut minulle ensimmäisestä sähköpostista asti, jokaisella henkäyksellä.

Michellen mukaan Willillä oli Yhdysvalloissa kaksikymmentävuotias poika, jonka hän oli tehnyt naisystävänsä kanssa. Tuntemiamme lapsia oli yhteensä kymmenen. Viisi lasta Michellen kanssa, yksi Yhdysvalloissa, kaksi Michellen lastenhoitajan kanssa ja kaksi minun kanssani – tuon oli saanut aikaan mies, joka oli hedelmätön lapsena sairastetun "pahan sikotaudin" takia.

Michelle kertoi, että Will oli Britannian puolustusministeriön leivissä ja teki töitä Britannian tiedustelupalvelulle. Hän tiesi tämän tosiseikaksi, koska hän oli viettänyt tuollaista elämää pitkään. Siksi hän oli luullut minua agentiksi. Kuultuani tämän uskoni perustukset sortuivat. Will ei ollut Yhdysvaltojen puolustusministeriön eikä CIA:n töissä. Kumpikin meistä oli peloissaan eikä tiennyt mitä tehdä. Sanoin Michellelle, että Will oli todistanut olevansa CIA:n palveluksessa, mutta Michelle tiesi, ettei niin ollut.

Michelle kertoi, että hänellä oli puolustusministeriössä yhteyshenkilöitä, joiden kanssa hänen tuli keskustella, mukaan lukien mies nimeltä ”Michael”, johon hän oli ollut joka päivä verkkoyhteydessä. Sanoin kuulleeni Willin vastaavan puhelimeen ja sanoneen olevansa Michael, mutta Michelle ei uskonut minua. Hänen mielestään ”Michael” ei voinut olla Bill, koska hän puhui Willin kanssa puhelimessa ja oli verkkoyhteydessä Michaeliin samaan aikaan. Michelle oli varma, ettei puhuja ollut hän.

Yritin saada Michellen uskomaan, että Willin olisi ollut helppo tehdä se, mutta hän piti päänsä. Tajusin nyt, miten ystäväni oli yrittänyt puhua minulle järkeä, kun olin yhä aivopesun uhri – miten lempeäluonteinen ihmisen täytyy olla, miten hauras tuo tila on. Michelle kertoi, miten hän oli ottanut Billin takaisin tämän oltua vankilassa seksuaalirikosten takia. Hän ei ollut heti suostunut päästämään Billiä kotiin, mutta oli lopulta taipunut – lasten takia ja koska hän ei pystynyt elättämään perhettä yksin. Michelle tiesi Billin tehneen rikoksen, mutta uskoi, kun Bill sanoi katuvansa.

Suunnilleen kolme tuntia oli mennyt, ja minun täytyi palata lasteni luokse. Michellen taas täytyi mennä verkkoon puhuakseen Michaelin kanssa. Menimme minun kotiini; ystäväni oli edelleen siellä ja piti huolta lapsistani.

Michelle tapasi lapseni, ja minun täytyi pyytää häntä olemaan puhumatta jutusta heidän kuultensa. Hän huomautti, että kaikki Willin lapset olivat samannäköisiä, mistä oli apua heidän tunnistamisessaan. Hän tutki asuntoni läpikotaisin. Hän halusi nähdä Willin puolen vuoteesta, Willin vaatteet ja muut tavarat.

Hän uteli, mitä lahjoja Will oli antanut minulle, ja osoitti esineitä, jotka olivat "Willin".

Yhdessä vaiheessa hän heilautti kättään kohti hyllykköä ja totesi: "Nuo ovat hänen kirjojaan."

Minun täytyi korjata, joten sanoin: "Ei, ne ovat minun".

Hän katsoi minua kuin puulla päähän lyötynä. "Sinulla on paljon enemmän yhteistä hänen kanssaan kuin minulla", hän tokaisi.

Michelle puhui ystävälleni ja kertoi osan siitä, mitä oli kertonut minulle. Hän johti edelleen keskustelua, kun taas minä olin hiljainen, alistuva ja shokissa. Minua talutettiin ympäri omaa kotiani, availin ovia ja kaappeja, jotta hän saattoi tarkastella elämääni ja katsoa, missä hänen aviomiehensä oli ollut. Ystäväni täytyi lähteä kotiin, ja jätin Michellen hetkeksi – muulloin en antanut hänen olla yksinään kotonani – sanoakseni näkemiin.

Ystäväni otti minua kädestä ja varoitti: "Ole tarkkana – hänellä on omat tarkoitusperänsä."

Michelle käynnisti läppärinsä ja avasi verkkoyhteyden, mutta Michael ei ollut paikalla. Michelle soitti Billille, ja tämä vastasi heti. Michelle puhui hänelle ja antoi minun kuunnella keskustelua. Hän kysyi, miksei Michael ollut tavattavissa, ja Will lupasi ottaa selvää. Will kuulosti alistuvalta, lauhkealta ja myöntyvältä. Suhde oli erilainen kuin hänellä oli minun kanssani.

Michelle soitti Billille monta kertaa tuona iltana, ja tämä vastasi joka kerta. Minä soitin yhtä mittaa saamatta vastausta. Sain tekstiviestin, jonka mukaan hänellä oli suuria vaikeuksia, koska en ollut tallettanut rahoja, ja hän ottaisi yhteyttä ennen yötä – hän sanoi, että minun piti odottaa. Kerran, kun Michelle soitti ilmoittaakseen, ettei Michaeliin saanut enää yhteyttä, Bill kuulosti siltä kuin hänet olisi juuri herätetty ja sanoi olleensa vuoteessa.

Michelle kysyi rahoista – mihin ne olivat menneet. Hänen mielestään Willin täytyi olla puolustusministeriön palveluksessa, koska se maksoi laskut heidän vuokra-autoistaan. Sanoin Willin käyttäneen siihen minun luottokorttejani. Hän halusi nähdä kuitit, ja minä näytin ne hänelle. Tämäkään ei tuntunut menevän perille, vaan hän piti kiinni käsityksestään, että puolustusministeriö maksoi.

Michelle mainitsi, että kerran kotiin tullessaan Willillä oli ollut 15 000 puntaa käteistä. Tiesin rahojen olleen peräisin kotini myymisestä. Hän kertoi, miten Willillä oli ollut kaikki viisi lasta autossa hänen mennessään hakemaan rahoja, koska heidät oli häädetty jälleen kerran eikä heillä ollut yösijaa. Ilmeisesti Willin salamyhkäinen käyttäytyminen ja pyyntö, että avaisin takaoven lukosta ja pysyisin sisällä pimeässä, johtui vain siitä, että sisältä en voisi nähdä hänen lapsiaan autossa eivätkä he näkisi sisälle. Hän jätti lapset kahdeksi tunniksi kotini ulkopuolelle keskellä yötä, kun hän oli sisällä kanssani.

Michelle kertoi keinoista, joilla Will oli osoittanut hänelle olevansa se mitä väitti, kerroista, joina Will oli kertonut uutisiin tulevista asioista – puolustusministeriön jutuista. Otimme puheeksi yksityiskohtia, Willin ajamisen ja niin edelleen. Michelle paljasti jotain poikkeuksellista: Willillä ei ollut ajokorttia. Ajokortti oli väliaikainen eikä pysyvä, mutta hän oli jotenkin onnistunut keplottelemaan ylinopeussakoista. Will oli saanut kymmenisen sakkolappua aikana, jonka olin tuntenut hänet, mutta oli aina pystynyt ”hävittämään” ne seuraamuksitta.

Juttelimme koko yön ja olimme vähällä soittaa yhdessä poliisin; nykyisin toivon, että olisimme soittaneet, mutta olimme kauhuissamme. Kyse ei ollut pelkästään Willistä – me molemmat tiesimme sen. Michelle oli huolissaan varsinkin rahoista: siitä, miten hän kykenisi elättämään lapsensa – panemaan heidät esimerkiksi collegeen. Lapset olivat käyneet yksityiskouluja, ja Michellellä oli ollut kokopäiväinen lastenhoitaja, vaikka hän itse ei käynyt töissä. Perheemme elivät ihan eri maailmoissa: minun perheeni tarvitsi äitiäni toimimaan lastenhoitajana, jotta pysyisimme hengissä, kun taas hänen perheellään oli iso talo, yksityiskoulu ja lastenhoitaja.

Michelle kertoi suunnitelmistaan, joilla hän voisi kontrolloida Williä taloudellisesti, pitää hänet poissa vankilasta ja töissä, jotta Will pystyi elättämään hänet. Tajusin kaiken olevan väärin: minulla ei ollut muita tulevaisuudensuunnitelmia kuin suojella lapsiani kaikelta pahalta.

Hän kertoi myös sen, että Will oli vienyt hänet Lontooseen, jossa he olivat nähneet *Oopperan kummituksen* ja ruokailleet samassa japanilaisessa ravintolassa, jossa minä olin ollut hänen kanssaan. Michellenkin kanssa hän oli nähnyt sen muka ensimmäistä kertaa. Michelle soitti Willin vanhemmille, keskusteli heidän kanssaan ja antoi minun kuunnella sivusta. Hän sanoi heille saaneensa tietää toisesta suhteesta, ja he vastasivat, ettei tuollainen käynyt laatuun. He huomauttivat Willin ”hölynpölystä”, mutta eivät näköjään tienneet minusta mitään, eikä Michellekään sanonut sanaakaan nykytilanteesta. He kuulostivat samalta pariskunnalta, jolle olin puhunut, mutta mistä sen tietäisin?

Michelle kertoi minulle yhä lisää. Hän ja Will olivat tavanneet Yhdysvalloissa, ja silloin Will oli ollut naimisissa Alexis-nimisen naisen kanssa. Heillä ei ollut lapsia, ja Alexis oli ilmeisesti ollut suunniltaan saatuaan tietää, että Michelle odotti Willin lasta. Sen tähden hän oli ottanut avioeron. Michelle kertoi, että Alexis oli menestynyt hyvin eron jälkeen ja että hän oli mennyt toisiin naimisiin. Hän kertoi senkin, että hän piti yhteyttä entiseen naisystävään, jonka kanssa Willillä oli kaksikymmentävuotias lapsi, ja että heillä oli hyvät välit. Will olikin kertonut minulle nuoruudenrakastetustaan nimeltä Devi, jonka kanssa hän oli seurustellut koulussa ja jolle hän oli menettänyt poikuutensa.

Kello kuuden aikaan aamulla Michelle muuttui äkkiä aggressiiviseksi, työnsi kasvonsa senttien päähän kasvoistani ja äyski, että olin ollut typerys antaessani Willille rahaa. Minusta tuntui, että hän oli romahtamispisteessä, ja pelkäsin jopa olevani fyysisessä vaarassa. Halusin hänen lähtevän, mutta en halunnut suututtaa häntä. Hän oli toinen uhri, mutta häntä oli aivopesty kuusitoista vuotta enkä tosiaan voinut olla varma, että häneen saattoi täysin luottaa. En ollut valmis nukkumaan samassa talossa hänen kanssaan, ja tunsin oloni yhtäkkiä hyvin väsyneeksi. Sanoin hänelle, että minun oli levättävä, ja hän alkoi pakata tavaroitaan. Sovimme, että me molemmat jättäisimme Willin/Billin. Hän pyysi olemaan kertomatta Willille meidän tavanneen, jotta hänellä olisi mahdollisuus viedä lapset pois.

Michelle lähti, ja minä istuuduin vuoteelleni.

OSA 2:

TODELLISUUDEN ILMENEMINEN JA TOTUUDEN LÖYTÄMINEN

18

Valon näkeminen

6. HUHTIKUUTA 2006

Olin tyhjän päällä, yksin ensimmäistä kertaa maailmani luhistumisen jälkeen. Olin ylittänyt kuilun ja tiesin totuuden. Ensimmäisen turruttavan shokin jälkeen minulla oli ylivoimainen tunne, jota voi kuvata vain "helpotukseksi". Olin vapaa. Vapaa pelosta, että minua seurattaisiin tai olisin hämäräperäisten vihollisagenttien kohde – agentit eivät olleet todellisia eikä kukaan ollut perässäni. Vapaa sosiaalityöntekijöistä, jotka uhkaisivat viedä lapseni, sillä nyt pystyin kertomaan heille totuuden. Vapaa vaiteliaisuuden ja valheiden vankilasta.

Viitenä edellisenä vuotena elämäni oli monesti tuntunut trillerin ratkaisevalta hetkeltä, jolloin murhasta epäillyn asianajaja löytää tärkeän todisteen, kuten kirjoituskoneen, jonka epämuotoinen k-kirjain saa hänet epäilemään kaikkea päämiehensä kertomaa. Sellaisen todisteen löytäminen, joka näyttää epäilyksettä osoittavan, ettei tilanne tai luotettu henkilö olekaan sellainen kuin hän on olettanut. Taustalta kuuluu jäätävä sointu, kun todellisuus paljastuu ja hän äkkiä tajuaa totuuden. Mutta sitten päämies tulee takaisin ja osoittaa, että jokaisessa kirjoituskoneessa on epämuotoinen k-kirjain. Asianajaja palaa lähtöpisteeseen ja tuntee pakkoa uskoa taas. Ainakin nyt se loppuisi: ainakin elokuva päättyisi ja saisin normaalin elämäni takaisin.

En ollut mitenkään onnellinen, mutta tiesin, mitä todella oli tapahtunut; kaikki oli menneisyyttä, ja siksi voisin jättää sen taakseni. Minulla oli tilaisuus onneen, sillä minä ja lapset voisimme muovata oman tulevaisuutemme.

Viivyin tässä tilassa puolisen tuntia, ja sitten lähetin Willille tekstiviestin, että suhteemme oli ohi. En selitellyt enkä hienostellut, vaan kirjoitin:

Olen ollut valveilla melkein koko yön miettien mitä tehdä. En ole tyytyväinen nykytilanteeseen, ja olen tajunnut, ettet pysty antamaan minulle tarvitsemaani etkä kommunikoimaan järkevästi tai luotettavasti. Olemme monta kertaa yrittäneet setviä asioita, mutta se ei vain onnistu. Me olemme kaiketi liian pieni osa elämääsi, ja se ei minulle riitä.

Saamani vastaus oli lyhyt ja turhautunut. Will väitti, että hän oli valvonut koko yön yrittäen pysyä askeleen edellä henkilöitä, joille hän oli velkaa. Hän ei arvostanut sitä, etten tukenut häntä, ja tuntui ajattelevan, että yritin vain haastaa riitaa. Hän kirjoitti, että hän oli yrittänyt selittää tilanteen, mutta jos tarvitsin jonkun, jota syyttää ahdingostamme, voisin ilman muuta syyttää häntä.

Will ei selvästikään tajunnut, että olin tosissani suhteemme lopettamisesta, ja seuraavina päivinä hän yritti monta kertaa saada yhteyden minuun. Hän koetti soittaa, mutta en vastannut puhelimeen; hän lähetti yhä uudelleen tekstiviestejä ja kysyi, miksi en halunnut puhua hänen kanssaan. Hän ei antanut periksi helpolla tai ollenkaan, vaikka hän käsitti heti Michellen tultua kotiin, mitä oli tapahtunut. Michelle nimittäin kertoi kaiken saman tien.

Will jatkoi tekstiviestien lähettelyä ja kirjoitti pitkiä sähköposteja, joissa hän selitti toimintaansa. Hän kokeili jokaista taktiikkaa – kiukkua, kun en noudattanut hänen sääntöjään enkä ilmoittanut hänelle Michellen puhelusta, anelua olemaan jättämättä häntä, välinpitämättömyyttä, yritystä hurmata minut ja lopulta myöntämistä, että hän oli tehnyt väärin, ja armon anelemista. Hän myönsi osan valheista: lapset olivat toki hänen, mutta he eivät olleet hänen todellinen perheensä – hän ei missään tapauksessa antaisi tälle selitystä. Kyllä, lapsenhoitajalla oli kaksi hänen lastaan, mutta se oli toimeksianto. Hän käytti jokaista mahdollista keinoa viekoitellakseen minut takaisin maailmaansa ja päästäkseen taas pääni sisään.

Muutaman päivän kuluttua puhuin kyllä hänelle taas puhelimessa ja kehotin häntä selittämään, kertomaan, miksi hän oli tehnyt näin. Hän vain sanoi, että hänellä oli syynsä, mutta hän ei pystyisi kertomaan niistä puhelimessa. Hän pyysi toistuvasti minua tapaamaan hänet, mutta kieltäydyin. Pelkäsin tavata hänet kasvotusten: tiesin hänen katsekontaktinsa voiman ja pelkäsin joutuvani sen pauloihin.

Will ei hyväksynyt kieltävää vastausta, vaan edelleen painosti minua tapaamaan hänet. Alkuun säikähdin, että hän ilmestyisi yllättäen ovelle, mutta sitten aloin ajatella selvemmin ja tajusin, ettei hän tulisi. Jos hän saapuisi kutsumatta, olisin heti puolustuskannalla, mutta jos pyytäisin häntä tulemaan, jos odottaisin häntä, se merkitsisi, että olin valmis keskustelemaan ja halusin häneltä jotain ja että uskoin hänen pystyvän antamaan vastauksia ja toivoin hänen pystyvän jotenkin selittämään kaiken.

Hän jatkoi soittelemista ja sähköpostien lähettelemistä, joissa hän kertoi, ettei hän ollut enää Michellen kanssa. Michelle puolestaan kysyi minulta puhelimessa, oliko Will soittanut, sillä tämä oli livahtanut talosta.

1. toukokuuta 2006 Will lähetti kolmesivuisen sähköpostin, jossa hän jälleen kertoi, kuinka tärkeä olin hänelle, ja rukoili minua harkitsemaan uudelleen.

Will kysyi, olinko ottanut huomioon, kuka oli kertonut kaikki nuo törkeät jutut hänestä. Varmastikin tajusin, että niiden takana oli pahansuopuutta? Meidän välillämme oli aidosti erityistä; kohtalo oli määrännyt meidät olemaan yhdessä, ja hän kieltäytyi uskomasta, että hänen kokemansa kiihkeä tunne oli ollut vain yksipuolista.

Hän käytti hyväkseen sitä, että olin kerran sanonut tuntevani hänet, todellisen miehen naamion takana. Hän kirjoitti, että hän luotti sanoihini ja siihen, että näiden perättömien paljastusten aiheuttaman järkytyksen mentyä ohi ymmärtäisin tämän pitävän yhä paikkansa. Jos pitäisin kiinni siitä, mitä tiesin hänestä, selvittäisimme jotenkin tämän sotkun. Hän kirjoitti, että minun tuli ennen kaikkea uskoa hänen rakastavan minua edelleen – sitä ei voisi koskaan kieltää.

Will kirjoitti: ”Tiedät sydämessäsi, että olen aina, aina pyrkinyt olemaan tuuli siipiesi alla, varmistamaan että saavutat kaiken potentiaalisi ja vahvistamaan itseluottamustasi ja omanarvontuntoasi, jotta sinulla olisi rohkeutta saavuttaa kaikki toivomasi." Hän väitti, että hänen ollessaan kanssani elämällä oli uusi tarkoitus ja että hän oli löytänyt ennenkokemattoman merkityksen ja onnen.

Will kieltäytyi keskustelemasta Michellen kertomista asioista, vaan toisti, että Michellellä oli omat syynsä sanoa niin kuin sanoi. Kaikelle oli selitys, mutta käynnissä olevan oikeusprosessin takia hän ei voisi juuri nyt kertoa niitä. Minun täytyisi odottaa, ja sitten kaikki selvenisi: "historia todistaisi hänet syyttömäksi". Hän kirjoitti luulleensa kohdatessamme, ettei hän tosiaan voisi saada lapsia, mutta hän oli ilmoittanut väärän syyn. Hän kertoi, että hänellä olisi vastaukset kaikkeen, mutta en uskonut häntä.

Eräänä toukokuun iltana hän soitti minulle kuulostaen hyvin päihtyneeltä, ja taustaäänistä päätellen hän oli ratissa. Hän sanoi olevansa pahoillaan, että todella ansaitsin parempaa. Kysyin, miksi hän oli tehnyt sen, miksi hän oli valehdellut – ylipäänsä miksi.

Hän vastasi: "Voi Mary, minähän olen paskiainen, kai sinä sen jo tiedät?"

Kysyin, mitä hän oli tehnyt rahoilla, ja hän lupasi kertoa minulle seuraavana päivänä – mutta ei kertonut. Se oli vain toinen tapa pitää minut yhteydessä häneen, viivytystaktiikka jonkin muun pääsyreitin löytämiseksi.

Se oli kamalaa, koska joka kerta hänen ottaessaan yhteyttä tunsin vetovoiman; tunsin, kuinka helppoa olisi uskoa häntä. Mutta en koskaan aikonut palata hänen luokseen, koska hän oli vaaraksi sekä lapsille että minulle jokaisessa kuviteltavassa mielessä – fyysisesti, emotionaalisesti ja psyykkisesti.

Ajatukseni heilahtelivat edestakaisin ja arvuuttelin, oliko hän tosiaan rakastunut minuun eikä voinut kertoa minulle olevansa jo naimisissa. Ajattelin hänen aidosti rakastavan minua, sitten tajusin, ettei niin ollut; sitten hän otti yhteyttä ja minä jälleen uskoin hänen rakastavan minua. Se oli hirveää aikaa, hämmentävää ja järkyttävää. Lapsillakin oli rankkaa, sillä olin tunteideni vietävissä ja pois tolaltani, mutta ystäväni ja perheeni riensivät avukseni. En muista paljoakaan noista ensimmäisistä viikoista, sen kyllä muistan, että mitä enemmän aikaa kului päivästä, jona tapasin Michellen, sitä selkeämmiksi ajatukseni muuttuivat.

Se oli monella tavalla kuin heräämistä koomasta tai hypnoosista. Miten hän oli onnistunut manipuloimaan minua niin täydellisesti? Miten en kyennyt huomaamaan, mitä oli tapahtumassa?

Michelle soitti usein ja esitti kysymyksen toisensa perään; monet niistä liittyivät intiimeihin yksityiskohtiin suhteessani Williin. Minusta tuntui kuin vaimo olisi tivannut tietoja myöntyväiseltä rakastajattarelta, mutta en tiennyt olleeni rakastajatar: minäkin olin ollut Willin vaimo. Olin edelleen, kunnes Will todettaisiin syylliseksi kaksiavioisuuteen. Minun täytyi jatkuvasti muistuttaa itselleni, että Michellekin oli uhri.

Aluksi vastasin muitta mutkitta Michellen kysymyksiin. Antoiko Will minulle edelleen rahaa, hän kysyi. ”Ei anna”, vastasin ällistyneenä kysymyksestä.

Will ei ollut koskaan antanut minulle rahaa. Hän oli nostanut kaikki tililtäni siirretyt varat ja jättänyt vain vähän luottokorttivelkojen maksamiseen ja lasten elättämiseen. Luottokortit olivat tapissa ja Will makseli niillä jatkuvasti vuokra-autoja, retkiä elokuviin ja ruokaostoksia. Kun nyt tiesin totuuden, ymmärsin, mistä luottokorttilaskut olivat tulleet. Will oli sijoittanut yritykseen kaikkiaan 129 000 puntaa ja nostanut 188 000 puntaa. Olin kiinnittänyt huoneistoni ja luovuttanut hänelle 19 000 puntaa; olin antanut hänelle kaikki yrityksestä saadut varat, sitten olin myynyt huoneistoni ja antanut hänelle 105 000 puntaa. Kun se oli käytetty, olin lainannut vanhemmiltani 18 000 puntaa häntä varten ja lisäksi elättänyt perheen, ruokkinut lapset ja pitänyt katon päämme päällä viiden vuoden ajan.

Minulla oli yli 56 000 puntaa laina- ja luottokorttivelkoja, koska Will oli käyttänyt nimissäni olevia luottokortteja elättääkseen toista perhettä tai toisia perheitä, toisia naisia ja vaihtoehtoisia elämiä. Hän oli kuluttanut kaikki ansiotuloni sekä kaiken, mitä olin koko elämässäni saanut aikaan. Kaikki vain hänen valheittensa pönkittämiseksi. Vain laskut olivat jäljellä. Kun lasketaan rahat, jotka hän otti yritykseltä ja minulta suoraan, ja minulle jäänyt velka, Will oli huijannut minulta 198 000 puntaa.

Aluksi Michelle sanoi yrittävänsä päästä Willistä eroon, mutta melko pian hän tuntui pudonneen takaisin tarinan syövereihin. Pahinta oli se, että pystyin täysin ymmärtämään syyn, sillä Michelle antoi Willin katsoa silmiinsä ja vakuuttaa, että Will oli ainoa luotettava henkilö – se oli kuin lumousta, ja oli pelottavaa ajatella, millainen valta Willillä oli ennen ollut minuun. Saatoin kuvitella, miten Will sanoi, ettei Michelle voinut uskoa niin päätöntä tarinaa. Will olisi sanonut: ”Ajattele nyt, Michelle, sinä tiedät, mitä minä teen. Sinä tiedät, että minulla oli syyni saada lapsia hänen kanssaan.” Saatoin kuvitella, miten hänet saatiin tuntemaan syyllisyyttä yhteyden ottamisesta minuun, heidän maailmansa tuhoamisesta. Vaikka Will antaisi anteeksi, Michellelle jäisi tunne, että hän oli pettänyt Willin. Michelle katosi joksikin aikaa ja yritin turhaan saada yhteyttä häneen. Olin huolissani, mihin tämä kaikki johtaisi. Annoin asian olla pari viikkoa ja sitten soitin hänelle. Hän vastasi kuulostaen pelästyneeltä.

"En voi puhua kanssasi", hän kuiskasi epätoivoisella salaliittolaisen äänellä. "Palataan alkuperäiseen tarinaan. Se mitä alkuaan uskoimme, on totta. Se kaikki on totta!" Hän kuulosti säikähtäneeltä. "En voi puhua kanssasi, minun on kerrottava tästä."

"Tuo ei ole todellista, Michelle. Kaiken takana on Bill", sanoin.

"Ei, sinä et ymmärrä. Kaikki on järjestettyä, etkö tajua? Ajattele vähän! Sinut järjestettiin saamaan lapsia tuon miehen kanssa. Hänen perimänsä ja sinun suhteesi!"

"Mistä sinä puhut?" kysyin.

"Ajattele nyt! Ajattele, millaista aikaa elämme, syyskuun yhdettätoista, vihollista. Tiedustelupalveluun ei tule tarpeeksi tummaihoisia lapsia!"

"Voi Michelle, ei."

"En voi puhua kanssasi, minun on kerrottava tästä."

Halusin epätoivoisesti auttaa häntä, mutta tiesin, ettei mitään ollut tehtävissä. Hän vaikutti varmalta siitä, että Will oli pelkkä pelinappula eikä kaikkivoiva ohjaaja, ja pystyin täysin ymmärtämään syyn. Will oli todella etevä kontrolloimaan ihmisiä ja saamaan kuulijat uskomaan, että hänen kertomansa mielikuvitusjuttu oli ainoa mahdollinen selitys heitä ympäröiviin eriskummallisiin tapahtumiin. Peli oli käynnissä, ja Will taisteli pitääkseen ainakin yhden uhreista otteessaan.

Will kertoi minulle, että Michelle yritti vain päästä eroon minusta, kilpailijastaan, koska tämä halusi kaikki Willin rahat itselleen ja lapsilleen. Will sanoi, että kyse oli yksinomaan rahasta; Michelle tiesi Willin rakastavan minua ja vain sillä oli Willille merkitystä. En tiennyt mitä uskoa, mutta sen tajusin, etten voinut luottaa Michellen tarinaan enkä taatusti luottanut Williin.

Meni muutama kuukausi ennen kuin puhuin uudelleen Michellen kanssa, ja silloin tapahtumat kotona olivat minulle kova isku. Äidilläni oli todettu syöpä, ja kemoterapia oli aloitettu. Hän oli ollut sairas vuoden verran, mutta oli vähätellyt ongelmaa. Olin tehnyt voitavani ollakseni avuksi, ja hän jatkoi sosiaalista elämää kuin ennenkin ja kieltäytyi kertomasta kenellekään, että hän oli häviämässä taistelunsa non-Hodgkin-lymfoomaa vastaan.

Kesän aikana hänen kuntonsa huononi ja hän laihtui huomattavasti ja kärsi yhä pahemmasta hengenahdistuksesta. Heinäkuuhun mennessä oli selvää, että sairaus oli päässyt voitolle. Koska en ollut töissä, vietin paljon aikaa huolehtien hänestä ja vieden häntä vastaanotolle – ja koska isäni ei kyennyt sisäistämään koko tilannetta, minusta tuli äidin lääkärin ensisijainen yhteyshenkilö.

7. elokuuta 2006 istuin kahvilassa typertyneen hiljaisuuden vallitessa keskusteltuani juuri kyseisen lääkärin kanssa. Tuijotin suurta kahvikuppia ja tiesin, että minun olisi soitettava sisaruksilleni ja mentävä tapaamaan isääni. Koetin keksiä, miten kertoisin heille äidin olevan lähellä kuolemaa ja elinaikaa olevan parhaassakin tapauksessa päiviä tai mahdollisesti viikkoja. Äidille oli kerrottu, mutta hän kieltäytyi hyväksymästä; hän

sanoi minulle, että hänen oli pakko uskoa paranevansa. Hän oli sellainen – aina vahva, aina käytännönläheinen. Tulisin kaipaamaan häntä niin paljon; hän oli suuri osa elämääni ja vahvuuttani, varsinkin tänä kammottavana aikana. Ainakin hän oli nähnyt minun vapautuvan vankilastani; ainakin hän tiesi minun toipuvan hiljalleen.

Istuessani siinä puhelimeni soi. Näin Michellen numeron, mutta vastasin ennen kuin tajusin, kuka soitti. Hän aloitti äyskähtämällä: ”Antaako hän vieläkin sinulle rahaa?”

”Antaa mitä?” sanoin hyvin hiljaa.

”Rahaa katoaa edelleen, antaako hän sinulle rahaa?” hän kysyi syyttävällä äänellä.

Viimeinkin lakkasin esittämästä hänen alamaistaan. ”Michelle, minä en enää vastaa sinun kysymyksiisi. Minä olen juuri saanut tietää, että äitini kuolee pian, enkä todellakaan jaksa tätä enää. Miksi sinä annat hänelle edelleen rahaa? Miksi olet edelleen hänen kanssaan?”

Olin saanut tarpeekseni hänen asenteestaan, että olin halpa rakastajatar, jota oli lupa tölviä. Minusta tuntui kuin Michellekin olisi manipuloinut minua, omalla tavallaan. En ollut hänelle toinen uhri, vaan joku, joka oli vain varastanut hänen miehensä huomion. Hän näytti ajattelevan, että olisi täysin älytöntä, jos Will harkitsisikin rahan antamista lapsille, jotka hänellä oli minun kanssani.

Kysymys sai Michellen takeltelemaan. ”En minä ole hänen kanssaan; hän on vienyt lapsilta rahaa.”

”Ota sitten lapset häneltä pois”, sanoin.

Hän sanoi nopeasti, että hänen täytyi mennä, ja katkaisi puhelun.

Ennen tätä järisyttävää tapausta olin saanut erinäisiä asioita selville. Ensimmäisten paljastusten jälkeen tunsin pakkoa saada tietää lisää. Olin varma, että muutkin naiset olivat joutuneet Willin huijaamiksi, ja halusin pelastaa heidät. Soitin numeroihin, jotka näkyivät Willin vanhassa kännykkälaskussa. Lasku oli lähetetty minulle, koska se oli maksettu yrityksen kautta. Soitin velkojenperijälle, joka oli yrittänyt karhuta maksamatonta kiinteistöveroa Michellen talosta Lancashiressa. Joku perheystäväksi itseään sanonut mies oli pikkutunneilla keskustellut pitkään Willin kanssa. Sitten soitin numeroon, josta joku nainen vastasi. Hän tiedusteli, kuka olin, ja kerroin olevani yksi Willin vaimoista. Puhelimessa oli Anna, nainen, jonka hyväksikäytöstä Will oli saanut tuomion, jonka kanssa olin keskustellut lyhyesti ja joka oli luvannut lähettää minulle lausuntonsa hyväksikäyttösyytteiden kumoamiseksi.

Anna sanoi monen asian selvenevän. Kysyin häneltä lausunnosta, ja hän vastasi sanoneensa puhelimessa niin kuin häntä oli käsketty – minä olin tehnyt monesti samoin – mutta jättäneensä lausunnon lähettämättä. Kerroin hänelle, että minuakin oli hyväksikäytetty lapsena, ja esitin kokeeksi siihen liittyvän kysymyksen, mutta hän vain sanoi, että jutussa oli muutakin.

Juttelin Annan kanssa monta kertaa parin seuraavan kuukauden mittaan. Hän yritti saada minut vakuuttuneeksi, että Will oli Britannian puolustusministeriön mies. Hän kertoi tietävänsä sen, koska Will oli vienyt hänet katsomaan useita ilmavoimien tukikohtia. Hän sanoi Willin olevan epätoivoinen ilman minua ja juovan raskaasti. Hän ei ollut koskaan ennen nähnyt Williä tuollaisena. Koetin tolkuttaa Annalle, että kaikki oli valhetta ja ettei Will ollut sitä mitä väitti, mutta hän ei uskonut. Tiesin yrityksen turhaksi, mutta minun oli kokeiltava. Minusta tuntui, että Anna oli suurin uhri tässä kaikessa, sillä Will oli hyväksikäyttänyt ja manipuloinut häntä lapsesta asti ja oli yhä niskan päällä. Menetin toivoni tajutessani, etten voisi auttaa Annaa.

Myöhemmin, kun Will oli vankilassa, puhuin Annan kanssa uudelleen, ja hän alkoi ottaa selvää Willistä. Anna sanoi, että hänen yhteyshenkilönsä Britannian puolustusministeriössä oli sanonut, mitä minulle piti kertoa, hyväksikäytön olemattomuudesta, Willin työstä ilmavoimien tukikohdissa ja niin edelleen. Sanoin hänelle, että tuo henkilö oli todellisuudessa Will, ja hän myönsi tajuavansa sen nyt. Hän lisäsi kuulleensa yhteyshenkilöstä viimeksi syyskuun 2006 alussa eli samaan aikaan kuin Will lakkasi pitämästä yhteyttä. Anna ymmärsi, mitä tuo mies oli tehnyt hänelle. Anna on erittäin vahva persoona ja tuntee selvästi olevan vastuussa muista. Uskon, että hän selviää koettelemuksesta ehjin nahoin, kun vain pääsee irti Willistä ja katkoo siteet. En ole kuitenkaan varma, pystyykö hän enää luottamaan kehenkään sen enempää kuin minä itse.

Otin yhteyttä myös Aliceen – hän oli ollut Willin ystävä, mutta vaikka Will oli sanonut tuntevansa hänet tiedustelupalvelun kautta, se ei selvästikään ollut totta. Kenties Alicella olisi minua hyödyttäviä vastauksia. Lähetin sähköpostia vanhalla osoitteella ja sanoin haluavani keskustella keskeneräisestä liiketoimesta, jossa Will oli mukana. Hän soitti minulle, ja juttelimme. Tilanne osoittautui täysin odotuksistani poikkeavaksi.

19

Alicen tarina

Alice ei ollut tiedustelupalvelun palveluksessa eikä henkisesti epävakaa, kuten Will oli väittänyt minulle. Hän on varovainen ja sanavalmis henkilö, jonka Will oli saanut pauloihinsa.

Alice on yksinhuoltajaäiti, jolla on kaksi vanhempaa lasta ja joka oli tavannut Willin verkossa toukokuussa 2005 - vain muutama päivä siitä, kun Will oli noutanut palvelimet muuttoni jälkeen ja nähnyt poikavauvamme ensimmäisen kerran.

Will on syntynyt 22. toukokuuta, ja silloin hän oli ottanut yhteyttä Aliceen ja sanonut, että tämän vastaus kruunaisi hänen 40-vuotispäivänsä. Will oli vokotellut häntä samalla tavalla kuin oli hurmannut minut ja jopa sopi treffeistä 40-vuotispäiväkseni - 5. kesäkuuta - mutta kumma kyllä Will ei tullut. Hän pyysi anteeksi vedoten työkiireisiinsä, ja Alice sopi tapaavansa hänet joskus toiste.

He tapasivat ja alkoivat syventää suhdettaan, joka muuttui nopeasti intensiiviseksi etäromanssiksi. Will kertoi olevansa IT-alan töissä ja työskentelevänsä yksinomaan suurelle ohjelmistoyritykselle. Hän väitti perustaneensa yrityksen Britannian-toimiston ja joutuvansa tekemään töitä eri puolilla Britanniaa ja Brysselissä.

Will ja Alice olivat tavanneet vain muutaman kerran, kun Will alkoi pyytää rahaa. Kesäkuussa 2005 Will soitti hätääntyneenä ja sanoi, että hänen autonsa oli varastettu ja sen mukana hänen luottokorttinsa ja läppärinsä ja hänelle oli jäänyt vain kännykkä. Hän sanoi, ettei ollut vakuuttanut läppäriään, joten hänen oli ostettava työn vuoksi uusi. Hän ei tiennyt mitä tehdä, mutta saisiko hän lainaksi vähän rahaa? Alice lainasi hänelle 4 500 puntaa, jotka hän oli juuri saanut myytyään autonsa ystävälleen, ja Will lupasi maksaa takaisin kuukauden kuluessa. Alice myös antoi käyttää luottokorttiaan, jotta Will voisi maksaa puhelinlaskunsa ja pääsisi takaisin töihin ja pois kiipelistä.

Will kertoi Alicelle perustaneensa yrityksen kymmenen Yhdysvaltojen kansalaisen kanssa, jotka kaikki olivat mukana ohjelmistojen levittämisessä ja Yhdysvaltojen puolustusministeriön hankkeissa. Hän ilmoitti jopa osallistuvansa 7. heinäkuuta tehtyjen Lontoon pommi-iskujen valvontavideoiden digitoimiseen. Hän kertoi, milloin tiedot annettaisiin lehdistölle ja mitä uutisissa olisi. Sitten hän ehdotti, että hän hankkisi Alicelle sopimuksen yrityksensä kautta. Will tarjoutui pestaamaan Alicen ”meidän” yritykseemme 800 punnan peruspalkalla viikossa ja 4 000 punnan bonuksella kolmen kuukauden välein. Alice suostui ja aloitti työt heinäkuussa 2005. Hän lähetti verolomakkeensa minulle kuutisen kertaa luullen minua yrityksen kirjanpitäjäksi ja Willin läheiseksi ystäväksi, mutta minä en saanut lomaketta. Will antoi

Alicelle faksinumeronsa ja osoitteensa, mutta emme edelleenkään tiedä, mitä dokumenteille tapahtui.

Will pyysi Alicea tulemaan luokseen ja ajoi hänen kanssaan Lontooseen näyttääkseen huoneistoaan – jota tietääksemme ei ole olemassakaan. Matkalla Will sai puhelun, jossa häntä vaadittiin matkustamaan heti Brysseliin paneutumaan oikeusjuttuun, jossa oli kyse yrityksen tulevaisuudesta. Alicen täytyi majoittua serkkunsa luokse.

Palvelimet olivat Alicen talossa viikon verran heinäkuussa, jolloin asuin vanhempieni luona. Will oli sanonut, ettei hänen toimistossaan ollut tilaa niille, ja sepittänyt uskottavan tarinan. Will haki palvelimet Alicen asunnosta eräänä iltana, ajoi sitten Edinburghiin ja sijoitti palvelimet minun asuntooni muutettuaan sinne elokuussa 2005.

Will sanoi löytäneensä verkosta pari ihmistä ja tapailleensa kahta muuta naista samalla treffipalstalla, jolla he olivat tavanneet. Hän oli myös vienyt Alicen matkoille Lontooseen. Kerran hän oli soitellut Alicelle koko päivän, koska yrityksen kirjanpito-osasto, siis minä, oli tallettanut 1 200 puntaa Alicen tilille Willin oman tilin ongelman takia. Alicen tuli nostaa rahat käteisenä ja ajaa ne mukanaan Lontooseen. Sitten he voisivat mennä teatteriin ja viettää yhdessä hauskan illan. Will tapasi Alicen Paddingtonin asemalla ja vei hänet japanilaiseen ravintolaan. Alice huomasi tarjoilijoiden hymyilevän Willille, ja kuultuaan minun tarinani hän ymmärsi syyn. Tuolloin Will sanoi vieneensä ainakin yhden muista treffikumppaneistaan sinne. Will tilasi "tavallisen" ateriansa, hyvin kalliin teriyaki-pihvin, ja joi samppanjaa laseittain koko illan. Rahasta ei tuntunut olevan puutetta, mutta Alice joutui taas maksamaan, koska hänen tuomansa raha oli menossa johonkin kiireellisempään – Will lupasi tietysti maksaa takaisin "pian". Sitten he menivät katsomaan *Oopperan kummitusta*, ja jopa lipunmyyntitiskin nainen vaikutti tunnistavan Willin. Näytöksen jälkeen he menivät baariin, ja siellä Will rupesi kertomaan äidistään. Äiti oli kovin sairas, ja Will olisi tahtonut matkustaa takaisin Yhdysvaltoihin käydäkseen katsomassa häntä. Will kysäisi Alicelta, haluaisiko hän tulla mukaan. Ennen kuin Alice ehti vastata, Will sai puhelun siskoltaan Yhdysvalloissa. Sisko ilmoitti, että edellisenä päivänä tehty sydänleikkaus ei ollut onnistunut ja että he aikoivat tehdä uuden leikkauksen. Willin täytyi muka löytää rahat leikkauksen maksamiseksi ja lähettää ne.

Tämän jälkeen Will syötti Alicelle murheellisen sepustuksen toisensa perään, muun muassa siitä, miten ohjelmistoyritys ei ollut kattanut hänen kulujaan. Will pyysi, ja Alice antoi yhä enemmän rahaa. Alice ansaitsi 800 puntaa viikossa, ja suurin osa siitä meni Willille, joka sepitti erilaisia tarinoita. Se kuulostaa vaikealta uskoa, mutta tiesin, miten Will toimi, miten hän osasi manipuloida. Alkuperäinen sijoitus (raha, aika tai tunne) tulisi takaisin, kunhan hän vain saisi hiukan lisää. Will sanoi, että tämä riittäisi, että nyt olisi "viimeinen kerta". Hänen kyvyssään kontrolloida oli jotain arvoituksellista, jotain mitä kumpikaan meistä ei kyennyt käsittämään.

Alice sai luvatut 800 puntaa viikossa, mutta palkkalaskelmia ja työsopimusta ei kuulunut. Will ei kuitenkaan antanut Alicen soittaa minulle. Alice sanoi antaneensa Willille kaikkiaan 20 000 puntaa, mutta elokuun 2005 lopulla hän alkoi toden teolla epäillä Willin käyttäytymistä ja halusi ottaa selvää, mistä oli kysymys.

Will kehotti taas Alicea tulemaan luokseen ja lupasi tavata hänet motellissa M25-tien varrella. Alice tuli ja odotti, mutta

Will ei ilmaantunut. Hän oli motellissa koko viikonlopun ja soitteli Willin numeroon saamatta vastausta. Sunnuntaiaamuna Alice soitti yrityksen faksinumeroon yrittäen saada minut kiinni kysyäkseen, tiesinkö missä Will oli. Siskoni vastasi, koska minä olin Lontoossa Willin kanssa nauttimassa viikonlopusta, ja hän sanoi Alicelle meidän olevan Lontoossa. Selitys oli paljonpuhuva, joten hän päätti tehdä vähän tutkimuksia. Hän jätti viestin, jossa hän pyysi minua soittamaan, ja siskoni soitti minulle. Minä tietysti kerroin Willille, ja hän lupasi hoitaa asian mennessään hakemaan jotain autosta. Will soitti kiukustuneena Alicelle. Hän sanoi, että minä olin oikein hyvä ystävä ja ettei minua saisi häiritä vainoharhoilla. Will väitti, että hän oli yrittänyt saada Alicen kiinni ja että Alicen puhelimessa täytyi olla jotain vikaa.

Will kehotti Alicea odottamaan edelleen motellissa, mutta häntä ei näkynyt. Lopulta, maanantaina, Alice palasi serkkunsa kotiin, käytännössä puilla paljailla.

Alice googlasi nimeäni ja löysi entisen kouluni sivuston, jolla oli lueteltu luokan 20-vuotisluokkakokoukseen osallistuneet. Minun nimeni oli siellä ”Mary Turner Thomson, nykyisin rouva Mary Jordan”. Alice kysyi Williltä tästä, ja Will selitti, että olimme erittäin hyviä ystäviä ja että minusta oli hyödyllistä käyttää välillä hänen nimeään ja teeskennellä meidän olevan naimisissa. Sitten Will myönsi, että minulla oli suhteita ja että niiden ansiosta vallassa olevat, jopa kuninkaalliset, antoivat kymmenen Yhdysvaltojen kansalaisen työskennellä Britanniassa yrityksen nimissä. Jos Alice nostaisi äläkän, kaikki kymmenen ja heidän perheensä olisivat vaarassa menettää työnsä ja kotinsa ja joutua palaamaan Yhdysvaltoihin. Will vetosi Alicen hyväluontoisuuteen, mutta tämä alkoi aavistella pahaa.

Alice meni tapaamaan serkkuaan, joka tarjosi Alicelle tukensa ja vei hänet tapaamaan kirjanpitäjäystäväänsä, joka oli Cityssä suuren yrityksen palveluksessa. Alice selitti tilanteensa, ja häntä neuvottiin perustamaan osakeyhtiö itselleen ja yrittämään päästä eroon Willistä. Häntä kehotettiin päättämään ensin kolmekuukautinen työsopimuksensa. Alicella ei kuitenkaan ollut yhtään rahaa jäljellä, sillä hän oli antanut kaiken Willille – jopa hänen asuntolainansa oli maksamatta ja velkataakka paisui.

Syyskuussa 2005 Alice pyristeli edelleen vapaaksi. Hän oli vaihtanut pankkitiliä, koska hän arveli edellisen pankin tehneen useita virheitä ja suorittaneen maksuja, jotka eivät mitenkään liittyneet häneen. (Myöhemmin hän sai tietää virheiden johtuneen siitä, että Will oli käyttänyt hänen luottokorttitietojaan korjauttaakseen autonsa, ostaakseen piilolasit ja maksaakseen ruokalaskut ”ystävälle”.) Sitten Will kutsui hänet taas Lontooseen, ja koska Willin kuluja ei taaskaan ollut korvattu, Alice oli antanut uuden pankkikorttinsa tarjoilijalle laskun maksamista varten. Alice meni naistenhuoneeseen, ja palattuaan hän näki pankkikortin olevan pöydällä laskun allekirjoittamista varten. Alice ei koskaan antanut Willille pankkikorttinsa tietoja eikä lupaa käyttää pankkikorttia, mutta tulevista tapahtumista päätellen Will oli kopioinut tiedot juuri silloin.

Lokakuussa 2005 Alice irtisanoi työsopimuksensa Willin yrityksen kanssa sanoen, että hänen oli pidettävä huolta äidistään. Will oli raivoissaan. Alice puolestaan oli vakavissa vaikeuksissa asuntolainan myöntäneen pankin ja luottokorttiyhtiön kanssa. Hän teki järjestelyitä pystyäkseen selviytymään veloistaan ja yrittikin pitää niistä kiinni. Marraskuun 2005 alussa hän meni nostamaan rahaa pankkitililtään serkkuaan varten ja totesi, että jäljellä oli enää 200 puntaa, vaikka hänelle oli juuri maksettu. Tiedustellessaan asiaa pankista hän sai kuulla, että Oxfordissa toimiva Mercedes-liike oli veloittanut hänen luottokortiltaan 500 puntaa. Alice oli ällistynyt, mutta tajusi samassa, kuka sen oli tehnyt. Pankki ilmoitti, että hänen luottokortillaan oli maksettu 1 000 puntaa Mercedes-liikkeelle lokakuussa ja että samassa liikkeessä oli kaksi muutakin kertaa yritetty käyttää hänen luottokorttiaan. Pankissa sanottiin, että Alicen olisi tehtävä rikosilmoitus saadakseen rahat takaisin, ja hän teki juuri niin.

Poliisi kehotti Alicea pysymään yhteydessä Williin, jotta hänet saataisiin kiinni Mercedes-liikkeessä. Niinpä Alice lähetti Willille tekstiviestin, jonka mukaan liikkeestä oli soitettu ja kerrottu auton olevan valmis. Kun Will saapui, poliisit olivat odottamassa. He tutkivat auton ja löysivät papereita, jotka kuuluivat rouva Michelle Jordanille sekä etälamauttimen. Auto oli rekisteröity Willin toiselle vaimolle, rouva Mary Jordanille. Will pidätettiin saman tien. Hän soitti minulle matkalla poliisiasemalle ja pyysi ilmoittamaan varapääministerin kansliaan, että Will myöhästyisi töistä.

Alicen avulla monet palapelini palaset loksahtivat paikoilleen, kuten myös hänellä minun avullani. Tilanne alkoi seljetä, mutta meille jäi paljon avoimia kysymyksiä. Mihin rahat olivat menneet ja mihin Will oli käyttänyt niitä? Kumpikaan meistä ei tiennyt. Will oli kertonut Alicelle muista naisista, joita hän oli tavannut löydettyään heidät verkosta – ehkä hän oli käyttänyt rahat heihin, mutta se ei vaikuttanut todennäköiseltä.

Alice ja minä yritimme suostutella yhteistyöhön sen treffipalstan asiakaspalvelua, josta Alice oli löytänyt Willin. Pyysimme ottamaan yhteyttä muihin naisiin, jotka Will oli sivuston kautta tavannut. Olimme huolissamme erityisesti naisista, joilla oli lapsia, koska Will näytti valitsevan uhreikseen yksinhuoltajaäitejä – mutta asiakaspalvelu ei halunnut sotkeutua asiaan. Ainoa toimenpide asiakkaiden suojelemiseksi oli poistaa Willin ilmoitus. Se ei varoittaisi naisia, joihin Will oli jo ottanut yhteyttä.

Alussa, pitkien puhelinkeskustelujemme aikana, Alice oli hermostunut ja pyysi anteeksi, että hänellä oli ollut suhde aviomieheni kanssa. Hän uskoi, että hänen toimintansa takia minä jäisin aviomiehettä ja lapseni isättä, ja saatoin kuulla hänen äänestään hänen tuntevan syyllisyyttä. Koetin kovasti selittää olevani kiitollinen – että hän oli vapauttanut minut. Hänen toimintansa olivat säästäneet minut ja lapseni lisäharmeilta. Olin kieltämättä veloissa ja vararikon partaalla Willin velkojen takia, mutta minulla oli kaikki merkityksellinen. Minulla oli ihmeelliset lapseni ja tiesin nyt totuuden.

Tulen aina olemaan kiitollinen Alicelle siitä, mitä hän teki, ja loputtomista tunneista, jotka hän vietti puhuen kanssani. Vain hän ymmärsi täysin eikä tuominnut minua Williin uskomisen takia. Vain hän tiesi, miten Will toimi ja kuinka tämä osasi manipuloida. Minun tavoin hän muisteli tapahtunutta yrittäen ymmärtää, miten Will oli tehnyt näin meille. Olin löytänyt liittolaisen, ystävän, jonkun samaa kokeneen. Alice oli älykäs ja kunniallinen henkilö, joka oli mennyt vipuun.

En ollut enää hiljaa enkä yksin.

20

Ensimmäinen vaimo ja nuoruudenrakastettu

Alicen tuesta rohkaistuneena halusin tietää enemmän, ottaa selvää, mistä Will oli tullut ja mikä hänet oli tehnyt sellaiseksi kuin hän oli. Halusin täyttää tiedoilla aukon, jonka hän oli tehnyt ottamalla minulta niin paljon. Edessäni oli kuin valtava palapeli, joka minun täytyi koota. Tiesin, etten koskaan löytäisi kaikkia paloja, mutta toivoin saavani käsityksen kokonaisuudesta, jos vain löytäisin riittävästi reunapaloja.

Vieraillessaan luonani Michelle oli maininnut kolme henkilöä, joilla saattaisi olla vastauksia. Ensinnäkin hän sanoi Willin olleen aikoinaan naimisissa Alexis-nimisen naisen kanssa. Alexis oli eronnut Willistä vuonna 1991, mennyt uusiin naimisiin ja jatkanut elämäänsä. Minun täytyi löytää tuo nainen, sillä halusin tietää, oliko mahdollista toipua täysin, aloittaa alusta. Halusin myös puhua sellaisen henkilön kanssa, joka oli tuntenut Willin ja tämän suvun. Michellelle oli sanottu, että Willin äiti oli mielisairas, mutta oliko sairaus perinnöllistä? Olivatko lapsenikin vaarassa? Ainoa tapa saada tietää oli kysyä.

En halunnut soittaa Willin vanhemmille, koska minulla ei mielestäni ollut oikeutta häiritä heidän elämäänsä. Alexis kuitenkin voisi pystyä kertomaan minulle jotain.

Googlasin hänen nimeään ja sain selville, että hän oli kirjailija. Netissä oli hänestä monta hakutulosta, joten lähetin hänelle sähköpostin, jossa ilmaisin haluavani keskustella hänen kanssaan meitä molempia koskettavasta henkilökohtaisesta asiasta. Hän kirjoitti minulle, ja kerroin, mitä minulle oli tapahtunut. Hän vastasi, ja kävimme pitkän keskustelun. Hän kertoi tarinansa ja heidän elämästään yhdessä. Löysin monia samankaltaisuuksia ja uusia tietoja.

Toiseksi Michelle oli puhunut Devistä, joka oli ollut Willin nuoruudenrakastettu ja josta oli tullut kovin mustasukkainen heidän suhteensa alkupäivinä, jolloin Will oli puhunut kaivaten Devistä ja heidän suhteestaan. Will oli saanut heidät kuulostamaan täydelliseltä lukiopariskunnalta, mutta unohtanut mainita, että heillä oli yhteinen poika. Se ei varmaankaan olisi sopinut tarinaan hedelmättömyydestä. Tahdoin löytää Devin ja tämän pojan Georgen, koska hekin saattaisivat täydentää palapeliä.

Alice löysi keinon heidän tavoittamisekseen mainitsemalla, että Willillä oli sivu MySpacessa. Avasin sivuston ja huomasin, että Willillä oli siellä vain yksi ystävä: poikansa George. Willin sivu katosi päivä sen jälkeen, kun olin löytänyt sen – mutta liian myöhään: olin jo ottanut yhteyttä Georgeen, jonka kanssa kävin jo keskustelua. Lähetin Georgelle jonkin aikaa sähköposteja, ja syyskuussa 2006 kerroin hänelle Willin olevan tutkintavankeudessa. Sanoin, että hänen pitäisi tietää muitakin asioita, mutta en halunnut vain möläyttää niitä hänelle. George puhui äitinsä Devin kanssa, ja tämä lähettikin sähköpostia hyvin halukkaana kuulemaan, mitä minulla oli sanottavaa. Keskustelimme puhelimessa pitkän aikaa. Devikin oli vahva, itsenäinen nainen, jolla oli mahtava persoonallisuus. Mutta hänen tarinansa oli musertava.

Willin menneisyys rakentui siis pala palalta. Tarina oli täynnä dramaattisia tapahtumia, ja selvisi, etten suinkaan ollut tämän miehen ensimmäinen uhri. Aukkoja oli edelleen, mutta kanssani puhuneiden ihmisten mukaan Willin tarina on kutakuinkin tällainen.

Devi kertoi, että hän ja Bill, kuten tämä silloin kutsui itseään, tapasivat Devin aloittaessa Willin lukiossa New Jerseyssä vuonna 1980. Will oli viidentoista ja Devi neljäntoista. He rupesivat seurustelemaan melkein heti, ja he olivat välillä parisuhteessa jäljellä olevien kouluvuosien ajan. Bill ilmeisesti lopetti suhteen ja aloitti sen monta monituista kertaa, minkä vuoksi Devi oli poissa tasapainosta ja ymmällään. Will sai Devin odottamaan treffejä tuntikausia, ja vaikka Devin äiti kehotti tytärtään luopumaan miehestä, Devi ei luovuttanut. Tultuaan Bill vetosi johonkin ikävään perhetapahtumaan ja väitti, ettei myöhästyminen ollut hänen vikansa.

Devi uskoi Billin kadehtivan häntä, varsinkin hänen kykyään säästää rahaa. Devi ei ollut mikään tuhlari, vaan talletti aina rahansa säästötililleen.

Bill otti jo vapauksia Devin suhteen. Devi tiesi, että Willillä oli vaikeuksia perheensä kanssa ja että Willin äiti oli sairas. Willin mukaan talossa ei ollut syötävää eikä mitään mahdollisuuttakaan ostaa sitä, joten Devi antoi Willille pankkikorttinsa ja sanoi, että Will voisi ihan hyvin ostaa perheelleen tarpeellista tavaraa 20 tai 30 dollarilla.

Yhdysvalloissa oli silloin sallittua tallettaa rahaa pankkiautomaattiin kirjekuoressa tietokoneen tietämättä, paljonko rahaa kuoressa oli. Se vain luotti henkilön ilmoittavan oikean summan. Siksi oli mahdollista tallettaa 20 dollaria ja ilmoittaa määräksi 200 dollaria. Pankki talletti tilille ilmoitetun määrän, ja se voitiin nostaa heti. Eroavuus huomattiin vasta parin päivän kuluttua, kun kirjekuoret avattiin ja rahat laskettiin. Bill teki näin useita kertoja kahdessa päivässä ja nosti Devin tililtä 600 dollaria, mikä merkitsi tilinylitystä. Devi oli kiukkuinen ja lopetti suhteen. Bill kuitenkin luikerteli hiljalleen takaisin, ja lopulta he olivat taas yhdessä.

Devillä oli ongelmia vanhempiensa kanssa, ja hän joutui kodittomaksi vuonna 1983, joten hän muutti asumaan Billin kanssa salaa tämän vanhempien talon alakertaan. Billin vanhemmat olivat aina katsoneet Deviä vinoon eivätkä hartaina katolilaisina olisi varmasti sallineet Devin asua talossa. Myöhemmin samana vuonna Bill tuomittiin sekkien väärentämisestä vankilaan, ja Devi päätyi kadulle.

Devi meni pyytämään papilta apua, ja hänet lähetettiin torakota kihisevään asuntolaan, joka Devin mukaan oli ”kansakunnan viheliäisin paikka”. Muut naiset uhkasivat hakata hänet joka päivä, ja hän eli jatkuvassa pelossa. Hän tiesi, että hänen oli henkensä tähden päästävä pois. Se oli hänelle selvästi kammottavaa aikaa.

Devi kuitenkin selvisi koettelemuksesta, sillä hän löysi turvapaikan autiotalosta. Kuukausia myöhemmin hän törmäsi Billiin, ja tämä sanoi etsineensä Deviä epätoivoisena vankilasta vapautumisensa jälkeen. Bill sanoi panneensa ihmisiä etsimään Deviä ja oli lopulta tullut siihen tulokseen, että nainen oli kuollut. Bill kapsahti Devin kaulaan ja vannoi rakkautta, kertoi olevansa iloinen jälleennäkemisestä. Devi oli sanomattoman onnellinen, koska Bill näytti todella välittävän hänestä. Hän sai vaikutelman, että Bill oli taas vaikeuksissa, mutta hän ei tiennyt millaisissa.

Eräänä päivänä Bill vei Devin ajelulle, ja kun he olivat päässeet pois New Jerseystä, Bill huokaisi raskaasti ja sanoi olevansa hyvin helpottunut. Jotenkin, Devi ei muista miten, Bill suostutteli hänet jatkamaan matkaa, ja he ajoivatkin Kanadaan asti.

He viettivätkin jonkin aikaa kulkurielämää, yöpyivät välillä hostelleissa ja välillä kadulla. He saivat kirkoista elämiseen vaadittavaa rahaa ja pysyivät nipin napin hengissä. Sitten he näkivät Kanadan Barriessa sijaitsevan, vanhahkon saksalaisen pariskunnan pitämän hostellin etsivän apulaisia. Viiden päivän työllä saisi majoituksen ja ruoan koko viikoksi. He tarttuivat viipymättä tilaisuuteen, ja Devi oppi ompelemaan lakanoita ja tyynynliinoja mittojen mukaan ja Bill tekemään sähkö- ja rakennustöitä.

Bill ei kuitenkaan ollut tyytyväinen, vaan halusi enemmän. Hän ei näyttänyt tajuavan, että niin makaa kuin petaa. Hän ei olisi halunnut paiskia töitä elääkseen, ja tästä asenteesta tulikin riita, koska Devi uskoi vahvasti ajatukseen palkasta tehdyn työn mukaan eikä Bill vaikuttanut panevan parastaan.

Vuonna 1985 Bill tapasi miehen, joka tarjosi heille samankaltaista työtä vastineeksi majoituksesta ja ruoasta, mutta eräällä huvilalla. Tuolloin Devi oli raskaana, ja vatsan pullistuessa hänen oli yhä vaikeampi tehdä töitä. Sitten Bill tapasi yrityksen omistavan pariskunnan, ja jostain syystä he antoivat hänelle 500 dollarin sekin. Hän piti sekin itsellään eikä tehnyt heidän odottamiaan töitä. Seuraavaksi Devi tajusi poliisien olevan ovella ja esittävän kysymyksiä. He tiedustelivat esimerkiksi Billin autosta löytyneestä poliisin suojaliivistä ja virkamerkistä sekä kamppailulajiin sopivasta heittoveitsestä. Devi ei tiennyt niistä mitään. Poliisit veivät Billin mukanaan ja toimittivat Devin läheiseen naisten turvakotiin.

Devi koetti pysytellä hengissä ja saada lapsenvahdin töitä, mutta hänet erotettiin vain kaksi viikkoa ennen kuin hän synnytti poikansa joulukuussa 1985 ja palasi New Jerseyhyn vanhempiensa luokse. Hän oli silloin yhdeksäntoistavuotias.

Neljään vuoteen, 1986–1990, Devi ei kuullut Billistä mitään eikä yrittänytkään löytää häntä. Hän sai työpaikan ja alkoi saada oman ja lapsensa elämän raiteilleen.

Vuonna 1987 Bill oli kahdenkymmenenyhden ja palannut New Jerseyyn ja aloittanut uuden suhteen leikkauksesta toipuvan Alexisin kanssa. Bill piti hänestä hyvää huolta toipumisen aikana, soitti kitaraansa ja lauloi. Alexis oli nopeasti lääpällään, ja kahden tai kolmen kuukauden kuluttua heidän suhteensa oli täydessä vauhdissa ja Bill oli muuttanut Alexisin kotiin. Silloin Alexis sai tietää Billillä olevan rikosrekisteri väärennettyjen sekkien kirjoittamisesta, mutta hän uskoi Billin selityksen tapahtumista. Bill sanoi, että äiti oli joutunut sairaalaan ja hän oli jäänyt hankkimaan syötävää itselleen ja siskolle; hän oli luullut perheen pankkitilillä olevan rahaa, vaikka sitä ei ollut, ja siitä luulosta hän sai maksaa.

Bill sanoi Alexisille, että hänellä oli rakennus- ja LVI-firma, joten Alexis tutustutti hänet tuntemiinsa yhteyshenkilöihin. Bill saikin sopimuksen suuren liiketilan ilmastointijärjestelmän asentamisesta. Bill otti varusteiden ostamiseen tarkoitetut rahat eikä tehnyt sovittua työtä, vaan hankki uuden auton selittämättä, mistä rahat olivat peräisin. Liian myöhään Alexisille valkeni, että

Bill oli vain rakennusfirman työntekijä. Hän oli hyvin kummissaan. Vuonna 1988 Bill pidätettiin ja suljettiin yhdeksäksi kuukaudeksi vankilaan tuhansien dollareiden arvoisten katteettomien sekkien kirjoittamisesta. Alexis kävi vankilassa katsomassa häntä lähes joka viikonloppu ja toi mukanaan rahaa ja kotitekoista ruokaa, vaikka vankilaan oli monen tunnin ajomatka. Bill soitti hänelle säännöllisesti vankilasta, ja Alexisin puhelinlaskuun kertyi lukuisia vastapuheluita.

Päästyään vankilasta Bill palasi asumaan Alexisin kanssa, ja he yrittivät onnistumatta saada lapsen. Aluksi Bill ilmoitti vieraantuneensa perheestään, mutta myöhemmin esitteli hänet heille. Alexis tiesi äidin kaksisuuntaisesta mielialahäiriöstä, mutta ei sairauden vakavuudesta. Billin vanhemmat eivät hyväksyneet poikansa suhdetta Alexisiin, koska hän oli Billiä vanhempi. Siitä huolimatta pariskunnan oli tarkoitus mennä naimisiin vuonna 1989, mutta kaksi päivää ennen vihkiäisiä Bill perui sanoen muuttaneensa mieltään. Alexis oli jälleen hyvin kiusaantunut, sillä vieraat olivat jo kaupungissa, käsin tehty hieno silkkipuku riippui ovessa ja kolme morsiustyttöä kyseli, mitä oli tapahtunut. Kaksi kuukautta myöhemmin pariskunta asteli rauhantuomarin toimistoon ja meni naimisiin yksityisesti.

Billille alkoi kertyä velkoja Alexisin nimissä. Joka kerta, kun Alexis huomasi hänen käyttäneen luvatta luottokorttia, hän lupasi olla tekemättä samaa toiste. Vaikka Alexis oli turhautunut ja vihainen, hän yritti pitää suhteen pystyssä ja saada Billin toteuttamaan lupauksensa.

Samaan aikaan Bill yritti jäljittää Devin ja löysikin tämän vuonna 1990. Bill kertoi, että hänen päätään oli hoidettu Kanadassa ja että hän oli nyt täysin muuttunut. Vaikka Bill vannoi muuttuneensa, hän väitti rakastavansa Deviä edelleen. Bill sanoi taas Devin olevan hänen elämänsä tarkoitus ja haluavansa uudistaa suhteen häneen ja heidän poikaansa. Bill jopa vei Devin tapaamaan vanhempiaan ja esitteli heidät Georgelle. Tämän tapaamisen jälkeen he menivät huvipuistoon Pennsylvaniassa. Bill kertoi, miten onnellinen hän oli, kun he vihdoin olisivat perhe. Bill osti hänelle sormuksen ja pyysi häntä vaimokseen.

Devi oli ymmärrettävästi varovainen, mutta Bill oli kovin huomaavainen ja tuntui olevan vakavissaan. Bill kertoi olevansa töissä Washington DC:ssä, mikä selitti, miksi hän ei ollut koko ajan paikalla. Bill pyysi häntä Washingtoniin katsomaan taloa, jonka hän oli heille löytänyt. Bill kehotti Deviä jättämään työnsä, jotta he voisivat yhdessä perustaa kodin. Aikaa meni, mutta lopulta Devi hurmaantui jälleen kerran. Sehän oli heidän pojalleen ainutlaatuinen tilaisuus varttua kodissa, jossa molemmat vanhemmat olisivat paikalla.

Ei kuitenkaan kestänyt kauan, kun hälytyskellot alkoivat soida – kerran Devi vastasi puhelimeen, ja joku Alexis-niminen nainen huusi, että Bill oli hänen aviomiehensä. (Alexis ei muista tätä, mutta kylläkin sen, että hän oli löytänyt Billille osoitetun laskun vihkisormuksesta.) Bill selitti, että Alexis oli entinen naisystävä, joka oli valitettavasti halunnut enemmän kuin Bill pystyi tarjoamaan eikä ollut enää henkisesti tasapainoinen. Hän oli niin rauhallinen ja asiallinen, että Devi uskoi. Toisella kertaa Devi soitti Billin työpaikalle, ja siellä sanottiin Billin olevan poissa. Hän jätti viestin ja sanoi olevansa Billin kihlattu. Sihteeri takelteli: ”Oletteko te hänen kihlattunsa”? Devin mielestä se oli outoa, mutta hän tajusi tapauksen merkityksen vasta myöhemmin.

Devi lopetti työnsä, kuten Bill oli pyytänyt, ja valmistautui lähtemään Washingtoniin katsomaan taloa, jonka Bill oli löytänyt heille. Hän jätti Georgen kotiin ja lähti. Bill sanoi tapaavansa hänet tien päällä; hän neuvoi, missä odottaa – keskellä ei mitään. Devi saapui ja odotteli yli tunnin, mutta Billiä ei näkynyt. Hän ymmärsi, ettei Bill tulisi, että tämä ei ollut muuttunut ja että sama juttu toistui – Bill teki oharit ja jätti hänet odottamaan. Devi nousi autoonsa ja ajoi kotiin poikansa luokse suutuksissaan siitä, että häntä oli taas vedetty nenästä.

Devi sai työnsä takaisin ja jatkoi elämäänsä. On täysin eri asia pompotella naista kuin leikitellä naisen lapsenkin elämällä ja kiintymyksellä. Vaikka Devi oli vakaasti päättänyt olla tapaamatta Billiä enää koskaan, tarina ei päättynyt tähän. Vuonna 1990 Billillä näytti olevan kiirettä. Hän oli naimisissa Alexisin kanssa, mutta tämä huomasi Billin vehtailevan töissä latinalaisamerikkalaisen siivoojan kanssa. Sitten selvisi, että Billillä oli juttu kahden muunkin naisen kanssa; toinen heistä, Devi, oli jo synnyttänyt hänelle lapsen, ja toinen, Michelle, oli raskaana.

Tämän kaiken jatkuessa Bill ja Alexis alkoivat käydä parisuhdeneuvonnassa pelastaakseen avioliittonsa. Alexis oli kyllästynyt Billin valheisiin ja halveksuntaan, mutta oli sitoutunut Billiin ja halusi suhteen toimivan. Parisuhdeneuvoja luokitteli ensin Billin henkisesti sairaaksi, monipersoonahäiriöiseksi, mutta sanoi myöhemmin, että se saattoi olla teeskenneltyä. Alkuperäisen diagnoosin jälkeen Bill alkoi puhua Alexisille eri äänillä – yksi oli aggressiivinen ja nimitti toista luonnetta ”selkärangattomaksi pullamössöksi”. Alexis oli valitettavasti rakastunut tuohon pullamössöön. Asiat kehittyivät huonompaan suuntaan, ja näiden kohtausten aikana

Alexis varoi olemasta yksin Billin kanssa. Alexis arveli, että Bill oli lähellä hermoromahdusta ja voisi äityä vaaralliseksi.

Lopulta Alexis sai tarpeekseen Billin tyhjistä lupauksista olla velkaantumatta ja muistakin hänen luonteenpiirteistään ja haastoi hänet oikeuteen. Alexis tuli siihen tulokseen, ettei Bill ollut ollenkaan henkisesti sairas, vaan käytti mitä tahansa taktiikkaa hänen manipuloimisekseen. Tuomari määräsi Billin lyhentämään velkaansa kuukausittain, mutta tämä ei tehnyt mitään. Sen vuoksi Alexis haastoi Billin oikeuteen, ja tämä pantiin taas vankilaan. Alexis kertoi minulle, että Michelle maksoi takuut ja että Bill muutti Michellen luokse.

Vuonna 1991 Alexis otti avioeron, jätti taakseen elämänsä Billin kanssa ja muutti heidän yhteisestä talostaan osakehuoneistoon. Hänellä oli asuintoveri, jotta hän pystyi lyhentämään avioliiton aikana kertynyttä velkaa. Bill ja Michelle puolestaan muuttivat Britanniaan ja menivät naimisiin Lancashiressa lokakuussa 1992 – jolloin Michelle jo odotti heidän toista lastaan.

Vuonna 1997 Bill joutui vankilaan ja istui seitsemän kuukautta viidentoista kuukauden tuomiosta, jonka hän oli saanut myönnettyään syyllisyytensä seksuaalirikoksiin alle kolmentoista ikäistä tyttöä kohtaan. Tyttö oli kirjoittanut päiväkirjaansa olevansa helpottunut, kun Bill ei enää kiinnittänyt häneen huomiota. Tytön äiti luki tekstin ja ilmoitti poliisille.

Bill oli jälleen tehnyt Michellen raskaaksi. Heidän kolmas lapsensa syntyi hiukan sen jälkeen, kun Bill pääsi vankilasta.

Michellen puheista päätellen Bill asui vuonna 1998 Michellen vanhempien luona ja oli vaihtanut nimensä Billistä Williksi, joskin Michelle sanoi, ettei ollut koskaan kutsunut miestä

Williksi: tämä oli Bill kotona ja Will työelämässä. Samoihin aikoihin he palkkasivat avukseen uuden lastenhoitajan.

Minulle selvisi, että vuoden 1998 lopulla Will alkoi tapailla Helen-nimistä yksinhuoltajaäitiä, joka oli hänen työtoverinsa Surreyssa. Will käytti paljon aikaa naisen toimistolla käymiseen ja tämän liehittelemiseen ja pyysi tätä monta kertaa ulos. Helenistä tämä oli hyvin imartelevaa, sillä Will oli erittäin huomaavainen, näytti häntä nuoremmalta ja huokui tiettyä eksoottista viehätysvoimaa. Will ei antanut periksi, ja lopulta Helen antautui lähentelylle ja suostui treffeille. He aloittivat romanssin, kuten Helen sitä kuvasi, joskin Will katosi yhtä mittaa. Vaikka Helen oli käyttänyt ehkäisytabletteja, hän tuli raskaaksi vuoden 1999 alussa. Se oli Helenille järkytys, sillä hän oli jo yksinhuoltaja ja elämä tuntui tarpeeksi vaikealta. Melkein heti Will alkoi katoilla yhä useammin, vaikka hän lupasi olla Helenin ja hänen lapsensa tukena.

Suunnilleen tähän aikaan Helen alkoi havaita, että Will pystyi kertomaan eri ihmisille eri tarinoita. Hän oli esimerkiksi sanonut Helenille isällään olevan kolme työpaikkaa pystyäkseen elättämään sairastelevaa puolisoaan, kun taas ystävälle Will sanoi isänsä olevan menestyksekäs sydänkirurgi!

Helen alkoi suhtautua Willin käytökseen yhä epäluuloisemmin. Will vastasi hyvin välttelevästi, kun häneltä kysyi, aikoiko hän kertoa vanhemmilleen lapsenlapsen olevan tulossa. Will keksi aina tekosyyn olla soittamatta heille, mutta Helen tuli niin levottomaksi, että rupesi ottamaan asioista selvää. Onneksi Will oli epähuomiossa merkinnyt vanhempiensa yhdysvaltalaiset yhteystiedot hakemukseen, joka tarvittiin ”perheasunnon” vuokraamiseen hänelle, Helenille ja lapsille. Niinpä Helen soitti heille, ja pian selvisi, ettei heillä ollut mitään tietoa Helenistä eikä nykytilanteesta. Helen ja hänen ystävänsä panivat Willin lujille, ja tätä harmitti, että Helen oli soittanut vanhemmille. Koska hän oli jäänyt kiinni, hän vain kohautti olkapäitään ja häipyi ikuisiksi ajoiksi.

Helen oli viimeisillään raskaana, kun Will katosi hänen elämästään, eikä tämä ole vieläkään tavannut lastaan. Tämä ei ehkä kuulosta kovin järkyttävältä tai tavattomalta nykymaailmassa, mutta niinä aikoina ja henkilökohtaisella tasolla seuraukset olivat valtaisat. Kuinka Helen pärjäisi vastasyntyneen lapsen kanssa? Kuinka hän selittäisi varttuneemmille lapsilleen, että Will oli ykskaks kadonnut? Kuinka hän pystyisi pitämään työnsä ja löytämään elämäänsä järjestyksen?

Tapaus mullisti Helenin elämän, mutta hän on lujaa tekoa ja on kyennyt elättämään ja kasvattamaan lapsensa.

Vuoteen 2000 mennessä Will oli perustanut yrityksen, jonka johtajana oli Michelle. Michelle oli kirjoilla Lancashiressa, mutta oli muuttanut perheineen Gullaneen, joka on vähän Edinburghin ulkopuolella. Will oli vokotellut lastenhoitajaa ja sanonut, että hänen avioliittonsa oli hajoamassa ja että hän oli rakastunut tähän. Lastenhoitaja oli vastustellut vähän aikaa, mutta oli antanut lopulta periksi viettelykselle ja kesäkuussa 2000 oli huomannut olevansa raskaana. Will oli töissä toimistorakennuksessa St Andrew Squarella, jossa tapasin hänet lounaan merkeissä. Marraskuussa 2000 Michelle oli kolmannella kuulla raskaana ja lastenhoitaja viidennellä. Siinä vaiheessa Will alkoi lähetellä minulle sähköposteja, joissa hän katsoi reiluksi varoittaa, ettei voisi saada lapsia.

Lastenhoitajan vauva syntyi maaliskuussa 2001 ja Michellen viides lapsi Billin kanssa kesäkuussa 2001. Minä olin vuorostani raskaana, ja suunnittelimme häitämme.

Will katosi elämästäni heinäkuussa 2001, muka mennäkseen levottomille seuduille Israelissa ja palestiinalaisalueilla. Kun hän oli "ulkomailla", lastenhoitaja tuli taas raskaaksi.

Kun Will kertoi minulle Gullanen-tukikohdan muuttaneen, todellisuudessa Jordanin perhe oli palannut kotiinsa Lancashiressa. Osapuilleen samaan aikaan Michelle otti yhteyttä Deviin ja ilmoitti haluavansa jutella. Michelle kertoi Deville koko jutun: että heillä oli viisi yhteistä lasta, että Will oli saattanut lastenhoitajan raskaaksi - kahdesti - ja että Will oli nykyisin Britannian puolustusministeriön palveluksessa. Michelle halusi lastensa ja Devin pojan tutustuvan toisiinsa, hänen lastensa tuntevan isoveljensä. Devi oli kuitenkin epäluuloinen eikä tiennyt mitä ajatella. Kohta häneen otettiin taas yhteyttä, tällä kertaa asialla oli Bill. Hän sanoi, että hänellä oli lapsia Michellen kanssa, mutta sittemmin he olivat eronneet. Bill tunsi olonsa hyvin epämukavaksi sen takia ja kertoi Deville, että Michelle oli henkisesti epävakaa. Saatuaan oven raolleen Bill sanoi haluavansa alkaa antaa rahaa hänelle ja Georgelle, ja hän myös pyysi saada tavata kuusitoistavuotiaan poikansa. Bill aneli Deviä tuomaan pojan Lontooseen, ja Devi suostui, koska hän tiesi, kuinka suuresti George halusi nähdä isänsä. Heidän suunnitelmissaan oli tehdä matka myöhemmin tuona vuonna, siis 2002.

Helmikuussa 2002 synnytin tyttäremme Eilidhin, ja vain kolme kuukautta myöhemmin lastenhoitaja synnytti heidän toisen lapsensa. Will kohtasi Eilidhin toukokuussa 2002, palattuaan Jeninin verilöylystä laihana, kalpeana ja riutuneena miehenä, jalat ruhjottuina, haluten päästä eroon CIA:sta ja omistautua perheelleen.

Samaan aikaan, toukokuussa 2002, Bill maksoi kahdesta viikosta ylellisessä huoneistossa, joka sijaitsi Knightsbridgessä ja kävelymatkan päässä Harrodsin tavaratalosta. Hänen odotettiin viettävän aikaa Devin ja Georgen seurassa. Hänen täytyi kuitenkin tulla ja mennä, joten Devi ja George nauttivat Lontoosta yhdessä. Bill ei maksanut mitään sinä aikana kuin he olivat Lontoossa, joskin hän koetti turhaan saada Devin kertomaan Georgelle, että hän oli maksanut. Bill kertoi Deville tekevänsä töitä Britannian tiedustelupalvelulle, ja hänellä oli kouraantuntuvaa näyttöä tästä, sillä hänellä oli kirjekuoria, jotka oli osoitettu hänelle, lähettäjän osoitteena puolustusministeriö ja kirjaimissa ministeriön logo. Alkuun Devi uskoi Williä, mutta ei suostunut aloittamaan taas suhdetta hänen kanssaan.

Devi oli halunnut poikansa tapaavan isänsä, josta tämä ei tiennyt mitään. Heidän palattuaan kotiin Devi mietti asiaa ja tajusi, että tarina töistä Britannian tiedustelupalvelulle ei todennäköisesti pitänyt pakkaansa ja todisteet olivat tekaistuja, mutta hänen poikansa innostunut.

Matkan aikoihin touko-kesäkuussa 2002 Billillä oli kaksi lasta kotonaan – yksi Michellen ja toinen lastenhoitajan – sekä minun tyttäreni Eilidh, jonka hän tapasi suunnilleen samoihin aikoihin. Ei ihme, että Will näytti niin väsyneeltä ja nuutuneelta palattuaan luokseni.

Se oli ”Billin tarinan loppu”, kuten Devi sanoi. Bill on hänelle menneisyyttä ja Devi on vapaa. Will on aika ajoin ottanut yhteyttä Georgeen, mikä on huolestuttanut Deviä suuresti. George on luonnollisesti utelias tuntemaan isänsä, ja Will manipuloi miehiä yhtä sujuvasti kuin naisia. Isän on helppo sanoa pojalleen, että äiti on vain katkera – että tarina on tunteiden vääristämä – ja lapsi luonnollisesti uskoo kummankin vanhemman olevan pohjimmiltaan hyvä. Tilanne muuttuu, kun poika kuulee saman tarinan isänsä järkyttävästä käyttäytymisestä sisarpuoliensa äideiltä.

George oli yhtä suuressa vaarassa kuin me muut, tavallaan suuremmassakin, ja Devi oli kiitollinen, että olin kertonut, mitä oli tekeillä, koska George sai äkkiherätyksen. Jokainen lapsi kunnioittaa isäänsä huolimatta siitä, mitä tämä on tehnyt, eikä Devi halunnut pojan seuraavan isänsä jalanjälkiä.

Devin oli kuitenkin vaikea selittää Georgelle syytä. Georgella oli nyt selvempi kuva tapahtumista, ja toivottavasti se tekee Billille/Willille paljon hankalammaksi manipuloida häntä auttamaan suunnitelmien toteuttamisessa. Devi myös toivoo, että George on tietoinen omasta käyttäytymisestään eikä kuvittele saavansa elämältä enemmän kuin antaa tai jätä ihmisiä odottamaan asioita, jotka hän on luvannut.

Devi on mahtava tyyppi, ja hänen kanssaan oli hienoa jutella puhelimessa. Hän sai minut nauramaan sanakäänteillään, ja kunnioitan häntä suuresti. Hän ei missään nimessä ole säyseä, alistuva tai hyväuskoinen, vaan hän osoitti minulle jälleen kerran, että tuo mies ei valitse manipuloimiselleen helppoja kohteita. Nimi Devi tarkoittaa hindukulttuurissa jumalatarta, ja kun ottaa huomioon hänen voimansa ja päättäväisyytensä elämän esteiden ylittämisessä, nimi on osuva.

Alexis, toinen välittävä ja kannustava nainen, ja minä kirjoittelemme edelleen toisillemme. Hän on älykäs ja sanavalmis, on jättänyt kauas taakseen Billin aiheuttaman tuskan ja on osoittanut minulle myötätuntoa, jota tuntee saman kivun kokenut ja siitä vahvistunut ihminen. Hän on tietääksemme ensimmäinen rouva Jordan, mutta hän on nykyisin onnellinen ja kääntänyt elämässään uuden lehden. Hän kirjoitti minulle näin:

Mielestäni meillä on paljon yhteistä, koska näen itseni sinussa. Bill käytti hyväkseen minun lisäkseni sukuani, ystäviäni ja uskonnollista yhteisöäni. Hän omaksuu minkä tahansa identiteetin tai persoonallisuuden, joka on tarpeen hänen suunnitelmiensa toteuttamiseksi.

Olen ällistynyt siitä, kuinka samankaltaisia vihkiäistarinamme ovat. Ainoa ero on se, etten ollut raskaana, joskin yritin!!!!Sinulle ja minulle tarjoutui tilaisuus valita toinen tie, kun häät menivät mönkään – silti me molemmat olimme päätä pahkaa mukana, kun seuraava mahdollisuus tuli. En ole tästä pahoillani, sillä koettelemus on saanut minut kasvamaan valtavasti. Se opetti minulle paljon ihmisistä ja auttoi valitsemaan huolellisemmin ja rakastamaan itseäni enemmän. Vie tietysti aikaa tulla tähän tulokseen. Minusta koko tilanne oli huonoa karmaa, jonka oli tapahduttava, jotta saisin sen pois elämästäni ja voisin tulla todella onnelliseksi.

Kysyit myös, miten pystyin pääsemään hänestä eroon ja jatkamaan elämääni. Uskoni auttoi minua saamaan voimaa ja viisautta nähdä tosiasiat kirkkaasti ja uskoa näkemääni (vaikka sydämeni tahtoi nähdä jonkin muun kuin totuuden). Minulta ei vienyt pitkää aikaa ymmärtää naimani miehen todellinen luonne. En ollut kiinnostunut tapaamaan tai solmimaan avioliittoa kenenkään kanssa Billin aiheuttaman koettelemuksen jälkeen. Ajattelin, että miehet ovat tuollaisia valehtelijoita, enkä uskonut heidän sanoihinsa Bill-kokemuksen jälkeen. Sitten ystävättäreni esitteli minut puhelimessa nykyiselle aviomiehelleni. Enpä tiennyt, että tuo mies auttaisi minua uskomaan taas toisen ihmisen hyvyyteen. Hän oli ja on sellainen mies, joka sanoo, mitä aikoo tehdä, ja tekee niin kuin sanoo. Hän on luotettavimpia ihmisiä, jotka tunnen. Minulta kesti kuitenkin monta vuotta kyetä luottamaan kehenkään mieheen. Tein miesraukkani elämästä helvetin! Sitten aloin tajuta syvällä sisimmässäni, että hän ei ollut Bill ja että olin muuttanut elämäni karmaa, joka oli saanut minut tekemään niin huonon valinnan. Minulla oli onni vetää puoleeni toisenlaista miestä. Ja kun tajusin, etten tarvitse elämässäni miestä ollakseni onnellinen, kaikki loksahti paikoilleen.

Sanoit kuulleesi, että Bill ja minä olimme CIA:n agentteja ja että avioliittomme oli kulissi. Se ei pidä paikkaansa. Kumpikaan meistä ei ole ikinä kuulunut CIA:han. Tiedän ainakin sen, etten ole, ja epäilen vahvasti sitäkin, että Bill/Will olisi ollut. Hän on ollut liian usein vankilassa!

Alexis oli kuin raikkaan ilman tuulahdus. Olin niin kiitollinen hänen viisaista sanoistaan sekä tiedosta, etten ollut enää yksin, vaan yksi monista. Will oli toiminut näin yli kaksikymmentä vuotta ja harjoitellut ja parannellut tekniikkaansa ajan mittaan ja saatuaan kokemusta. Siksi hän on niin etevä – saalistaja, metsästäjä, psykopaatti. (Katsoin termin ”psykopaatti” määritelmää, ja oli hämmentävää huomata, kuinka tarkasti se vastasi entisen rakastavan aviomieheni käyttäytymistä.)

Alexis kertoi, että Bill oli polttanut Yhdysvalloissa kaikki sillat takanaan, että kaikki valtion laitokset olivat yhteydessä toisiinsa eikä Bill voisi enää hyödyntää taitojaan. Varmaankin siksi hän on Britanniassa – meidän järjestelmiämme ei ole liitetty toisiinsa etenkään rajojen poikki. Kun menin naimisiin Willin kanssa, odotin väestörekisterikeskuksen tarkastavan, ettei Will ollut naimisissa kenenkään muun kanssa – siksihän rekisteröintimaksu maksetaan. Se ei ollut tietoinen ajatus, vaan jälkeenpäin tehty oletus. Kävikin ilmi, että Skotlannissa käydään läpi vain skotlantilaiset rekisteröinnit, Englannissa vain englantilaiset ja niin edelleen. Solahtaminen verkon läpi on siis helppoa.

Alexis ja minä juttelimme kuin vanhat ystävät, ja meillä olikin paljon yhteistä – huomasimme monia rikottuja lupauksia ja menetettyjä mahdollisuuksia, tilanteita, jossa emme olleet nähneet totuutta, vaan langenneet lumoukseen. Paljon oli menetetty, mutta se oli taakse jäänyttä elämää ja voimme keskittyä tulevaisuuteen; me molemmat olimme oppineet niin paljon – karvaasti.

Alexis oli tyyni ja rento. Onnellinen. Hän valoi minuun toivoa ja vahvisti käsitystäni, että olin oikealla tiellä.

Kun tämän kirjan ensimmäinen painos ilmestyi Englannissa, muutkin naiset kertoivat kokemuksistaan Will Jordanin kanssa. Eräs Karen-niminen nainen tapasi Willin verkon treffipalstalla ja meni kihloihin tämän kanssa marraskuussa 2004. Samaan aikaan huoneistosta saamani rahat olivat lopussa ja olin odottanut Zachia viisi kuukautta. Karenkin oli yksinhuoltajaäiti, jota Will kosi ripeästi. Will sanoi haluavana yrittää lapsen tekemistä, mutta Karen ei lakannut käyttämästä e-pillereitä, joten lasta ei tullut.

Marraskuussa 2005 Karen sai tarpeekseen rikotuista lupauksista. Hän tutki Billin taskut ja löysi herra ja rouva Jordanille osoitetun kirjekuoren. Hän kirjoitti rouva Jordanille ja irtisanoi kihlauksensa. Kirjekuoressa ollut osoite oli tuntematon Michellelle ja minulle.

Sain tietää uhrista, joka tapasi Willin vuonna 2005. Heti tehtyään sopimuksen varapääministerin kanslian kanssa ja palkattuaan Alicen "omaan" yritykseensä Will löysi internetistä Holli-nimisen naisen. Hän oli kaksikymmentäseitsemänvuotias nainen, joka oli äskettäin eronnut ja jolla oli kaksi lasta. Hänen tarinansa kuulosti erittäin tutulta.

Will sanoi Hollille, että hän oli kolmekymmentäkaksivuotias ja varapääministeri John Prescottin oikea käsi. Will oli jopa vienyt Hollin varapääministerin kansliaan ja näyttänyt paikkoja – heilauttanut kättään vartijoille ja jutustellut tuttavallisesti heidän kanssaan. Hän vei Karenilta jalat alta ja aloitti nopeasti suhteen tämän kanssa. Will vietti aikaa Karenin perheen seurassa ja puhui sitoutumisesta ja yhteen muuttamisesta. Hän jopa osti uuden puvun osallistuakseen Hollin kanssa suureen sukukokoukseen.

Holli luuli osuneensa "hyvälle apajalle" ja elämän hymyilevän. Hän sanoi Willin olleen "hyvin hellä ja täysin luonteva lasteni seurassa". Se tuntui hänestä "uskomattomalta, sillä Will väitti, ettei hänellä ollut omia lapsia, koska hän oli fyysisesti kykenemätön isäksi". Will oli erityisen hyvää pataa Hollin tyttären kanssa ja auttoi tätä valitsemaan makuuhuoneen kalusteet ja muuta tavaraa heidän uuteen yhteiseen kotiinsa. Will tahtoi Hollin menevän kanssaan naimisiin Yhdysvalloissa, heidän asuvan unelmiensa kodissa ja olevan ikuisesti yhdessä. Heillä oli mennyt loistavasti suhteensa neljä ensimmäistä kuukautta, marraskuuhun 2005, jolloin Will pidätettiin Alicen luottokortin käyttämisestä. Will vei Hollin Lontooseen, ja heillä oli ihana ilta *Oopperan kummituksessa* ja verraton ateria japanilaisessa ravintolassa. Holli kertoi, että Willillä oli tapana kadota ja että kerran, kadottuaan viideksi päiväksi, Will oli sanonut olleensa Yhdysvalloissa, koska hänen äitinsä ja isänsä olivat joutuneet kauheaan kolariin.

Will painosti Hollia sanomaan irti vuokrasopimuksen vuokranantajansa kanssa, jotta he voisivat muuttaa yhteen. Hän kieltäytyi maksamasta uuden talon vuokraennakkoa ennen kuin Holli olisi sitoutunut muuttoon. Holli noudatti käskyä, ja Will maksoi tuhat puntaa neljän makuuhuoneen talosta Hollin kotikaupungissa. Hollin täytyi myös irtisanoutua työstään, koska he muuttaisivat liian kauas työpaikasta. Kun tuli aika allekirjoittaa vuokrasopimus joulukuun alussa, Williä ei löytynyt mistään, ja Holli ei viisaasti halunnut allekirjoittaa yksin. Hollin täytyi pakata koko omaisuutensa varastoon, muuttaa pienine perheineen aamiaismajoitukseen kolmeksi kuukaudeksi, kunnes hän sai uudet järjestelyt valmiiksi.

Will katosi Hollin näköpiiristä ja tuli lyhyesti käymään tammikuussa 2006, jolloin hän sanoi, että nyt he voisivat "aloittaa oikean elämän". Mutta sitten hän katosi pysyvästi. Holli sai vasta äskettäin tietää oikeusjutusta ja tuomiosta ja sanoo: "Olen nyt paljon vahvempi ihminen ja toivottavasti loistava luonteiden tuntija, koska olen oppinut läksyni rankimman kautta."

21

Bisnes- ja muut yhteydet

Keskustelujemme lomassa Alice ja minä aloimme tehdä vähän lisää tutkimuksia ja saimme tietää yhä enemmän Willin toiminnasta. Löysimme useita lähteitä, joissa kerrottiin Willin liiketoimille aiheuttamista vahingoista. Käytyäni läpi luottokorttikuitit soitin yrityksiin, joille hän oli tehnyt säännöllisiä maksuja, ja löysin sellaisia, joille hänen oletettiin tehneen töitä vuoteen 2003 asti. Hänelle oli maksettu toimeksiannoista, jotka eivät koskaan valmistuneet, ja oli antanut henkilöille rahaa työstä, josta hänelle oli maksettu ja joka oli jäänyt kesken – käyttäen minun luottokorttiani!

Kaksi henkilöä oli hyvin halukkaita puhumaan minulle ja kertomaan, kuinka suuresti Will oli huijannut heitä. Nähtävästi Willin kanssa oli tehty sopimuksia sivustojen ohjelmoimisesta ja vastaavasta – työstä oli maksettu monta kuukautta, mutta tuloksia ei kuulunut. Will viivytteli ja kertoi työn olevan kohta valmis ja vastaanotti maksuja.

Löysin miehen nimeltä Malcolm, joka kertoi olleensa niin turhautunut Willin kyvyttömyyteen saada mitään aikaan, että oli moneen kertaan käynyt hänen kodissaan yrittäen patistaa häntä takaisin töihin. Koska mikään ei tuottanut tulosta, Malcolm pyysi toista ohjelmoijaa katsomaan Willin tekemiä osia. Hänelle sanottiin, että tietokannat olivat kaksikymmentä vuotta ajasta jäljessä ja että ohjelmissa oli ammottavia aukkoja, joita säällinen ohjelmoija ei olisi tehnyt. Silloin Malcolm tuli siihen tulokseen, että Willillä oli vain yksi taito: hän osasi puhua vakuuttavasti. Sen jälkeen Malcolm yritti ottaa asioista selvää ja otti yhteyttä muihin yrityksiin, jotka Will oli maininnut CV:ssään. Hän löysi valtavan määrän rikkeitä; hänelle selvisi, että Will oli noin 115 000 puntaa velkaa tekemättä jääneistä töistä. Will oli ollut kyseisen miehen palveluksessa vuosina 2002–2003 kehittämässä elokuvateatteritietokantaa ja verkkokäyttöjärjestelmää. Se oli sama elokuvateatterikokonaisuus, jonka Will sanoi kerran omistaneensa. Hän oli jopa näyttänyt minulle sieltä otettuja valokuvia ja sanonut, että hän saisi osuudestaan noin 100 000 puntaa, kun kokonaisuus myytäisiin. Kuten tavallista, rahoja ei ollut kuulunut; Will väitti senkin olevan ”varallisuutta”, jonka CIA oli ottanut haltuunsa.

Mielenkiintoista kyllä Malcolm sanoi maksaneensa Willille könttäsummia ja olleensa pahoillaan hänen puolestaan, koska hän oli sanonut vaimonsa sairastavan syöpää ja tarvitsevan hoitoa Lontoossa. Malcolm oli jopa suostunut maksamaan asunnon viikoksi, jotta Will pystyi viemään vaimonsa sinne hoidettavaksi. Hän raivostui saadessaan tietää, että Will olikin varannut kaksi viikkoa luksushuoneistossa Knightsbridgessä! Tämä tapahtui touko–kesäkuussa 2002, ja Will vei huoneistoon Michellen sijasta Devin ja heidän poikansa Georgen. Minulle kerrottiin myös, että Will käytti tätä syöpätemppua saadakseen Malcolmin yritykseltä muitakin könttäsummia.

Malcolm kertoi, että Will teki usein oharit. Kerran, 26.–28. lokakuuta 2003, Malcolm sai odotella pitkään eräässä hotellissa Lancashiressa. Will sanoi olevansa junassa, mutta se oli myöhässä ja sitten pysähtyi kokonaan. Will lupasi olla perillä aamulla, muutaman tunnin kuluttua ja niin edelleen. Samaan aikaan Michelle odotti Williä ja sai samankaltaisia viestejä. Todellisuudessa Will oli häämatkalla kanssani Shieldhill Castlessa.

Lopulta sain rohkeutta soittaa ystävälle, josta Will oli puhunut monta kertaa. Hän oli Jonny-niminen mies, joka oli ollut töissä Malcolmin elokuvateatterissa samaan aikaan ja tuntenut Willin monta vuotta. Puhuimme pitkään Willistä, ja Jonny sanoi Willin olleen ihan hyvä ystävä. Vaikka Will katosi usein pitkäksi aikaa, hän piti yhteyttä ja tavallisesti vastasi tekstiviesteihin. Jonny ei ollut kuullut Willistä noin puoleen vuoteen. Jonny kertoi, että Will ei ollut vienyt häneltä runsaasti rahaa, vain vähän alle 1 000 puntaa voidakseen maksaa ovelleen tulleille haastemiehille. Hän sanoi tämän näyttäneen tavanomaiselta tapaukselta ja Willin olleen aina rahapulassa, vaikka auto oli aina upouusi. Jonny maksoi ruoan aina, kun he tekivät töitä yhdessä, sillä Willillä ei ollut koskaan rahaa mukana. Vuonna 2003, kun Willillä ei harvinaista kyllä ollut autoa, Jonny jopa osti hänelle käytetyn Daewoon. Minulla ei ole aavistustakaan, mitä Will sillä teki. Jonny ei tiennyt minusta eikä lapsista, joskin Will oli sanonut, että hänellä oli Yhdysvalloissa aikuinen tytär. Hän myös kertoi, että elokuvateatterin omistaja oli antanut Willille 25 000 puntaa etumaksua tämän kerrottua, että vaimo sairasti syöpää ja tarvitsi hoitoa. Will oli nähtävästi kertonut Jonnylle, että oli ollut liikemies ja menettänyt kaiken WTC-iskujen tuhottua hänen suurimman asiakkaansa; hän yritti päästä uudelleen jaloilleen.

Ihmiset olivat halukkaita puhumaan minulle ja monesti malttamattomia kuulemaan, mitä Will oli hommannut. Bisnesihmiset sanoivat, ettei Will todellakaan ollut hyvä koodari tai ohjelmoija ja että he olivat monesti löytäneet Willin luomista tietokannoista pahoja virheitä. Willin ällistyttävät tietotekniset taidot olivat törkeää valhetta, pelkkä luottamusta herättävä kikka. Hän oli aina vakuuttava – olin pitänyt itsestään selvänä, että hän tiesi mitä teki. Huoleni hälvenivät ja tunsin oloni kotona turvallisemmaksi – olinhan pelännyt että minua salakuunneltaisiin ja tietokonettani tarkkailtaisiin.

Löysin Lancashiresta ihmisiä, jotka olivat tunteneet Jordanit siitä lähtien, kun he olivat muuttaneet Britanniaan 1990-luvulla. He sanoivat, että saatavien perijät olivat ahdistelleet perhettä alusta asti. Perheen entiset naapurit kertoivat postista tulleen eräänä päivänä lähetys, joka sisälsi viisi paperiarkkia, joille oli kirjoitettu moneen kertaan: ”Will Jordan on yhdynnässä tyttäreni kanssa.” He olettivat sen tulleen väärään osoitteeseen ja olevan tarkoitettu Michellelle. He kertoivat, miten perhe muutti pois ja takaisin useita kertoja – aina öisin. Michelle oli sanonut Willin olevan valtion töissä, mutta ei kertaakaan selittänyt, mitä hän teki. Sitten lastenhoitaja lähti, ja he näkivät hänellä lapsen, joka näytti aivan Williltä. Luulin aluksi naisen olleen sama lastenhoitaja, joka oli ollut raskaana Gullanessa, mutta he sanoivat lapsen olleen ainakin kymmenenvuotias heidän viimeksi nähdessään hänet, joten nainen ei voinut olla sama.

Alice avasi luettelosivuston www.192.com ja kertoi sivuston ylläpitäjille, mitä meille oli tapahtunut. He auttoivat häntä parhaansa mukaan, mikä oli kauniisti tehty. Alice tutki internetistä löytyviä tiedostoja ja löysi syntymätodistuksia, joihin Will oli merkitty isäksi. Eräs lastenhoitaja oli ilmeisesti saanut Willin kanssa kaksi tytärtä. Toinen oli syntynyt vuonna 2001 ja toinen huhtikuussa 2002 eli melkein peräkkäin ja kummallakin puolella tytärtäni, joka on syntynyt helmikuussa 2002. Se osoitti entistä selvemmin, ettei Will ollut palestiinalaisalueilla odottaessani Eilidhiä.

Alice löysi Gullanen-lastenhoitajan osoitteen sivustolta www.192.com ja kirjoitin hänelle marraskuun 2006 alussa. Kerroin hänelle, kuka olin, ja lisäsin liitteiksi valokuvia, jotta hän voisi nähdä Willin kuuluneen perheeseemme. Kirjoitin haluavani keskustella hänen kanssaan, ja pian minulle soitettiinkin. Juttelimme suunnilleen tunnin, ja hän empi suuresti. Rauhoittelin häntä ja kerroin oman tarinani: miten Will oli tavannut minut ja liehakoinut minua, miten Will oli saanut minut vakuuttuneeksi hänen kuulumisestaan CIA:han, miten olin käynyt Gullanen-talossa ja saanut kuulla sen olevan tukikohta, valheet, perättömät jutut, pelot ja keinot, joilla Will oli imenyt rahani. Hän kuunteli, enkä kysynyt mitään. Kerroin Alicesta ja siitä, miten olimme lohduttaneet toisiamme ja löytäneet lisää tosiseikkoja. Hän oli varovainen ja sanoi tarvitsevansa aikaa päästäkseen kärryille, mutta toivottavasti hän kertoo meille tarinansa jonain päivänä. Ennen sitä hän haluaa pysyä vaiti; kaikki tämä häkellyttää, ja ymmärrän sen.

Minulla oli jatkuva halu soittaa Willin vanhemmille, ottaa tarkempaa selkoa noista ihmisistä, joiden oli tarkoitus olla minunkin perhettäni. Anopin ja apen oli tarkoitus tulla vihkiäisjuhliimme, mutta he eivät tulleet. Olin puhunut puhelimessa noiden ihmisten kanssa, ja he olivat olleet niin sydämellisiä ja onnellisia siitä, että Will oli vihdoin löytänyt ihmisen, jonka kanssa vakiintua. Halusin olla varma, etteivät he olleet mukana Willin tekosissa, etten ollut puhunut palkattujen näyttelijöiden kanssa tai jotain sellaista. Halusin heidän tietävän, että heillä oli muitakin lapsenlapsia, mutta tiesin, etten voisi soittaa; hehän ovat Willin eivätkä minun vanhempiani. Halusin silti kovasti tietää lisää Willin menneisyydestä – löytää jonkin syyn tähän kaikkeen.

Lopulta, seitsemän kuukautta siitä, kun tapasin Michellen ja kun tajusin, mitä minulle oli tapahtunut, sain kerätyksi rohkeutta soittaa Willin siskolle Yhdysvaltoihin. Olin hermostunut ja jännittynyt, sillä en halunnut häiritä jonkun perhettä, mutta en keksinyt muutakaan ihmistä, joka olisi ehkä osannut auttaa. Valitsin epäröiden numeron.

Aluksi puhuin jonkun Willin siskon talossa asuvan kanssa, joka kysyi, minkä tähden soitin. Vastasin että olin yksi hänen kälyistään ja olin naimisissa Will Jordanin kanssa. Tuo henkilö esitti minulle kysymyksiä, ja tukalassa tilanteessani sanoin Willin olevan vankilassa. Kun hän sanoi isänsäkin olevan vankilassa, minulta meni jauhot suuhun. ”Kuinka vanha sinä olet?” kysyin, ja tyttö vastasi: ”Kohta neljäntoista.”

Olin ällistynyt, koska olin luullut häntä paljon vanhemmaksi – olin yleensä ollut tekemisissä huomattavasti nuorempien lasten kanssa enkä ollut tajunnut, etten puhunut aikuiselle. Olin sanaton ja häkeltynyt. Tyttö antoi äitinsä sähköpostiosoitteen, ja lupasin lähettää äidille valokuvia, jotta hän näkisi, kuka olin, ja lopetin puhelun.

Noin yhdeltä yöllä puhelimeni soi, ja puhuin kälylleni ensimmäistä kertaa. Hän oli minulle vihainen, koska olin kertonut hänen tyttärelleen niin paljon, ja pyysin monta kertaa anteeksi. Tiesin tehneeni väärin, ettei minun olisi pitänyt soittaa, mutta hän suhtautui hyväntahtoisesti ja ymmärsi, etten ollut toiminut tahallani. Nyt ymmärrän, että olin ollut itsekäs ottaessani Willin siskoon yhteyttä tuolla tavalla ja että oli ollut liikaa odottaa saavani häneltä vastauksia. Hän oli typertynyt kertomastani ja huolissaan tarinasta. Hän ei vaikuttanut läheiseltä Willille, mutta joutui sulattelemaan paljon. Hän ei kuulostanut yllättyneeltä, mutta oletan hänen jättäneen paljon sanomatta. Olin lähettänyt hänelle valokuvia perheestämme ja vihkiäisistämme, joten hän tiesi, etten ollut valehdellut olleeni naimisissa Willin kanssa. Hän pyysi minua ilmoittamaan, miten oikeudessa kävisi, mutta ei ollut halukas jatkamaan yhteydenpitoa muilla tavoin – minkä ymmärsin ja hyväksyin.

22

Poliisi

Ajan mittaan Willistä selvisi vielä lisää. Hän oli vuokrannut Oxfordista miljoonan punnan talon Michellelle ja lapsille, mutta ei ollut maksanut vuokraa moneen kuukauteen. Tuohon aikaan hän valitti minulle nukkuvansa autossaan. Muistin täynnä kiukkua, miten olin ollut huolissani hänestä kylmässä autossa, miten olin ostanut peitteitä hänen valitettuaan surkeuttaan ja miten tunsin syyllisyyttä siitä, että minulla oli katto pään päällä. Kaikki oli pelkkää pötyä.

Tiesin keitä vuokranantajat olivat, koska olin kerran maksanut vuokran itse Willin ohjeiden mukaan (joskaan en silloin tiennyt, mihin rahat menivät). Vuokranantajat nostivat syytteen neljän kuukauden maksamattomasta vuokrasta, mutta kaksitoista tuntia ennen oikeuskäsittelyä Will asteli oikeuteen ja pyysi lykkäystä. Hänelle annettiin kuukausi aikaa, joten perhe sai asua talossa vielä kuukauden maksamatta vuokraa.

Sitten Williä vaadittiin oikeudessa maksamaan 13 000 puntaa vuokrasta, mutta hän sanoi tyynesti tuomarille, että hänellä oli pankissa 11 000 puntaa ja hän odotti vain sekin hyväksymistä. Outoa kyllä tuomari antoi hänelle viikon aikaa eikä vaatinut maksamaan 11 000 puntaa siinä paikassa – mikä turhautti ja ärsytti vuokranantajia, jotka menettivät yhä enemmän rahaa. Lopulta Will ja hänen perheensä saivat häädön.

Sain selville, että Will oli onnistunut vuokraamaan talon vedoten suositukseensa varapääministeri John Prescottin oikeana kätenä – hän oli tuolloin toiminut varapääministerin kanslian IT-hankkijana, joten hänen oli varmaan melko helppo kirjoittaa itselleen suositus. Vuokranantajat ovat edelleen hyvin pettyneitä oikeusjärjestelmään, koska se näytti antavan huijarille mahdollisuuden ohjailla oikeudenkäyntiä halunsa mukaan. He moittivat myös sitä, ettei järjestelmä tarkasta vuokralaisten menneisyyttä, koska siltä oli jäänyt huomaamatta, että hänet oli tuomittu monessa kreivikunnanoikeudessa vuokran maksamatta jättämisestä.

Kun ulosottomiehet tulivat häätämään heidät, Will näytti valvovan perheen kalusteiden ja irtaimiston kuormaamista pakettiautoon. Muuttomiehet pudottivat hänen flyygelinsä, mikä herätti vuokranantajissa hilpeyttä. Tämä uutinen ärsytti minua suunnattomasti, koska minun täytyi myydä henkivakuutukseni, vaikka hän olisi voinut myydä flyygelinsä. Sain myöhemmin tietää, että yritys, jolta Will oli vuokrannut flyygelin, etsi häntä ja halusi soittimen takaisin.

Ensimmäinen oikeuskäsittely kaksiavioisuudesta ja petoksesta epäiltynä oli määrä pitää 5. huhtikuuta 2006 – päivänä, jona olin odottanut soittoa Willin asianajajalta, mutta soittaja olikin Michelle. Juttua oli lykätty. Tapausta oli tarkoitus käsitellä poliisituomioistuimessa huhti-, touko- ja kesäkuussa, mutta joka kerta tuli lykkäystä. Lopulta, heinäkuussa, tapaus eteni rikostuomioistuimeen, mutta sielläkin aikataulua siirrettiin eteenpäin neljä tai viisi kertaa. Joka kerta, kun minulle ilmoitettiin päivämäärä, odotin tämän kiduttavan epäselvyyden loppuvan, mutta sain taas pettyä. Niin kauan kuin tapaus oli ollut ollut oikeudessa, olin yhä "naimisissa". Kun Will tunnustaisi syyllisyytensä, olisin "laittomasti naimisissa" ja minun täytyisi mennä siviilituomioistuimeen ja saada avioliittoni kumotuksi väestörekisterikeskuksessa. Vasta sitten olisin "naimaton" enkä olisi koskaan ollut naimisissa. Järjestelmä on todella erikoinen.

Siihen asti eläisin välitilassa. Kun minun täytyi täyttää virallisten organisaatioiden lomakkeita, huomasin, etten voinut valita ruutua Naimisissa, Asumuserossa, Avioerossa, Leski tai Naimaton. Vain kerran löysin ruudun, jossa luki "Muu" – kaksiavioisuus lienee niin harvinaista, ettei sitä tarvitse ottaa lukuun.

Kesän aikana kävin Oxfordissa poliisin puheilla ja kerroin, mitä minulle oli tapahtunut, mutta he eivät tuntuneet kiinnostuneilta. Heillä oli vihkitodistukseni eivätkä he tarvinneet muuta. Minua ei kaivattu todistajaksi, vaikka kerroin, että Will oli johdatellut minua ja vienyt kaiken. Kerroin jopa kirjeestä, jonka Will oli lähetyttänyt minulla kruununsyyttäjänvirastolle, mutta heidän mielestään sillä ei ollut paljon väliä. He kehottivat minua ottamaan yhteyttä Skotlannin poliisiin, mikäli minusta tuntui, että tapaus oli tutkittava, mutta se ei vaikuttaisi tutkintaan Oxfordissa.

Elokuussa 2006 olin yhteydessä kruununsyyttäjänvirastoon ja kysyin, mitä oli tarkoitus tehdä Willin minun kauttani lähettämällä kirjeellä. Siellä vastattiin, että koska Will aikoi myöntää syyllisyytensä kaksiavioisuuteen, kirjeellä ei todennäköisesti olisi merkitystä.

”Mutta entä tuomio, joka langetetaan?” kysyin. Minulle vastattiin, että Will ei varmaankaan saisi kovin ankaraa tuomiota, koska sitä ei ”pidetty kovin vakavana rikoksena, etenkin kun kärsimystä ei ole aiheutettu”.

”Ei aiheutettu kärsimystä!” kiljaisin tyrmistyneenä. ”Hän meni kanssani naimisiin ja vei minulta viimeisenkin lantin, piti minua pelon vallassa melkein kuusi vuotta ja jätti minulle 56 000 punnan velat ja kolme pientä lasta elätettäväksi. Jos sitä ei lasketa kärsimykseksi, mikä sitten lasketaan?”

Purkaukseni näytti menevän perille, sillä langan toisessa päässä oleva mies sanoi heidän selvittävän, miten lausuntoani voitaisiin pitää todisteena.

3. syyskuuta 2006 Will lähetteli minulle edelleen sähköposteja, yritti taivutella minua tapaamiseen ja kertoi, kuinka paljon hän rakasti minua ja halusi löytää jonkin keinon jatkaa yhteiselämää.

Vaikka olin visusti päättänyt, etten tapaisi häntä, en myöskään halunnut suututtaa häntä, joten vastasin vain rauhassa kieltävästi.

4. syyskuuta hänet pidätettiin epäiltynä osoitteensa jättämisestä ilmoittamatta. Tällä kertaa Will pysyi säilössä, ja oikeudenkäynti määrättiin pidettäväksi 23. marraskuuta 2006.

Vahvistuneena tiedosta, että Will oli pidätetty, uskalsin vihdoin mennä poliisin puheille ja kertoa, miten Will oli huiputtanut minua. Olin kuitenkin hermona, sillä tiesin, että etälamautin oli laiton ase ja löytyi minun asunnostani. Will oli käskenyt minua olemaan hiljaa siitä, koska muuten saisin syytteen hallussapidosta. Tuossa vaiheessa päätin kuitenkin ottaa lusikan kauniiseen käteen ja kertoa kaiken. En halunnut asian enää kummittelevan mielessäni.

Kun soitin poliisiasemalle ensimmäisen kerran, puheluuni vastannut poliisi selvästi luuli minua sekopääksi eikä tehnyt mitään. Kun soitin toistamiseen, hän sentään kuunteli ja tajusi keskustelun kuluessa, että olin tosissani. Hän jopa pyysi anteeksi aiempaa olettamustaan ja lähti heti tapaamaan minua. Hän saapui neljännestunnissa ja istui juoden lasillisen vettä toisensa perään ja ällistellen kertomustani.

Kysyin häneltä etälamauttimesta ja siitä, olisinko vaikeuksissa sen oltua hallussani. Hän kysyi, olinko tuonut sen asuntoon, ja vastasin: "En, Will tilasi toimituksen." Hän kysyi, olinko koskaan vienyt sitä ulos talosta. Jälleen vastasin kieltävästi; Will oli vienyt sen, kun muutimme pois. Sitten hän sanoi, ettei minun periaatteessa tarvinnut huolestua, sillä etälamautin oli ollut Willin hallussa.

Poliisi ei ollut koskaan ennen kohdannut vastaavaa. Aluksi hän ei uskonut, että rikosta oli tehty – vaimolle valehteleminen rahan saamiseksi ei ole kiellettyä – mutta vähitellen hän alkoi käsittää tilanteen koko laajuuden. Hän otti yhteyttä Skotlannin petosryhmään ja kysyi siltä, voitaisiinko avioliitto Willin kanssa tulkita osaksi yritystä petkuttaa minulta vähäiset varani. Tutkinta eteni, ja toinenkin poliisi tuli mukaan. Hän oli toiminut veropetosten tarkastajana yhdeksäntoista vuotta ja oli tottunut käymään läpi luottokorttikuitteja. Hänen mielestään oli hyvä mahdollisuus tuomitsemiseen sen takia, että minua oli pyydetty siirtelemään suuria rahasummia. Siitä jäisi jälkiä – varsinkin siksi, että pankki säilyttää kuitit, joita minun oli täytynyt allekirjoittaa tallettaessani rahaa. Se ja säilyttämäni sähköpostit, joiden mukaan Willin pyytämät määrät täsmäsivät pankkitililtäni nostettuihin määriin, loivat hyvät perusteet jutulle. Hän esitti mielipiteensä Skotlannin petosryhmälle, mutta sieltä sanottiin, että koska rahoja ei ollut pantu hänen vaan jonkun muun tilille, voitaisiin "perustellusti epäillä", ettei Will yrittänyt petkuttaa minua, eikä juttu pitäisi rikosoikeudessa.

Tuossa vaiheessa annoin periksi, koska petosryhmä selvästi ajatteli, että tapausta olisi liian vaikea perustella. Sen mukaan edellytykset siviilioikeuskäsittelylle pitivät, ja minun kannattaisi kokeilla sitä – mutta minkä tähden? Olisin vain muuan henkilö, jolle Will oli velkaa; hän vain koettaisi saada rahat toiselta uhrilta, ja siitä en halunnut olla vastuussa.

Marraskuussa 2006, viikkoa ennen Willin oikeudenkäyntiä, minulle ilmoitettiin, että kruununtodistajanvirasto oli päättänyt, että olisi hyvä saada minulta uhrin lausunto, Victim Impact Statement. Kyseinen lausunto kuuluu todisteisiin ja on uhrille mahdollisuus kuvailla rikoksen vaikutusta itseensä, etenkin jos epäilty on ilmoittanut myöntävänsä syyllisyytensä. Lopultakin minulla oli tilaisuus saada ääneni kuuluviin ja tuomari saisi tietää Willin tekosista. Olin iloinen, joskin uupunut.

Kirjoitin seuraavan lausunnon ja annoin sen skotlantilaiselle poliisille lähettämistä varten:

Uhrin lausunto – antanut Mary Turner Thomson, joka on JORDANIN toinen vaimo ja asuu nykyisin Edinburghissa.

Ennen Will Jordanin tapaamista olin yksivuotiaan tyttären yksinhuoltajaäiti. Omistin kahden makuuhuoneen asunnon, josta oli näkymä merelle Edinburghin Portobellossa ja josta olin maksanut asuntolainaa ja korkoa runsaat kymmenen vuotta. Minulla oli täysipäiväinen työ liiketoiminnan neuvonantajana, kouluttajana ja markkinointikonsulttina, ja palkkani siitä oli hiukan alle 30 000 puntaa vuodessa. Olin luottavainen, iloinen ja vastuullinen henkilö, joka piti motivaatiokursseja sekä bisnesihmisille että oppilaitoksille. Uskoin kaikkien ihmisten olevan pohjimmiltaan hyviä enkä edes tiennyt psykopaattien olemassaolosta.

Will Jordan otti minuun yhteyttä verkon tapaamissivuston kautta marraskuussa 2000. Pian suhteemme alkamisen jälkeen Will Jordan osoitti minulle olevansa Britanniassa toimiva CIA:n tiedusteluagentti, joka oli erikoistunut Palestiinan/Israelin alueeseen (nykyisin tiedän todisteen olevan tekaistu. Hän oli monesti matkoilla ja poissa kotoa pitkiä aikoja. Hän kertoi minulle aluksi olevansa hedelmätön, mutta hän poistui luotani ollessani kolme kuukautta raskaana ja palasi tyttäremme ollessa kolmen kuukauden ikäinen (heinäkuusta 2001 toukokuuhun 2002. Minulla ei ollut rahaa, ja pelkäsin hänen henkensä puolesta, sillä hän väitti olevansa töissä palestiinalaisalueisiin kuuluvassa Jeninin kaupungissa. Nykyisin tiedän, että Will oli vain viidentoista mailin päässä Gullanessa, jossa hän asui seuranaan toinen vaimonsa (jonka kanssa hänellä oli vauva sekä neljä muuta lasta) ja lastenhoitaja (jonka kanssa hänellä oli ilmeisesti toinen vauva).

Menin naimisiin Will Jordanin kanssa 26. lokakuuta 2003 Victoria Streetin maistraatissa lapsemme ollessa kahdeksan kuukauden ikäinen. Hän kertoi haluavansa pois CIA:sta ”normaaliin elämään”. Toisaalta hän sanoi tarvitsevansa siihen rahaa. Hän perusti kanssani yrityksen nimeltä MD ja toimi sen kautta IT-alihankkijana ja siirsi tarvitsemiaan varoja. Will kehotti minua hankkimaan luottokortteja, minkä teinkin; hän jopa haki lisää kortteja minun nimissäni. Hän sanoi, että hänellä oli suhteita autonvuokrausyrityksiin, elokuvateattereihin ja kiinteistönvälittäjiin, jotka pystyisivät siirtämään hänen tarvitsemansa varat. Näin olisin suojassa, koska hänen nimeään ei näkyisi missään. Kaikki luottokortit raukesivat vuonna 2005, ja hän jätti minulle velkaa noin 56 000 puntaa. Odotan edelleen konkurssimenettelyä, sillä minun on odotettava, että yksi velkojista haastaa minut oikeuteen, ennen kuin voin hakea konkurssia.

Will sai minut pelkäämään sieppausta ja kidutusta "epätoivottujen" tai muiden agenttien taholta, hankki minulle etälamauttimen (tainnutusaseen) ja opetti käyttämään sitä. Hän toi aseen asuntooni ja vei sen mukanaan yli vuotta myöhemmin, kun minun täytyi muuttaa vanhempieni luokse maaliskuussa 2005 – tämä etälamautin löydettiin nähdäkseni Mercedes-autosta, jolla hän ajoi (ja joka sekin oli minun nimissäni). Minun täytyi muuttaa vanhempieni luokse odottaessani toista lasta Will Jordanille, koska minulla ei ollut tarpeeksi rahaa lasten ruokaan.

Will Jordan manipuloi minut myymään huoneistoni saadakseni 100 000 puntaa, minkä hän tarvitsi aluksi ostaakseen itsensä eroon CIA:sta; sitten hän tarvitsi yhä enemmän rahaa suojatakseen itsensä ja perheeni sepitetyiltä uhilta ja vaarallisilta "epätoivotuilta", jotka olivat saaneet selville olinpaikkamme ja siten pystyivät kiristämään häneltä rahaa. Kaiken kaikkiaan, luottokortit mukaan lukien, yhteismäärä on lähes 200 000 puntaa. Kun mitään ei ollut jäljellä, hän kehotti minua myymään henkivakuutukseni saadakseni lisää rahaa. Se oli ainoa asia, mitä minulla oli jäljellä, ja olin pitänyt siitä kiinni lasteni vuoksi. Sitten hän kehotti lainaamaan rahaa perheeltäni, minkä myös tein – yksi esimerkki tästä on se, että jouluaattona 2004 lainasin veljeltäni 2 000 puntaa välttääkseni "ikävät seuraukset".

Minulle kerrottiin syytteistä Will Jordania vastaan tammikuussa 2006, mutta Will sai minut vakuuttuneeksi, että toinen ”vaimo” oli vain CIA:n järjestämä resurssi ja petos oli pelkkä erehdys. Hän kertoi, että syyte ”osoitteen jättämisestä ilmoittamatta” liittyi CIA:n antamaan tehtävään – saada tietoja erityisen inhottavalta henkilöltä seksuaalirikollisten vankilassa – ja CIA oli lavastanut syytteen saadakseen Willin samaan vankilaan. Will jopa järjesti puhelun kyseisen rikoksen uhrin kanssa. Hän vahvisti, että Will Jordan oli tiedustelupalvelun agentti ja syyte tekaistu (nykyisin tiedän, että kyseinen nainenkin oli tuolloin Willin hallinnassa). Will Jordan kirjoitti puolestani kirjeen ja kehotti lähettämään sen kruununsyyttäjänvirastolle. Allekirjoitin ja faksasin kirjeen saamieni ohjeiden mukaisesti.

Ymmärsin Will Jordanin tekemän huijauksen vakavuuden vasta hänen toisen vaimonsa soitettua minulle 5. huhtikuuta 2005 ja tultua Edinburghiin keskustelemaan kanssani. Hän osoitti, että hän oli todellakin vaimo eikä ”resurssi” ja että hänellä oli viisi lasta Willin kanssa. Hän näytti lastensa valokuvia, ja he näyttivät hyvin samanlaisilta kuin omat lapseni. Vasta silloin näin valheitten läpi totuuden ja lopetin suhteeni Will Jordaniin. Huhtikuusta syyskuuhun 2006 Will Jordan otti minuun yhtä mittaa yhteyttä ja yritti saada minut uskomaan puheensa siitä, miten hän oli pelkkä uhri ja että ”historia olisi hänen puolellaan”. Will aneli minua ottamaan hänet takaisin aviomiehenäni ja lopetti vasta, kun hänet oli pidätetty uudelleen ja viety tutkintavankeuteen syyskuussa 2006.

Olen kuluttanut kuusi viime kuukautta yrittäen toipua tästä ja paljastaa totuuden saavuttaakseni hieman mielenrauhaa, mutta olen löytänyt samankaltaisia tarinoita toisilta naisilta – esimerkiksi hänen ensimmäinen yhdysvaltalainen vaimonsa havaitsi hänen olleen samaan aikaan suhteessa kolmeen muuhun naiseen. Tämä pidätytti Will Jordanin vuonna 1991 epäiltynä petoksesta ja valtavista veloista, joita hän oli tehnyt vaimonsa nimissä vain vuoden kestäneen avioliiton jälkeen. Minusta Will Jordanilla on psykopatia eli "persoonallisuushäiriö, jolle on ominaista pettäminen niin suuressa mittakaavassa, että useimmat meistä eivät osaa kuvitella. Nuo ihmiset eivät ole hulluja; he tietävät tarkalleen, mitä ovat tekemässä." (Lainaus sivustolta www.lovefraud.com.) Robert D. Hare, Ph. D. aloittaa psykopaatteja käsittelevän kirjansa *Without Conscience* näin: "Psykopaatit ovat sosiaalisia saalistajia, jotka lumoavat, manipuloivat ja armotta raivaavat tiensä elämässä ja jättävät jälkeensä murtuneita sydämiä, täyttymättömiä odotuksia ja tyhjiä lompakoita. Heiltä puuttuu täysin omatunto ja toisten tunteiden ymmärrys, he ottavat itsekkäästi haluamansa ja tekevät mitä huvittaa, rikkovat sosiaalisia normeja ja odotuksia tuntematta lainkaan syyllisyyttä tai katumusta."

Tämä on raunioittanut elämäni taloudellisesti, emotionaalisesti ja ammatillisesti. Olen nyt yksinhuoltajaäiti, jolla on elätettävänään kolme lasta – seitsemän- ja neljävuotiaat tytöt ja yksivuotias poika. Tilanne on jättänyt syvät jäljet kahteen varttuneempaan lapseen, ja he ovat jääneet koulutyöstä jälkeen. Neljävuotias tyttö itkee yhtä mittaa isänsä perään, mikä murtaa sydämeni ja ahdistaa minua. Olen huolissani erityisesti lasten vuoksi, koska nyt tiedän, että hän siitti heidät yksinomaan kontrolloidakseen ja manipuloidakseen minua – hänellä ei ole heihin minkäänlaista emotionaalista sidettä. Minun täytyy tarjota heille lisätukea hyvittääkseni vahingot, joita Willin toiminta on aiheuttanut ja tulee aiheuttamaan. En kykene tekemään töitä tämän tilanteen aiheuttaman stressin takia, ja yritän unohtaa sen tuhoisan tosiseikan, että minua on alusta asti manipuloinut ja huijannut henkilö, jota kohtaan tunsin rakkautta ja luottamusta lähes kuusi vuotta, että hän meni naimisiin kanssani vain huijatakseen minulta rahat, jotka olin kovalla työllä ansainnut. Hän on pitänyt minut ahdistuksen vallassa kuusi viime vuotta varmistamalla, että olen uupunut, peloissani ja emotionaalisesti/psyykkisesti eristäytynyt voidakseen kontrolloida minua ja saadakseen rahaa toiselle perheelleen tai toisille perheilleen.

Elän nyt toimeentulotuella, asun vuokra-asunnossa, saan elämiseen 57 puntaa viikossa ja 56 000 punnan velat uhkaavat suistaa minut vararikkoon. Minulla ei ole omaisuutta eikä säästöjä. Itseluottamukseni ja omanarvontuntoni ovat murskattuja, ja eritoten kykyni luottaa toisiin on täysin mennyttä. Uskoin Willin rakastavan minua, uskoin, että hänen työnsä CIA:ssa oli todellista ja että hänen minulle näyttämänsä todisteet olivat aitoja. Uskoin, että hän tarvitsi rahaa pitääkseen meidät hengissä, mutta se olikin vain peliä, jonka tarkoitus oli riistää minulta ja lapsiltamme kaikki ja antaa se toisille. Pelkään sitäkin, että hän on saattanut viekoitella vanhinta tytärtäni, sillä hän näyttää valitsevan kohteikseen naisia, joilla on jo lapsia.

En osaa kuvitella, että toipuisin tästä koskaan kokonaan ja pystyisin joskus vielä luottamaan muihin ihmisiin.

Willin puolustusasianajaja vastaanotti lausunnon oikeudenkäyntiä edeltävänä päivänä, ja Will vastasikin jokaiseen syytteeseen ”syyllinen”. Alice ja minä olimme kuitenkin jo matkalla, joten osallistuimme oikeudenkäyntiin joka tapauksessa.

23

Oikeudenkäynti

22. marraskuuta 2006 matkustin Oxfordiin uuden kälyni kanssa – hän on suloinen tyttö, joka on tehnyt veljeni onnelliseksi tämän kärsittyä sydänsuruistaan ja omista traumoistaan. Hän on hyvin myötätuntoinen ihminen, ja hänen läsnäolonsa ja tukensa lohduttivat minua; hän kuunteli, kun puhuin taukoamatta koko matkan, ja joutui olemaan puolen metrin päässä minusta junanvaunussa, josta ei mitenkään päässyt pakoon. Hän oli tukenani ja turvanani kolme vuorokautta.

Oikeudenkäynnin lähestyessä minua alkoi yhä enemmän ahdistaa Willin näkeminen. En ollut tavannut häntä sitten tammikuun, jolloin hän oli vielä ollut hellä ja romanttinen aviomieheni. Kaikki hänestä selville saamani oli täydellinen vastakohta miehelle, jonka tunsin, jonka olin luullut olevan olemassa. Käytin pitkän aikaa vaatteideni valitsemiseen ja hallinnassani olevien asioiden miettimiseen, sillä tiesin, ettei mikään muu olisi hallinnassani.

Kun lapset eivät olleet ympärilläni eivätkä arjen huolet häirinneet, junamatka sai minut keskittymään siihen, mitä olin aiemmin yrittänyt välttää. Kaikki tuntui hyvin selvältä. Mieleeni tulvi ideoita, ajatuksia ja muistoja: miten rakastava hän oli ollut ja miten hänen kasvonsa alkoivat loistaa hänen astuessaan ovesta sisään, miten olin kävellyt huoneesta toiseen kuultuani ääniä, koska en uskaltanut nukkua, miten olimme keskustelleet ravintoloissa raapustelemalla lautasliinoihin, miten palapelin palaset olivat viime kuukausina loksahdelleet paikoilleen. Olin kauhuissani siitä, mitä hän tekisi. Katsoisiko hän minua täynnä rakkautta ja saisiko hän minut taas epäilemään, oliko hän sittenkin välittänyt? Katsoisiko hän minua vihaten? Vai vilkaisisiko hän minua ylenkatsoen tai ei ollenkaan? Lääkärini oli kehottanut minua katsomaan Willin kasvojen sijasta vain hartioita. Minun täytyi suojella itseäni, että säilyttäisin itseluottamuksen enkä imeytyisi taas hänen maailmaansa. Tiesin kuitenkin, että minun oli katsottava noihin silmiin. Tiesin niiden kertovan jotain – ja niin ne kertoivatkin.

Tuona iltana tapasin Alicen. Meistä oli tullut läheiset ystävät hyvin omituisissa oloissa, ja oli erittäin hyvä voida vihdoin yhdistää kasvot ääneen. Tunsin lämmintä kiintymystä tuota naista kohtaan, joka oli pannut alulle koko kehityskulun ja vapauttanut minut.

Palattuamme hotelliin minun oli melkein mahdoton nukahtaa, ja onnistuessani jotenkin saamaan unen päästä kiinni näin hirveitä painajaisia. Lopulta luovutin ja makasin hereillä odottaen aamua. Halusin että aika rientäisi ja kaikki olisi ohi.

Olin ylhäällä ja pukeissa hyvissä ajoin. Alice liittyi seuraamme, ja sitten lähdimme kohti oikeusistuinta tuntien suurta ahdistusta. Tultuamme perille tapasimme muut – tätini ja serkkuni, Peter-nimisen poliisin, joka oli perehtynyt Willin tapaukseen vuoden ajan, Willin huijaaman liikemiehen Malcolmin ja niin edelleen.

Kruununsyyttäjänviraston edustaja kutsui Alicen ja minut todistajille varattuun huoneeseen ja kertoi meille, mitä olisi odotettavissa ja miten oikeudenkäynti etenisi. Silloin aloin vapista. Vielä vähän odotusta, ja sitten meidät kutsuttiin sisään. Vapinani paheni, ja koetin hallita hengitystäni. Tajusin vapisevani pelosta: pelkäsin nähdä hänet – pelkäsin hänen pystyvän yhä kontrolloimaan minua.

Kävelimme oikeussaliin yhdessä, ja Alice ja minä istuimme rinnakkain. Suoraan takanamme istui nuori nainen, ja tunnistin hänet melkein heti – Anna, jota Will oli lapsena hyväksikäyttänyt, oli tullut katsomaan Willin tuhoa. En tervehtinyt häntä vaan istuin hiljaa paikallani.

Kun Will tuotiin saliin, Alice piti minua kädestä ja huolehti nytkin minusta. Willillä oli yllään T-paita ja housut, ja hän näytti nuhjuisemmalta kuin millaisena olin koskaan hänet nähnyt – aivan kuin hän ei olisi välittänyt. Hän seisoi ja katsoi, keitä oli paikalla. Vaikka minua oli kehotettu olemaan katsomatta häntä, minun täytyi; minun täytyi tietää, mitä hänen silmänsä kertoisivat. Salissa seisova mies tuijotti meidän suuntaamme. Hän oli mitäänsanomaton, tyhjää täynnä. Hän katsahti meitä kolmea – Alicea, Annaa ja minua. Kylmä. Tunteeton. Ilmeetön. Se oli tyhjä, kova tuijotus, joka kesti ikuisuuden, mutta jonka takana ei ollut mitään. Tuijotin takaisin yrittäen parhaani mukaan pysyä yhtä ilmeettömänä. Sitten hän kääntyi katsomaan saliin tulevaa tuomaria.

Koko oikeudenkäynnin ajan tuntui kuin olisin nähnyt jonkun saavan pysäköintisakon. Hän ei osoittanut mitään tunteita;

syytetyn penkillä istuva mies ei mitenkään muistuttanut miestä, jonka kanssa olin mennyt naimisiin. Oliko tuossa todellinen Will Jordan – tyhjä sivu, tumma peili, joka oli heijastellut vain omia toiveitani ja halujani? Senkö vuoksi hän oli lumonnut niin monta naista? Ei sillä väliä. Rakastamaani miestä ei ollut olemassa.

Tuomari oli näköjään hyvin selvillä Willin luonteesta kuunnellessaan syytteitä ja esittäessään kysymyksiä. Hän kysyi erityisesti näin: ”Onko herra Jordanilla oikeus asua tässä massa?”

Willin asianajaja kuulosti hämmentyneeltä vastatessaan: ”Kyllä on, teidän korkeutenne, sillä hän on naimisissa Britannian kansalaisen kanssa.”

”Hmm”, tuomari äännähti. ”Onko teillä oikeus tehdä työtä tässä maassa, herra Jordan?”

”Kyllä on, sir”, Will sanoi tyynesti.

Tuomari katsoi papereitaan. ”Sääli!” hän sanoi niin kovalla äänellä, että koko sali kuuli.

Minusta tuntui, että tuomari tunnisti Willin todellisen luonnon, mikä rauhoitti minua.

Koska Will myönsi syyllisyytensä, oikeuskäsittely kesti vain kaksikymmentä minuuttia. Syyttäjän asianajajan ansiosta tuomari tiesi, että sekä Alice että minä olimme läsnä, joten hän puhutteli meitä suoraan. Hän lausui: ”Sekä Alice Keanin että Mary Turner Thomsonin on syytä tietää, että olen lukenut ja ymmärtänyt heidän lausuntonsa ja että ymmärrän tämän miehen heille aiheuttaman mielipahan, surun ja trauman. Se näkyy mahdollisuuksien mukaan hänelle langetetussa tuomiossa.”

Sitten tuomari kääntyi takaisin Williä kohti ja sanoi: ”Ja tuomio tulee olemaan vankeutta, herra Jordan, ymmärrättekö sen?”

”Kyllä ymmärrän, sir”, Will vastasi edelleen tyynenä.

En muista Willin lähtöä salista, vain sen, että nousin seisomaan tuomarin poistuessa. Ilmeisesti pysyin seisomassa, kun Will saatettiin pois; vapisin edelleen kauttaaltani. Muistan päättäneeni pysyä lujana Willin edessä, olla vakaa ja vahva. Mutta hänen mentyään rojahdin tuolille ja itkin kauan ja katkerasti. En tiedostanut, missä olin, tunsin vain suuren surun, raskaan ja kovan taakan nousevan vihdoin pintaan. Se oli ohi. Itkin tuskan täyttämiä vuosia, lapsiani, joilla ei olisi koskaan isää, rakastamaani miestä, jota ei ollut milloinkaan ollut, sekä itseäni, jota oli kaltoinkohdeltu ja petetty. Itkin, ja Alice halasi minua.

Kun toivuin murheestani, kaikki oli ohi; tunteeni olivat nousseet pintaan, ne oli koettu ja ne olivat nyt mennyttä aikaa. Olin vapaa ja voisin vihdoin jatkaa eteenpäin; pystyisin katsomaan tulevaan juuttumatta menneeseen.

Tuomion julistaminen lykkääntyi 28 päivää, koska tarvittiin raportit ehdonalaislautakunnalta sekä mahdolliset lääkärinlausunnot. Kruununsyyttäjänvirastosta kerrottiin tuomarin lisänneen asiakirjoihin huomautuksen, että kokeneen lääkärin tuli haastatella Williä ja olla uskomatta kaikkea, sillä Will oli äärimmäisen hyvä manipuloimaan.

Niin menimme kotiin.

Seuraavaksi juttua käsiteltiin tiedotusvälineissä, ja lopulta koko juttu tuli julki. Pahin oli ohi, ja vaikka pitkä tie oli vielä edessä, minusta tuntui, että olin päässyt pahimman yli ja oikeille raiteille.

Oikeudenkäynti tuotti minulle tyydytystä, joskaan ei siksi, että edessäni seisova mies ei mitenkään muistuttanut miestä, jonka kanssa olin solminut avioliiton, vaan siksi, mitä tuomari oli sanonut. Jotenkin tuomarin sanat olivat minulle kaikki kaikessa: hänen sanansa vahvistivat sen, että mitä tuo mies oli tehnyt minulle, oli väärin, auttoi minua valtavasti.

24

Toipuminen

Kerroin kyllä kaiken perheelleni, vähitellen. Ensimmäisinä päivinä Michellen tapaamisen jälkeen kerroin jättäneeni Willin, sitten paljastin, että kaikki oli ollut valhetta – hänen työnsä, meidän elämämme. Jonkin ajan kuluttua kerroin veloista, jotka hän oli minulle jättänyt; sitten hänen toisesta vaimostaan, toisista naisista ja toisista lapsista; lopulta kerroin senkin, että Will oli tuomittu pedofiili. Se oli ja on yhä kovin paikka minulle. Sitä mukaa kun kerroin heille ja keskustelin ihmisten kanssa, aloin saada aivoni taas toimimaan, nähdä selvemmin ja ymmärtää minulle tapahtuneen.

Kesäkuuhun 2006 asti Will sanoi yhtä mittaa, että hän halusi edelleen elättää lapset ja minut ja että niin kauan kuin hän pystyisi tekemään töitä, hän olisi turvanamme. Hän aneli minua olemaan pilaamatta tätä ”meidän” takiamme. Hän sanoi, että tekemistä oli jäljellä, että yritys, jonka kanssa hän oli tehnyt sopimuksen, oli häneen tyytyväinen ja että hänen pomonsa Christopher oli tarjonnut hänelle useita tuottoisia sopimuksia.

Mutta tiesin hänen puhuvan palturia, koska olin puhunut Christopherin kanssa. Will oli kadonnut hänen yrityksestään palauttamatta kulkukorttiaan ja läppäriään. Hän ei myöskään ollut lähettänyt viimeisen kuukautensa työaikakorttia – arvoltaan noin 6 000 puntaa. Will intti, että hän oli paikalla, että hän puhui Christopherille, mutta olin toisessa puhelimessa, ja siellä Christopher epäili Willillä olevan hermoromahdus.

Will yritti houkutella minut takaisin luokseen, vetää minut mukaansa, mutta nyt tiesin, miten hän toimi: harhauttamista, välttelemistä, täyttymättömiä lupauksia vastata kysymyksiin, rakkaudentunnustuksia, lupauksia paremmasta elämästä ja lasten elättämisestä, uhkauksia ja yrityksiä herättää sääliä, sitten kiukkua ja pettämistä. Tavoitteena oli saada uhri jatkamaan puhumista, pitää yhteyslinjat avoimina, löytää heikko kohta ja käyttää sitä hyväksi. Hänen täytyi vedota sydämeeni ja saada minut tuntemaan itseni syylliseksi tai vastuulliseksi – saada tuntemaan huonoa omaatuntoa ja vedota tarpeeseeni tulla rakastetuksi. Hän tuntui olevan varma, että lopulta jokin onnistuisi.

Koska olin vapautunut hänen hypnoottisesta otteestaan, en suostunut luopumaan tavoitteestani enkä kysymyksistä, joihin halusin vastaukset, vaan palasin niihin yhä uudelleen. Hänen muiden uhriensa antamat tiedot ja itsevarmuus sallivat minun nähdä, mihin hän pyrki. Vaikka tunsin paineen mukautua hänen tahtoonsa, en antanut myöten.

Tarjouduin keskustelemaan hänen kanssaan, olemaan henkilö, jolle hän voisi kertoa koko totuuden. Halusin vastauksia ja yritin saada hänet vapautumaan vihjaamalla, että hänelle voisi olla hyväksi saada tarina mieltään painamasta. Hän sanoi arvostavansa tätä, mutta sanoi moneen kertaan, että vasta oikeudenkäynnin jälkeen hän voisi selittää kaiken tapahtuneen. Hän sanoi tietävänsä, mitä nyt ajattelin hänestä, ja vaikka hän ymmärsi täysin, mistä se oli lähtöisin ja miksi ajattelin noin, hänestä oli petollista ja loukkaavaa, että olin saattanut viettää niin kauan hänen seurassaan ja sanoa rakastavani häntä ja silti olin ottanut todesta edes puolet hänen kohtaamastaan ryöpytyksestä.

Sanoin, että ellei hän kertoisi totuutta, minun täytyisi ottaa se itse selville. En kuitenkaan kertonut, miten paljon jo tiesin. Hän vastasi: "Kaivele tietolähteitäsi, ellet ole vielä kaivellut... kukaan ei kerro minusta enempää kuin luulet jo tietäväsi... kaipaamasi vastaukset ja selitykset eivät leiju tuolla jossain... ei toisia vaimoja, ei enempää lapsia, ei mitään sen suuntaista... Jos se olisi niin suoraviivaista, se olisi jo tiedossa, joten älä väitä ottavasi sen itse selville."

Will väitti, että tapausta tutkiva poliisi toisti vain saman, minkä hänen tietokonejärjestelmänsä kertoi, että poliisin hallussa oleva vihkitodistus oli tehty totuuden peittelemiseksi ja että poliisin asiakirjat oli tekaistu. Hänen mukaansa Michellellä oli omat syynsä, joskaan hän ei suostunut selittämään, mitä hän tuolla tarkoitti. Hän jopa sanoi, etten tiennyt Devistä mitään, muuten en olisi ottanut häntä esille, ja väitti, ettei Alexis ollut olemassa, vaan oli CIA:n sepittämä hahmo.

Kysyessäni häneltä hänen muista lapsistaan toisten naisten, lastenhoitajan ja Devin kanssa, hän vastasi: "Mikäli muita on, olen toiminut vastuullisesti." Kun sitten utelin, mitä hän tuolla tarkoitti ja olivatko rahani menneet sinne, hän kielsi kaiken. Hän vain toisti toimineensa vastuullisesti eikä sanonut enempää.

Hän vakuutti jatkuvasti, että hän kävi töissä ja aikoi elättää yhteiset lapsemme, mutta tiesin sen olevan valhetta.

Puhuimme samoista jutuista yhä uudelleen. Kun jatkoin kysymysten esittämistä, hän näytteli loukkaantunutta, joskin hän myönsi valehdelleensa – esimerkiksi seksistä toisten naisten kanssa ja muiden lasten tekemisestä. Hän saattoi suuttua, väsyä tai järkyttyä, mutta ne kaikki olivat huonosti peiteltyjä yrityksiä saada minut takaisin hänen mielikuvitusmaailmaansa. Hänellä oli loistavia repliikkejä, kuten ”Älä tekeydy tekopyhäksi, Mary… ei ollut mikään salaisuus, että valehtelin sinulle miljoonasta asiasta… mutta et huomannut etkä välittänyt siitä, että kaikesta muusta sanomastani huolimatta rakastin sinua aina, ja sinä tiedät sen… tunsit tuon yhteyden.” Hän paasasi tietävänsä uhrautumisesta enemmän kuin pystyisin koskaan ymmärtämään. Minun oli tarkoitus olla hänen vaimonsa, mutta olin luovuttanut hänen suhteensa. Olin paennut ja sulkenut oven sanomatta edes hyvästejä, ja mikä pahinta, en suostunut puhumaan hänen kanssaan kasvotusten.

Kun hän ei saanut minua hallintaansa, hän lopetti jokaisen keskustelun sanomalla, että olin ”ilkeä” tai että hän oli liian väsynyt jatkamaan ja juttelisi kanssani seuraavana päivänä. Hän lupasi aina kertoa minulle jotain lisää, jotta pysyisin yhteydessä häneen.

Hän lakkasi viestittelemästä ja yrittämästä saada meidät tapaamaan toisemme vasta, kun hänet pidätettiin syyskuussa 2006 ja pantiin vankilaan odottamaan 23. marraskuuta pidettävää oikeudenkäyntiä. Hän jopa käytti äitini sairautta tekosyynä pitää yhteyttä – hän pyysi toistuvasti, voisiko hän tulla pitämään minua kädestä ja lohduttamaan, lausumaan äidille hyvästit. Hän kokeili kaikkia mieleensä juolahtavia menetelmiä taivutellakseen minut tapaamiseen, koska jos tapaisin, puolet taistelusta olisi voitettu – hänellä olisi keino päästä takaisin luokseni.

Kesäkuussa 2006 otin yhteyttä Brendaan, sosiaalityöntekijään, ja pyysin häntä käymään luonani, jotta voisin kertoa tarinani. Selitin, miten minua oli huijattu uskomaan Williä ja kuinka nyt tiesin kaiken olleen valhetta. Hän kuunteli huolellisesti ja oli selvästi helpottunut. Hän ymmärsi mitä oli tapahtunut ja miksi olin reagoinut niin. Hän oli myötätuntoinen ja avulias ja hyvillään kuullessaan, ettei Will pääsisi koskaan enää luokseni.

Brenda pyysi saada tavata vanhimman tyttäreni Robynin, Willin tytärpuolen, ja suostuin siihen. Robyn oli tapansa mukaan puhelias, täynnä energiaa ja pöyhkeili vieraan edessä. Hän pöllähti ovesta ja hyppäsi syliini, kuten normaalilta, iloiselta ja eloisalta seitsemänvuotiaalta voi odottaa.

Brenda jutusteli Robynin kanssa muutaman minuutin, en muista mistä. Sen jälkeen Robyn palasi leikkeihinsä, ja minä katsahdin Brendaan.

”Olet oikeassa. Hänessä ei toden totta näy hyväksikäytön jälkiä. Pedofiileillä on tapana pitäytyä omassa suosikki-ikähaarukassaan, ja koska hän hyväksikäytti tyttöä, joka oli iältään yhdeksästä kolmeentoista, Robyn lienee liian nuori. Emme saa koskaan tietää, oliko hän suunnitellut jotain.”

Vereni jähmettyi. Se oli katkerin pala purtavaksi: olin asunut miehen kanssa, joka oli hyväksikäyttänyt lasta. Purskahdin itkuun.

Brenda lohdutti: ”Sinä olet hyvä äiti, Mary. Näen että olet oikein hyvä äiti, rakastat lapsiasi ja pääset tämän yli.”

En vieläkään voi uskoa, että Will on lasten seksuaalinen saalistaja. Enkä usko hänen kosketelleen vanhinta tytärtäni.

Minusta Will on psykopaatti ja hyväksikäytti Annaa erottaakseen tämän äidistään, varmistaakseen, ettei äidillä olisi ketään kuuntelemassa. Will kokeili kuinka pitkälle hän pystyi siirtämään rajoja jäämättä kiinni.

Luulen Willin hakeneen jännitystä, sillä sitä psykopaatit tarvitsevat; heidän pitää jatkaa rajojen siirtämistä, kontrolloimista, manipuloimista - vaikka jäisivät kiinni.

Kun elämääni alkoi tulla selvyyttä, otin eräitä tärkeitä askeleita. Olin kertonut äidilleni kaiken, koska aikaa ei ollut paljon. Rakas äitini - joka oli aina ollut tukenani, joka oli auttanut minua kaikessa, joka oli toiminut lasteni sijaisvanhempana, koska isä oli aina poissa, ja joka oli nyt ainoa ihminen, jonka tiesin rakastavan minua ehdoitta - oli lähellä kuolemaa. Hän kävi syöpähoidoissa, ja halusin hänen poistavan minut testamentistaan, minkä hän tekikin. Olin itse sotkenut asiani enkä halunnut hänen kovalla työllä ansaitsemiensa säästöjen menevän Willin aiheuttaman velan maksamiseen. Halusin mieluummin jäädä perinnöttä kuin panna vanhempani maksamaan erehdyksistäni. Tämä oli minun velvollisuuteni, ja kuten luottokorttiyhtiöt alituisesti painottavat, annoin Willille luvan käyttää luottokorttejani, ja siten velat olivat minun.

Äitini mietti, oliko Will huumannut minut. Hän ei voinut käsittää, miten Will oli saanut minut uskomaan niin paljon. Se on mahdollista, mutta uskon hänen vain pitäneen minut uupuneena ja mukautuvana. Kuka tahansa unenpuutteesta kärsivä tuore äiti pystyy kertomaan, kuinka vaikea on kuunnella järjen ääntä, kun on jatkuvasti väsynyt. Will sai minut elämään pelossa, ja olin riippuvainen hänestä. Hän pani minut valvomaan myöhään keskustelemassa MSN:ssä ja soitti tai lähetti tekstiviestejä pikkutunneilla. Hän piti minut stressaantuneena, mikä muistuttaa masennustilaa, ja pakotti minut elämään hiljaisuudessa ja emotionaalisesti eristyneenä, kykenemättä pyytämään apua.

Olin toiminut markkinointikonsulttina ja kouluttajana, mutta koska maailmani oli sortunut, oli vaikea keskittyä tai ajatella mitään muuta. En voinut tehdä töitä, joten kulutin aikaa äitini seurassa yrittäen tehdä hänen viimeisistä kuukausistaan mahdollisimman miellyttävät. Katselin miten hän taisteli ja miten hänen oli vaikea hengittää, mutta hän ei koskaan luovuttanut ja uhmasi lakkaamatta ennustetta selviytymisestään. Viimeisenä päivänä, kuolemaansa edeltävänä iltana, hän ei kuitenkaan halunnut enää jatkaa. Hän sanoi: "Tämä ei ole kovin hauskaa." Toivottaessani hyvää yötä tiesin, että todennäköisesti hyvästelin. Oikeastaan toivoinkin hyvästeleväni, koska tiesin hänen haluavan sitä. Kaipaan häntä joka päivä.

Äiti oli niin hyvä antamaan käytännön neuvoja, niin järkevä. Ennen kaikkea hän oli iloinen, että painajaiseni oli ohi ja olin vapaa aloittamaan alusta. Hän myönsi olleensa huolissaan siitä, miten onnistuisin hakemaan avioeroa sen hetken koittaessa – jonka hän aavisti lopulta koittavan. Hän oli tyytyväinen, että avioliitto oli kaksiavioisuuden tulosta eikä minun tarvinnut tehdä sitä. Minun täytyisi saada avioliittoni julistetuksi pätemättömäksi, mutta se ei olisi vaikeaa, sillä pystyisin osoittamaan Willin saaneen tuomion.

Äidilläni oli itselläänkin ollut mykistävä elämä, ja hän oli aina halunnut kirjoittaa tarinansa muistiin. Hän oli aloittanut kirjoittamisen, mutta jättänyt sen kesken. Siksi hän kehotti minua kirjoittamaan oman tarinani – itseni vuoksi, lasteni vuoksi, Willin muiden uhrien vuoksi ja kaikkien siitä oppia ottavien ihmisten vuoksi. Loppuun asti hän ajatteli meitä ja yritti saada meidät katsomaan tulevaisuuteen.

Äitini kuoli 15. elokuuta 2006. Kaksi päivää myöhemmin osallistuin kirjoittajaseminaareihin Edinburghin kirjamessuilla ja rupesin kirjoittamaan muistiin tapahtumia – tätä tarinaa. Aloin kirjoittaa niitä sellaisina kuin tuolloin koin ne: minulle kerrotut valheet ja sittemmin minulle paljastuneen totuuden. Uskon edelleen että on toisiakin – toisia naisia ja, todennäköisemmin, toisia lapsia, jotka ovat yhä ansassa ja vaiti. Mikä on totuus? En varmaan saa koskaan tietää tapahtuneen todellista laajuutta, mutta mitä enemmän saan selville, mitä syvemmälle kaivaudun, sitä paremmin tajuan, ettei Will ollut pelkkä "valehtelija".

Aluksi otin selvää psykopaateista ja yritin ymmärtää, keitä he ovat ja mitä he tekevät. Löysin minulle korvaamattoman arvokkaita sivustoja, kuten www.lovefraud.com. Se oli tavattoman hyödyllinen, koska sen luetteloissa on muita, joilla on ollut melkein täsmälleen samanlaisia kokemuksia. Luin muista älykkäistä naisista, ja muutamista miehistä, joita oli hyväksikäytetty ja manipuloitu, jätetty sydänsuruineen ja vararikkoineen, heidän elinikäiset säästönsä ja koko omaisuutensa tiessään. Kaikkein eniten minua hämmästytti se, etten löytänyt ainuttakaan kirjaa, jonka olisi kirjoittanut kaksiavioisen miehen vaimo tai psykopaatin uhri. Oletettavasti huijauksen uhri tuntee ylittämätöntä häpeää. On vaikea sanoa julkisesti: "Tämä tapahtui minulle, minua manipuloitiin." Tunnen kuitenkin voimakasta tarvetta toimia kaikkien niiden puolesta, jotka ovat kärsineet samasta tuskasta.

En ollut tiennyt ennen tätä, että Willin kaltaisia on, mutta arviolta prosentti väestöstä on psykopaatteja – nilviäisistä sarjamurhaajiin. Kyseessä ei ole mielisairaus tai hoidettava psyykkinen häiriö. Se on osa persoonallisuutta – mahdoton parantaa tai hoitaa.

Psykopaateilla ei ole tunteita, moraalisääntöjä eikä empatiaa. He ovat saalistajia ja pitävät kaikkia muita saaliina, vaikka he itse eivät välttämättä huomaa tätä.

Empaattisten henkilöiden tavoin tiedän usein intuitiivisesti, miltä muista tuntuu. Luulin olevani hyvä luonteiden tuntija, mutta Will petti minut täydellisesti – ehkä siksi, etten pystynyt tulkitsemaan hänen tunteitaan, tai siksi, ettei hänellä ollut niitä. En saa ehkä koskaan tietää.

25

Tulevaisuus

Toukokuuhun 2006 mennessä olin toipunut järkytyksestä sen verran, että aloin koota itseäni. Menin lääkärin vastaanotolle ja odotin pääseväni jonkun puheille. Tiesin että minun täytyisi esittää tarinani tiiviisti ja vastata kysymyksiin, mutta tiesin myös tarinan kuulostavan uskomattomalta. Onnekseni tapasin nuoren naislääkärin, jolla oli koulutusjaksonsa viimeinen päivä. Olin ihmeissäni siitä, ettei hän luullut minun pelleilevän! Hän haastatteli minua ja teki muistiinpanoja. Sitten hän haki paikalle pätevän mieslääkärin, joka on muuten edelleen lääkärini.

Kun mies tuli huoneeseen, nainen toisti tarinan pääpiirteittäin. ”Marylle on äskettäin selvinnyt, että hän oli liitossa kaksiavioisen huijarin ja tuomitun pedofiilin kanssa, joka uskotteli olevansa CIA:n agentti ja joka anasti häneltä kaiken omaisuuden ja jätti hänet vararikon partaalle kolmen elätettävän pikkulapsen kanssa.”

Naisen lyhyt kuvaus tilanteesta teki minuun vaikutuksen, mutta en koskaan unohda miehen rauhallisesti muotoiltua, asiallista vastausta. Hän ei edes rypistänyt otsaansa, vaan tokaisi: ”Kuulostaa hyvin surulliselta tarinalta, mutta mikä tässä on lääketieteellinen ongelma?”

Nainen oli hetken kuin ällikällä lyöty. Naurahdin ääneen ja sanoin sitten: ”Tarvitsen lääkärinlausunnon sosiaalihuoltoa varten.”

Mies antoi minulle neuvoja tarinan kirjoittamisessa ja tavoitteiden asettamisessa. Tiesin nuo kaikki entuudestaan, ja olin itse asiassa opettanut niitä henkilökohtaista vastuullisuutta ja motivaatiota käsittelevillä kursseilla. Sitten hän antoi minulle lääkärinlausunnon, jossa sanottiin minun olevan työkyvytön ”avio-ongelmista” johtuvan ”stressin” takia. Toivotin aloittelevalle lääkärille onnea tulevalla urallaan ja lähdin.

Lääkärini on osoittautunut loistavaksi, ja hän on tavannut minut säännöllisesti. Hän sanoi että vaikka aluksi luulin stressin johtuvan maailmani sortumisesta, todellisuudessa minulla oli ollut stressiä kuusi vuotta, ja Will piti minut tuossa tilassa pystyäkseen kontrolloimaan minua. Will otti kohteekseen yksinhuoltajaäidin, jolla oli jo entuudestaan unettomuutta ja stressiä, ja kasvatti tuo stressiä kontrolloidulla pelolla ja eristyksellä. Minua helpotti suuresti kuulla asialliselta lääkäriltä, että niin olisi voinut käydä kenelle tahansa.

Toipumiseen on sisältynyt monia nauruja ja monta hauskaa juttua – etenkin päivänä, jona Michelle ja minä tapasimme. Menimme kahvilaan ja tiskille, puhuen taukoamatta. Tiskin takana oleva mies kysäisi: ”Kuinka voin auttaa teitä?”

Me molemmat katsoimme häntä, ja minä vastasin: ”Enpä tiedä. Meille on juuri selvinnyt, että olemme naimisissa saman miehen kanssa.” Minä tunsin pakkoa sanoa se ääneen, kenelle vain, pukea se sanoiksi ja tietää sen olevan totta.

Mies näytti tyrmistyneeltä ja mykistyi.

"Otetaan vaikka kaksi kuppia teetä", sanoin.

Sitten hän kysyi: "Haluatteko jakaa kannullisen?"

Me molemmat huomasimme kaksimerkityksisyyden ja nauroimme.

Toisinaan ihmisten reaktiot huvittivat minua. Soitin eräälle ystävälleni, jonka kanssa en ollut puhunut aikoihin, ja kysyin, miten menee. Hän kertoi monisanaisesti viimeisestä puolesta vuodesta ja miten kamalia ne olivat olleet. Hän oli murtanut kantaluunsa eikä ollut pystynyt tekemään töitä; hän ei ollut kyennyt lähtemään kotoakaan moneen kuukauteen, ja hänen aviomiehensä oli joutunut kantamaan hänet portaita ylös ja alas. Hän kitisi, kuinka vaikeaa ja epämukavaa se oli ollut, ja minä kuuntelin iloisena siitä, että sain puhua jostain muusta kuin itsestäni. Noin neljänkymmenen minuutin kuluttua hänestä loppui veto, ja hän kysyi, mitä minulle kuului. Vastasin: "Et taatusti halua tietää."

Hän vaati minua vastaamaan, ja lopulta sanoin: "Sinä iskit pöytään murtuneen kantaluun, ja minä vastaan kaksiavioisuudella, petoksella, käsiaseella ja pedofilialla."

Useimpien ystävieni tavoin hän suhtautui hienosti. Hän oli kannustava ja hyväntahtoinen; hän tunsi minut niin hyvin, ettei tarjonnut teennäistä sympatiaa ja tiesi minun kestävän kovatkin puhurit. Minusta tuntui hyvältä saada hänet nauramaan tilanteelle, ja vaikutti, että hänen oma tilanteensa tuntui hänestä hieman paremmalta.

Veistelin vitsejä saadakseni kertomani tarinan aiheuttaman jännityksen laukeamaan. Minulle sanottiin, että näytin hyvältä tiputettuani kaiken sen painolastin, ja minä vastasin: "Sitä se kaksiavioisuus teettää – kaksinkertaista painonpudotusta!" Se varmaan auttoi ihmisiä sulattamaan tapahtumat, koska ne vaikuttivat jokaiseen lähelläni olevaan, varsinkin Willin tavanneisiin ja tunteneisiin.

En kuitenkaan pystynyt pistämään kaikkea leikiksi, etenkään ikäviä sivuvaikutuksia, joita tajusin Willin käyttäytymisen aiheuttaneen. Muistikuvani tapahtumista olivat silloin tällöin vääristyneitä, ja kun koetin käydä läpi kokemaani, huomasin muistavani monta seikkaa väärin. Olin esimerkiksi muistavinani, että olin keskustellut joskus Michellen kanssa ja että minulla oli varmoja todisteita siitä, että hän oli "resurssi".. Muistin jopa keskustelleeni Willin kanssa siitä, että puhuin Michellelle. Mutta kun yritin paikantaa tuon muistikuvan ja selvittää, milloin se oli syntynyt, en pystynyt – ainoa selvä muistikuva oli se, missä Will kertoi minulle, että olin puhunut Michellelle. Ajatusteni seljettyä ymmärsin, miten hän oli menetellyt. Will oli puhunut puhelimessa Michellen kanssa minun kuulteni ja oli luvannut minulle, että saisin puhua Michellen kanssa, mutta se ei sopinut heti; soittaisimme muutaman minuutin kuluttua takaisin, koska Michellellä oli raportti viimeisteltävänä. Tuollaisina hetkinä hän harhautti minut pudottamalla kupin kahvia, vastaamalla muka puheluun, jossa häntä käskettiin lähtemään tai yksinkertaisesti täyttämällä viinilasini yhä uudelleen ja sitten viettelemällä minut. Seuraavana päivänä hän puhui kuin tapahtuma olisi totta, ja hiljalleen hänen kertomansa korvasi mielessäni todelliset tapahtumat.

Pikkuhiljaa huomasin, että moni täydestä ottamani seikka – hänen työnsä, matkustamisensa, vihollisensa, saavutuksensa, totena näkemäni seikka – oli vain kerrottu minulle faktana.

Minulle selvisi, etten ollut puhunut Michellelle ennen kuin 5. huhtikuuta 2005. Nämä väärät muistikuvat kävivät ilmi alkaessani kirjoittaa asioita muistiin, koska minun oli sijoitettava ne oikeaan perspektiiviin. Mitä kauemmaksi Willistä siirryin, sitä paremmin ymmärsin, mitä oli tapahtunut ja miten hän oli kontrolloinut minua, jopa ajatuksiani. Kun hän etääntyi minusta, kontrolli heikkeni ja todellisuus tarkentui – samoin kuin unen varmuudet katoavat herätessä.

Tämä ilmiö häiritsi minua, ja halusin tietää siitä enemmän. Olen löytänyt verkosta mielenhallintaa käsittelevän kurssin, jolla opetetaan vuorovaikutteista manipuloivaa hypnoosia (black ops hypnosis) eli kenen tahansa kontrolloimista negatiivisen psykologian avulla. Ostin koulutuspaketin ja perehdyin siihen; en oppiakseni soveltamaan sitä, vaan ymmärtääkseni sitä ja välttääkseni saman toistumisen. Se oli kiehtovaa, sillä Will oli käyttänyt minuun jokaista tekniikkaa – joka ainoaa. Enää se ei kuitenkaan kävisi, sillä tajusin, miten menetelmä toimi, enkä antaisi enää vaikuttaa itseeni. Tiesin mikä hän oli.

Uskomme useimpiin asioihin kyseenalaistamatta niitä: kun joku sanoo olevansa tietyn yrityksen palveluksessa, emme soita yritykseen ja tarkasta asiaa. Milloin viimeksi pyysit lääkäriäsi näyttämään lääkärinpaperit tai taksinkuljettajaa näyttämään ajokorttinsa? Oletamme kyseisten henkilöiden olevan päteviä hoitamaan työnsä. Emme automaattisesti odota henkilön valehtelevan, ja jos hän pystyy jollain tavalla osoittamaan pätevyytensä, luotamme häneen ja odotamme hänen jatkossakin pysyvän totuudessa.

Monia kysymyksiä jää aina vastaamatta. Mihin rahat menivät ja mihin ne käytettiin? Miten ja miksi Willillä ei ollut rintakarvoja tavatessamme, ja miten ne alkoivat kasvaa? En huomannut ajelemisesta tai vahaamisesta kielivää sänkeä, ja näin yksittäisten karvojen tulevan esiin. Se oli fyysinen merkki hänen hedelmättömyydestään ja hänen todisteensa siitä, että hän oli vuosien mittaan päässyt siitä yli. Silti Michelle sanoi, että Willillä oli aina ollut rintakarvoja. En vieläkään tajua sitä, ja vaikka olen keskustellut monen ihmisen kanssa, kukaan ei ole onnistunut löytämään selitystä. Will mainitsi sen usein esimerkkinä fyysisestä todisteesta. Muita kysymyksiä on esimerkiksi se, miten hän tiesi, ettei Jasser Arafat ollut kuollut, ja miten hän sai käsiinsä teloitusvideoita ennen kuin ne nähtiin televisiossa. Keitä olivat henkilöt, joille puhuin luullen heitä hänen vanhemmikseen, ja miten hän sai heidät puhumaan ja valehtelemaan minulle?

Käsittääkseni pystyn löytämään hänen teoilleen – ja hän on kohdellut monia henkilöitä samoin – vain yhden syyn: hänellä ei ole muutakaan toimintatapaa. Minun täytyy hyväksyä, mikä hän on ja että tämä on tapa, jolla hän elää elämäänsä – mutta minun ei tarvitse hyväksyä häntä eikä ketään hänen kaltaistaan *minun* elämääni.

Neljä viikkoa oikeudenkäynnin jälkeen matkustin yksinäni kuuntelemaan tuomion lukemista. Tuolla kertaa en tarvinnut tukea enkä apua. Siellä olisimme vain minä ja poliisi Peter, ja se sopi minulle. Viimeinen koetus oli alkamassa, ja halusin saattaa sen päätökseen.

Istuin odottamassa käytävässä oikeussalin ulkopuolella. Olin saapunut ajoissa, ja minulla oli aikaa katsoa ympärilleni. Kuulin levottomien ihmisten vaimeita ääniä, katselin todistajia, pikakirjoittajia ja mustiin viittoihin ja valkoisiin solmioihin sonnustautuneita juristeja, jotka kulkivat käytävässä kädet täynnä papereita.

Tunsin oloni rauhalliseksi oikeudenkäyntiin verrattuna; olin silloin pelännyt kovasti Willin ja hänen ylenkatseensa näkemistä. Nyt olin halukas näkemään päättymisen, loppunäytöksen. Olin valmis aloittamaan uuden elämän ja jättämään tuon kaiken taakseni.

Peter saapui ja tervehti, mistä muut käytävässä odottavat päättelivät henkilöllisyyteni. Uutistoimistojen väki ja uutisreportterit puhuttelivat minua yksi kerrallaan. Vastasin etten voinut kommentoida, koska kirjoitin kirjaa, mutta me kaikki juttelimme tapauksesta yleisluontoisesti. Suostuin ylimalkaiseen kommenttiin ja valokuviin tuomion julistamisen jälkeen.

Sitten meidät kutsuttiin sisään. Tuomion lukeminen osoittautui enemmän tietoja antavaksi kuin oikeudenkäynti ja kesti yli kaksi tuntia. Tuomari oli vaihtunut. Aluksi luettiin kolme syytettä kokonaisuudessaan. Ensimmäisen syytteen kahden kohdan mukaan Will oli jättänyt osoitteensa ilmoittamatta seksuaalirikoksia koskevan lain vastaisesti. Toisessa syytteessä oli kuusi kohtaa – viisi petosta, joka liittyivät Alicen luottokortin käyttämiseen ja hänen omaisuutensa anastamiseen, ja yksi kohta kaksiavioisuudesta. Kolmannessa syytteessä oli yksi kohta kielletyn aseen hallussapidosta. Lisäksi luettiin syyte, joka liittyi osoitteen jättämiseen ilmoittamatta.

Tuomari sanoi lukeneensa uhrin lausunnot ja teki selväksi, ettei voisi ottaa huomioon lausunnossa mainitsemiani lisävelkoja. Syyttäjän asianajaja korosti, että tarkoituksena oli vain asettaa rikokset oikeaan asiayhteyteen.

Willin aiemmat tuomiot Yhdysvalloissa ja Britanniassa sekä korvaukset mainittiin. Kaikki kuitenkin epäilivät, ettei Willillä olisi varoja korvata aiheuttamiansa vahinkoja.

Tuomari kysyi mitkä olivat rikosten suurimmat sallitut rangaistukset. Hänelle kerrottiin että osoitteen jättämisestä ilmoittamatta se oli viisi vuotta, omaisuuden haltuunotosta pettämällä kymmenen vuotta, vastuuvelvollisuuden loukkaamisesta – epäonnistuneesta yrityksestä käyttää toisen luottokorttia – viisi vuotta, kaksiavioisuudesta seitsemän vuotta ja käsiaseiden hallussapidosta kymmenen vuotta.

Tuomari tarkasteli myös kaksiavioisuustapausten aiempia tuomioita. Niistä vain kolme ennen vuotta 1978 annettua tuomiota olivat johtaneet vankeuteen – pisin oli kahdeksantoista kuukautta. Hän sanoi, ettei yhdestäkään näistä ennakkotapauksesta ollut hyötyä, koska tämä oli selvästi pahin hänen näkemänsä. Tuomari sanoi: "Mikään ei yllä lähellekään tätä."

Puolustus huomautti kärkkäästi, että Will oli jättänyt osoitteensa ilmoittamatta – minkä laki määräsi seksuaalirikoksesta tuomitun tekemään – koska hän oli luullut ilmoittamista vaadittavan seitsemän eikä kymmenen vuotta ja vuoteen 2004 asti hän oli ollut kirjoilla Lancashiressa.

Halusin kiljaista "VALEHTELIJA", sillä Will asui Gullanessa vuonna 2000 ja ymmärtääkseni häntä syytettiin osoitteensa jättämisestä ilmoittamatta siellä. Willin puolustus myös sanoi, että etälamautin oli ostettu eBaysta itsesuojelutarkoituksiin.

Lääkärinlausunnon mukaan oli pieni tai keskimääräinen riski, että Will uusisi rikoksensa. Tuomari sanoi vahvan sarkastisesti: "Enpä taida olla samaa mieltä!"

Hän kysyi, miksei psykiatrista lausuntoa ollut pyydetty, ja hänelle kerrottiin syyn olevan se, ettei Williä katsottu "vaaralliseksi". Puolustuksen mukaan kaksiavioisuuden tulisi aiheuttaa vankeusrangaistus vain uhrin saatua sen takia vammoja.

Tähän tuomari sanoi taas koruttomasti: "Tästä täytyy tulla vankeusrangaistus." Hän huomautti ettei vammojen tarvitse välttämättä olla ruumiillisia.

Oikeus piti viidentoista minuutin tauon, jotta tuomari ehtisi harkita ja eritellä. Me taas lähdimme ulos haukkaamaan raitista ilmaa.

Kun nousimme seisomaan ennen paluuta, minua lähestyi toinen nainen, tyylikäs ja selvästi kouluja käynyt, joka puhutteli minua lyhyesti. Hän oli Helen, nainen, joka oli ollut pitkälle raskaana, kun Will oli häipynyt. Siis jälleen yksi uhri. Hän oli saanut tiedotusvälineistä tietää, missä Will oli, joten hän oli tullut katsomaan tuomion langettamista. Hän kirjoitti salavihkaa puhelinnumeronsa paperilapulle ja pani sen käteeni. "Soita minulle huomenna", hän kehotti.

Helenille Willin olinpaikan löytyminen sen jälkeen, kun tämä oli jättänyt hänet, merkitsi hänen omien sanojensa mukaan eräänlaista päättymistä. Ei lopullista päättymistä, sillä hänellä oli edelleen lapsi, joka ei tiennyt mitään isästään. Mutta ainakin tieto siitä, mikä Will todella oli, saattaisi ajan mittaan auttaa hänen lastaan ymmärtämään isänpuoliset sukujuurensa.

Muitakin varmasti oli: lisää naisia ja lisää lapsia...

Minulle keskustelut Helenin kanssa hänen kokemuksistaan Willin suhteen vahvistivat käsitystäni, että tein oikein tullessani julkisuuteen. Erään sanomalehden kirjoitettua artikkelin minusta jotkut online-tiedotusvälineiden edustajat totesivat, että nöyryytin itseäni nimittämällä itseäni avoimesti uhriksi. Toisaalta minusta tuntui, että astumalla julkisuuteen pystyin kertomaan tuosta miehestä entisille ja mahdollisille tuleville uhreille ja toivottavasti suojelemaan heitä.

Kun oikeudenkäynti jatkui, tuomari lausui:

Herra Jordan, olette 41-vuotias, huijari, tuomittu pedofiili, kaksiavioinen ja piintynyt haavoittuvien naisten hyväksikäyttäjä. Te välitätte heidän tunteistaan hyvin vähän tai ette ollenkaan lukuun ottamatta myöhäistä katumuksen ilmaisua. Olette aiheuttanut merkittävää emotionaalista vahinkoa kolmelle naiselle ja taloudellisia menetyksiä vähintään yhdelle – Alice Keanille.

Olen lukenut lausunnot, jotka ovat kirjoittaneet Alice Kean ja vaimonne Mary Turner Thomson, joka on läsnä tässä oikeussalissa. Teidät tuomitaan Alice Keanin pettämisestä tämän luottokortin oikeudettomassa käytössä sekä kahdesta erillisestä syytteestä, jotka koskevat osoitteenne jättämistä ilmoittamatta. On selvää että ette juuri välitä tuosta lakimääräisestä pikkuasiasta. Lisäksi tainnutusase löytyi autosta, johon teillä ei ollut varaa muita huijaamatta.

Kiistitte 7. heinäkuuta 2006 syyllistyneenne kohtiin yhdestä viiteen, kaikki koskevat erehdyttämistä, ja myönsitte syyllistyneenne kaksiavioisuuteen. Myönsitte myös syyllisyytenne kielletyn aseen hallussapitoon ja toiseen kahdesta syytteestä, jotka koskevat osoitteenne jättämistä ilmoittamatta, vaikka seksuaalirikoslaki näin edellyttää.

Mitä tulee kohtiin yhdestä viiteen, vaikka esititte vetoomuksen, se tuli liian myöhään ja tuomiosta tulee vain kymmenen prosenttia lyhyempi.

Lyhyesti sanoen saitte Alice Keanilta luottamusta ja rakkautta ja veitte häneltä 4 500 puntaa luvaten usein eri tavoin valheellisesti maksaa hänelle takaisin ja mennä hänen kanssaan naimisiin. Väärinkäytitte hänen luottokorttiaan, mikä kattaa kohdat kahdesta viiteen. Tainnutusasetta ei ole syytä kommentoida enempää. Seksuaalirikokseen liittyvät rikkeet osoittavat, että ette piittaa kertomisesta viranomaisille. En hyväksy selitystä, että ette tiennyt, kuinka pitkän aikaa osoitteen ilmoittamisvelvollisuus kestää.

Teen selväksi, että olen lukenut ja ottanut huomioon kaikki asiapaperit, syytteet ja uhrien lausunnot, jotka osoittavat naisten olevan emotionaalisesti murtuneita. Tie toipumiseen tulee olemaan vaikea kummankin naisen osalta.

En ole samaa mieltä tuomiota edeltävän raportin kanssa, jonka mukaan rikoksen uusimisen todennäköisyys on "pieni tai keskimääräinen". Kun tarkastelen valmiutta epärehellisyyteen, minun on vaikea pitää rikoksen uusimisen riskiä… "pienenä".

Petoksista tuomioni on 21 kuukautta. Kaksiavioisuuden kohdalla mikään aiemmista tapauksista ei ole kovin hyödyllinen, paitsi että niissä mainittiin välitön vankeustuomio. Kaksiavioisuus on vakava rikos ja vaikutus huomattava, mikä edellyttää asianmukaista tuomiota. Siksi vankeutta tulee 21 kuukautta, eli tähän mennessä yhteensä 42 kuukautta.

Tainnutusaseen osalta tuomio on 9 kuukautta, mikä tekee yhteismääräksi 51 kuukautta. Mitä tulee kahteen osoitteen ilmoittamatta jättämistä koskevaan kohtaan, minusta on äärimmäisen tärkeää ja suuren yleisön etujen mukaista, että viranomaiset pidetään ajan tasalla. Sen tähden tuomioni niistä on 3 kuukautta ja 6 kuukautta, yhteensä 9 kuukautta, jolloin kokonaistuomioksi tulee 60 kuukautta eli 5 vuotta. Siitä vähennetään 105 päivän tutkintavankeus.

Viisi vuotta oli pitkä aika. Se merkitsi että Will olisi telkien takana 2,5 vuotta ja ehdonalaisessa loput. Minä taas olisin vapaa ja turvassa ainakin 2 vuotta ja saisin keskittyä elämääni, lapsiini ja tulevaisuuteeni. Se oli enemmän kuin olin toivonut, joskaan en ylipäänsä ollut toivonut mitään. Oikeus oli tapahtunut: tuomio osoitti, että Willin minulle ja muille tekemä oli väärin.

Koko tuomion lukemisen aikana en ollut vilkaissutkaan Williin. Vältin hänen silmiään ja katsoin sivuun, tein muistiinpanoja ja keskityin tapahtuneeseen. Olin tietoinen, että hän yritti kaiken aikaa kiinnittää katseeni, mutta kamppailin vastaan. Sitten katsoin häntä. Ovi avattiin, ja hän lähti sitä kohti. Joku esitti asianajajalle kysymyksen, ja Will pysähtyi, kääntyi katsomaan heitä ja katsoi yllättäen minua silmiin. Hän reagoi heti, hymyili refleksinomaisesti sekunnin murto-osan ajan ja sai sitten hallintansa takaisin ja tyhjensi ilmeensä. Minä pysyin ilmeettömänä ja katsoin muualle.

26

Vahingosta viisastuu

Kun muistelen noita kuutta vuotta, päässäni pyörii yhtä mittaa samoja kysymyksiä: ”Miten annoit sen tapahtua? Olitko tyhmä?” Vastaus on arvatenkin tämä: kaipa minä olin.

Minua oli petetty, huijattu ja minulle oli valehdeltu. Olin uskonut jonkun rakastavan minua ja kertovan totuuden; samaan tapaan kuin uskon lääkäriäni, kun hän sanoo määräämiensä pillereiden olevan hyväksi terveydelleni, tai taloudellista neuvonantajaani, jonka mukaan minun on maksettava tietty vero. Olen hyväuskoinen ja luottavainen. Ehkä uskominen tekee minusta ”tyhmän” – mutta en ole yksin.

Käsittämättömän myöhään 1900-luvulle asti raiskatulle naiselle sanottiin usein, että hän oli ”pyytänyt sitä” ja että hän oli ”kevytkenkäinen nainen”. Tämän kauhean rikoksen uhrit saivat tuntea olevansa syyllisiä ja pysyivät vaiti, ettei kukaan saisi tietää heidän häpeästään. Nykyisinkin jotkut naiset jättävät raiskauksensa ilmoittamatta nöyryytyksen ja häpeän takia, varsinkin jos on kyse seurustelun tai treffien yhteydessä tapahtuvasta raiskauksesta. Asenne on usein se, että heidän täytyi olla "tyhmiä" luottaessaan mieheen tarpeeksi mennäkseen treffeille hänen kanssaan – mutta jokainenhan käy treffeillä! Tämä asenne on väärä, ja koko yhteiskunta tietää sen olevan väärä.

Vasta 1970-luvulla ihmiset alkoivat avoimesti puhua joutuneensa lapsena ahdistelluiksi tai hyväksikäytetyiksi. Nykyisin tästä aiheesta on kirjoitettu monia kirjoja, koska yhteiskunnan asenne on alkanut muuttua ja on alettu sanoa, ettei uhrien tarvitse olla häpeissään heille tapahtuneesta. Miksi minun sitten pitäisi tuntea häpeää minulle tapahtuneesta? Will Jordanin minulle ja noille muille naisille aiheuttama on väärinkäyttöä – luottamuksen ja rakkauden väärinkäyttöä, vallan väärinkäyttöä ja vallalla manipuloimista. Hän on syyllinen myös huijauksen avulla tehtyyn pettämiseen ja varastamiseen. Olen kyllä täysikasvuinen nainen enkä lapsi, mutta Will manipuloi minua kuin olisin lapsi, johdatti minut vaiteliaisuuden ja stressin ansaan, maailmaan, joka oli minulle tuntematon ja tietymätön. Menetin kaiken ja jouduin kasvattamaan kolme lastani omillani, ja kaiken kukkuraksi on ikävä tietää, että muut pitävät minua hölmönä.

Osaan ymmärtää tämän asenteen, sillä kun aikoinaan luin lehdistä kaksiavioisten vaimojen ja psykopaattien uhrien kertomuksia, ajattelin aivan samoin: heidän täytyi olla säälittäviä ja todella herkkäuskoisia joutuakseen noin helposti manipuloiduiksi – mutta olin väärässä. Tilanne ei ole noin yksioikoinen, eikä jonkun manipuloiminen ole erityisen helppoa – se vaatii taitoa ja tietynlaista mielenlaatua.

Muiden reaktiot tarinaani ovat aina kiehtovia. Suu valahtaa auki, ja ihmiset pyörittelevät päätään. Minulta udellaan monesti epäuskon vallassa: ”Ja sinä uskoit häntä?” Näin ei sanota ilkeästi vaan yllättyneesti, sillä minut tuntevat tietävät minun olevan muuta kuin hyväuskoinen ”naikkonen” tai kenen tahansa narri. Olen vahva ja itsevarma nainen, ja ne, jotka eivät ole tavanneet Williä ja tuntevat minut, ovat ällikällä lyötyjä. Hänet tavanneetkin ovat jossain määrin yllättyneitä.

Will oli ja on hyvin taitava siinä, mitä hän tekee. Hän löytää uhrin, löytää sitten heikon kohdan ja käyttää sitä hyväkseen. Lisäksi hän on toiminut noin koko ikänsä ja on hyvin harjaantunut. Olin helppo saalis, koska olen hyväluontoinen, koska minulla on korkea moraali ja noudatan sääntöjä. Haluan auttaa ihmisiä, ja koska välitän, minut saatettiin asiantuntevasti tilanteeseen, jossa minun täytyisi toimia luonnettani vastaan ja vaarantaa minulle tärkeitä ihmisiä, ellen astelisi minulle valmisteltua polkua.

Olin erinomainen saalis – yksinhuoltajaäiti, joka oli hiukan yksinäinen ja halusi miehen, joka rakastaisi, saisi minut tuntemaan itseni erityiseksi. Halusin hieman huomiota ja muistutuksen siitä, että olin edelleen viehättävä nainen enkä vain äiti – ei sen kummempaa. Will piti huolen, että olin yhtä mittaa raskaana, unenpuutteinen ja hiljainen, joten en voinut koskaan pyöritellä tapahtumia mielessäni enkä kertoa muille läheisilleni, millaista hulluutta koin. Hän antoi minulle aina toivoa, että kaikki oli muuttumaisillaan paremmaksi.

Elin pelossa, mutta en ole koskaan antanut pelon ohjailla minua. Kykyni sietää pelkoa tuntui tietenkin epämukavalta, mutta se teki hänelle mahdolliseksi jatkaa – vahvuudestani tuli heikkous, jonka takia hän ajoi minut ansaan. Jos pelko olisi vallinnut minua liikaa, olisin kiljuen paennut häntä ja tuota tilannetta.

En usko hänen tehneen sitä rahan takia, sillä minulla ei kerta kaikkiaan ollut tarpeeksi rahaa tehdäkseni hänen kaikki pyrkimyksensä kannattaviksi. Minusta raha oli hänelle hänen saavuttamansa kontrollin aste, mittapuu. Kun muilla ei ollut rahaa, hän käytti seksiä; ehkä se olisi ollut seuraava vaihe.

Kun nyt ajattelen, kyseessä oli kissan ja hiiren välinen peli: kissalla ei ole tunteita eikä myötätuntoa hiirtä kohtaan, vain hallinta. Se on hauskaa. Will on saalistaja, me olemme saalis. En ota tätä henkilökohtaisesti, koska sitä se ei ole. Kissa ei valitse tiettyä hiirtä, vaan saalis voisi olla mikä tahansa eteen osuva hiiri.

Minulta on mennyt kauan aikaa tajuta, kuinka paljon Willin tekemiset ovat vaikuttaneet minuun ja muihin. Vielä pitempi aika kuluu siihen, että opin hyväksymään sen täysin, ja siihen, että pystyn maksamaan kaikki velat, jotka hän kerrytti nimissäni. Mutta nyt, minulle, tämä tarina on vain osa elämääni. Olen kokenut sen, selviytynyt siitä ja säilynyt hengissä. Elämä on yksinkertaisempaa kuin se on ollut viime vuosina, eikä minun tarvitse ainakaan enää elää pelossa. Toimeentulotuki riittää pitkälle, koska en anna jokaista lanttia hänelle. Minulla on rahaa lasteni ruokaan, ja olen tottunut niukkuuteen. Minulla on kieltämättä velkaa, hänen tekemäänsä velkaa, mutta jotenkin tulen toimeen.

Minulla menee kohtalaisesti enkä ole surkea ihmisraunio, koska olen älykäs ja vastuuntuntoinen aikuinen ja koska minulla on kolme lasta, jotka ovat vastuullani ja joiden vuoksi minun on oltava vahva.

Herään aamulla ja juon kupin kahvia, leikin lasteni kanssa ja nautin rauhasta. En enää ryntää tietokoneen ääreen katsomaan, onko Will kuulolla, enkä säädä kännykkäni ääntä kovalle siltä varalta, että Will soittaa. En ole jatkuvasti turhautunut sen tähden, että hän katsoo tekemisensä tärkeämmiksi, ja elämän yksinkertaiset asiat tuottavat enemmän iloa. Omaisuus ei ole tärkeä, ei myöskään raha tai vaatteet tai edes sosiaalinen elämä. Olen menettänyt kaiken, minkä eteen olen tehnyt töitä koko aikuisikäni, mutta jäljellä on kaikkein tärkein: lapseni. Ihmiset väittävät usein luopuvansa kaikesta lastensa vuoksi, mutta minulla on ollut tilaisuus osoittaa se oikeaksi. Lapset tuottavat minulle mielihyvää; iloni on nähdä heidän varttuvan.

Kuutena vuotenani Willin kanssa koin antoisia hetkiä, puhdasta iloa ja ihmetystä, mutta myös pettymyksiä, kaikenkattavaa pelkoa ja epätoivoa. Elämäni on ollut dramaattista ja haastavaa, ja minusta tavallinen seesteinen elämä on hyvin rauhoittavaa. Tämä kokemus ei ole musertanut minua, vaan minusta on tullut vahvempi, ja käsitän paremmin, millä on merkitystä. Elämäni ei ole raunioina; vietin vain kuusi erikoislaatuista vuotta sellaisen ihmisen kanssa, jota en enää tunnista.

Uskon vakaasti, että lapset ottavat oppia esimerkistämme. Kun minua kohtaa onnettomuus, kehotan lapsiani istumaan ja kuuntelemaan, kerron heille totuuden niin tarkasti kuin osaan ja sanon, että kaikki kääntyy hyväksi, koska me rakastamme toisiamme. Aina kun en ole varma, mitä tehdä, miten selvitä tai miten päästä jostain läpi, kysyn itseltäni, minkä neuvon antaisin lapsilleni. Sitten koetan elää tuon neuvon mukaan, jotta he näkevät käytännössä, mitä tarkoitan.

Niinpä minulla on nyt mahdollisuus valistaa lapsiani. Minulla on tilaisuus osoittaa heille, ettei tarvitse olla katkera tai takertua suruunsa, että ihminen voi selvitä mistä tilanteesta tahansa ja kehittyä, kun hän seisoo itsetuntonsa ja vastuunsa tukevalla pohjalla. Voin opettaa heille, että moraalisäännöt antavat itsekunnioitusta, ja että vaikka rehellisyys ja aitous eivät välttämättä johda taloudelliseen hyvinvointiin, niiden tuottama rakkaus ja uskollisuus johtavat suurempaan rikkauteen ja miellyttävämpään elämään.

Jos tämä olisi tapahtunut jollekulle jälkeläisistäni, olisin neuvonut häntä ryhdistäytymään, hengittämään sisään ja ulos, kunnes hän tuntisi olevansa valmis jatkamaan, pitämään huolta ja etsimään iloa lapsistaan, pysymään terveenä, nukkumaan pitkät yöunet, pitämään päiväkirjaa ja kirjoittamaan kaiken muistiin. Olisin neuvonut arvostamaan hyviä ja pahoja muistoja, oppimaan niistä ja käyttämään niitä myönteisellä tavalla. Jokainen muisto on suotuisa oppimiskokemus huolimatta siitä, tuottiko se tuskaa vai iloa. Tuska on osa elämää, ja olen iloinen, että olen elänyt ja että minulla on kolme ihanaa lasta.

Lapset ovat vahvoja ja tietävät nyt, että Will oli jo jonkun muun kanssa naimisissa. He tietävät hänen valehdelleen, ja olen kertonut heille, että olen päättänyt hänen pysyvän poissa, sillä ihminen ansaitsee parempaa kuin valheita. Olen myös kertonut hänen joutuneen vankilaan siksi, että hänen tekonsa oli rikos. Selitin, että kun joku heistä on tehnyt väärän päätöksen, kuten lyönyt toista, panen hänet istumaan vuoteessa ja miettimään tekojaan. Selitin myös että aikuisen tulee erottaa oikea väärästä; jos aikuinen tekee väärän päätöksen, hän joutuu oikeuteen, ja tuomari päättää, tarvitseeko hän aikaa tekojensa miettimiseen. Jos hän on toiminut väärin tai vahingoittanut jotakuta, tuomari saattaa panna hänet vankilaan.

Kerroin lopulta heille, että Will oli tuomittu lapsen hyväksikäytöstä. Se oli minulle vaikeinta, mutta heidän täytyi saada tietää. En ole koskaan, kertaakaan, valehdellut heille.

Lapset ansaitsevat totuuden, he ansaitsevat mukaan ottamisen pois sulkemisen tai todellisuudelta suojelemisen sijasta.

Rakastin Williä syvästi – tutuksi luulemaani miestä, poissaolevaa isää ja huomaavaista rakastajaa – mutta hän oli vain toiveitani heijastava peili, minua kontrolloiva kuvitteellinen hahmo. En usko enkä ole koskaan uskonut, että kukaan on ”paha”; minusta me olemme luonteemme ja kokemustemme yhdistelmä. Willin tekemisiin on jokin syy – sen takia säälin häntä, sen sijaan että olisin katkera tai vihainen. Hän ei uskoakseni milloinkaan löydä iloa tai tyydytystä yksinkertaisista asioista, hän ei milloinkaan vakiinnu tai vietä normaalia elämää. Minun on varmistettava, että hänen lapsillaan, minun lapsillani, on paremmat mahdollisuudet elämässä ja toivoa valoisammasta tulevaisuudesta. Se mistä olen täysin varma on, että rohkaisen heitä toteuttamaan unelmansa ja tekemään tahtonsa mukaan ja silti arvostamaan toisia ja olemaan rehellisiä, suoraselkäisiä ja aitoja.

Epilogi

VAROITUKSEN SANA

Hyvä lukija

Halusin kirjata muutaman kehotuksen ja varoituksen sanan.

Tehdessäni tämän kirjan alkuperäistä versiota arvelin Will Jordania sosiopaatiksi, ja käytin tuota termiä kahdessa ensimmäisessä laitoksessa. Määritelmät ovat kuitenkin muuttuneet hieman viidessätoista vuodessa, ja nyt nimittäisin häntä psykopaatiksi. Nykyisin katsotaan, että psykopatia on luonteenpiirre (eli psykopaatti on synnynnäisesti sellainen kuin on) ja sosiopatia kasvatuksen tulos (eli sosiopaatti on ympäristönsä tuote). Aikuisena näitä kahta ei voi erottaa, ja siksi käytän termiä "psykopaatti" molemmissa merkityksissä.

Jos harkitset nettitreffejä tai olet jo ollut sellaisilla, tulkitse minun tarinani varoitukseksi. Jokainen treffisivustolla oleva ei ole psykopaatti tai huijari, mutta sivusto tarjoaa pahimmille tyypeille erittäin hyvän tilaisuuden löytää uhrinsa. Jäin ansaan, koska en tiennyt tuollaisia ihmisiä olevan olemassa. OLE VARUILLASI. Ystävät ja sukulaiset pystyvät näkemään selviä merkkejä, mutta me emme, koska olemme liian lähellä. Ota selvää treffikumppanistasi: soita hänen työpaikalleen, juttele hänen ystäviensä kanssa… TAPAA hänen perheenjäseniään ja etsi vahvistusta kaikelle hänen sanomalleen. Kun puhut avoimesti muiden kanssa, näet hyvin pian, onko hänen tarinansa totta. Minä en tehnyt tätä riittävästi, ja annoin huijata itseäni.

Britanniassa on mahdollista katsoa esimerkiksi sivustolta www.192.com, missä ja kenen kanssa joku vaaliluettelon mukaan asuu. Näin voi selvitä, onko henkilö jo naimisissa, mutta ei aina (esimerkiksi Will ei ollut ilmoittanut osoitettaan minnekään). Samalta sivustolta näkyy sekin, onko joku yrityksen johtaja. Toinen vaihtoehto on sivusto www.companieshouse.gov.uk.

Kerää turvaksesi tietoja ja erityisesti puhu ystäviesi ja sukulaistesi kanssa. Uhrin pitäminen hiljaisena on keskeinen osa hyväksikäyttäjän omaksumaa manipulointia – oli hyväksikäyttö sitten fyysistä, seksuaalista, henkistä tai emotionaalista. Kun ihminen on tällä tavoin ahdistettu nurkkaan, hän ei monesti tajuakaan joutuvansa hyväksikäytetyksi, minkä vuoksi hän hyväksyy tilanteen jatkumisen ja tuntee olevansa osasyyllinen. Puhumisen ansiosta uhri pystyy kuvailemaan tapahtumia ja erittelemään niitä, mikä vuorostaan auttaa häntä saamaan tilanteesta selkoa. Ellet voi puhua, kirjoita ajatuksesi muistiin ja kerro niistä jollekulle ulkopuoliselle, sillä hänellä voi olla parempi näkökulma.

Jos arvelet olevasi jo väärinkäytön uhri tai tiedät jonkun samassa tilanteessa olevan, etsi merkkejä ja tee taustatyötä internetissä esimerkiksi hakusanoilla ”psykopaatti”, ”narsisti” tai ”toksinen parisuhde”. Uudessa kirjassani kerron tarkemmin omien tutkimusteni tuloksista, ja siinä on myös tukiryhmien luettelo. Tukiryhmistä voi hakea apua myös anonyymisti. Jos sinun on vaikea puhua jonkun läheisen kanssa, noista ryhmistä saattaa olla apua.

Ennen kaikkea älä takerru menneeseen. Elämä on liian lyhyt menneisyydessä elämiseen, joten ota oppia minun kokemuksistani ja etene niiden avulla. Olen jossain kuullut mietelauseen ”Jos annat sen masentaa, takuulla masennut.” Siispä pidä lippu korkealla, niin tulevaisuuskin näyttää valoisalta. Toivotan sinulle kaikkea hyvää ja toivon, että sinulle tapahtuu tänään jotain ihmeen ihanaa.

Terveisin
Mary Turner Thomson